À ma mère, au ciel.

ISBN 2-911218-31-0
EAN 9782911218316

150, rue Aristide-Briand
92300 Levallois-Perret
Tél. : 01 47 30 53 10
livres@altipresse.com

Jean-Pierre OTELLI

Canadair

Histoires authentiques

Éditions ALTIPRESSE

AVANT PROPOS

Plusieurs centaines de feux de forêts se déclarent chaque année en France. Comment les avions interviennent-ils ? Que passe-t-il vraiment dans les airs ?

Les médias montrent souvent des « bombardiers d'eau » en train d'attaquer un incendie : un gros appareil aux couleurs vives descend au ras du sol, des trombes d'eau jaillissent sous le ventre ! Et les images s'arrêtent là... Le grand public ne connaît pas les hommes aux commandes de ces étranges machines volantes. Qui sait vraiment à quel point ce métier est difficile ? On imagine mal les risques quotidiens que prennent les pilotes pour éteindre certains feux... Car ces navigants en combinaisons oranges sont discrets. Dans le monde de l'Aviation, ils sont, à la fois, pilotes, pompiers et marins. Tous totalisent des milliers d'heures de vol effectuées dans des conditions très difficiles. La plupart des missions se font dans la fumée, dans la turbulence ou au milieu des collines. C'est un combat sans fin contre les feux et mais aussi contre la folie des homme.

Un combat où il faut de l'eau ! Il n'est pas simple d'aller écoper en mer par toutes les météos ou de se glisser sur un lac au milieu des baigneurs et des planches à voile.

Ingratitude des médias, ces hommes passent leur temps à sauver des vies et, pourtant, certains ont disparu dans l'indifférence générale.

Dans cet ouvrage sont racontées des missions de bombardiers d'eau. Des vols qui ne se sont pas vraiment déroulés comme le pilote l'aurait souhaité...

ENVOYEZ LES PÉLICANS ![1]

Voici le récit détaillé d'une intervention telle qu'elle se déroule régulièrement dans le sud de la France. La routine ? Pas vraiment… Chaque vol recèle des difficultés que le grand public ne soupçonne pas lorsqu'il voit un bombardier d'eau à la télévision.

Mercredi 23 juillet 2003.
Aéroport de Marseille-Provence

Ivan a beau se concentrer sur ses mots fléchés, sa grille reste désespérément vide… Affalé dans un grand fauteuil de cuir, le pilote ne parvient pas à trouver l'inspiration. Cela fait deux heures qu'il est dans la salle d'alerte avec les autres navigants de la Sécurité civile. Rien ne se passe… Chacun tue le temps à sa manière. Dans un coin de la pièce, une télévision diffuse des programmes d'été que personne ne regarde.

Ce matin, avant de s'installer dans la salle climatisée, Ivan est

1. *Indicatif radio des Canadair.*

passé à la météo. Ça ne se présente pas bien. Le ciel est bleu mais les prévisionnistes annoncent du mistral en début d'après-midi. C'est la pire des situations météorologiques pour la région. Avec la sécheresse, la moindre étincelle va se transformer en fournaise.

– Finalement, ton Harley-Davidson, elle est réparée ?

Ivan tourne la tête vers Olivier Lechevalier assis à sa droite. Ce dernier a posé son journal sur un coin de la table et il le regarde d'un air amusé.

– Alors, tu l'a réparée ?

– J'ai passé toute la soirée à démonter le carbu, réplique Ivan. Maintenant, elle tourne comme une horloge.

Pendant quelques minutes, le pilote s'attache à décrire les qualités extraordinaires de sa moto, une superbe Electra Glide de 1991 pour laquelle il éprouve des sentiments quasi amoureux.

Olivier est lui-même propriétaire d'une énorme Honda Goldwind et le moins que l'on puisse dire, c'est qu'il n'est pas fana des motos américaines.

– En ce qui me concerne, j'ai pas les moyens de m'acheter un engin de collection, lance-t-il…

Ivan ne peut retenir un ricanement.

– Ça c'est sûr que c'est pas en travaillant ici que tu vas faire fortune ![2]

Les deux hommes plaisantent quelques instants sur l'intérêt de rouler en Harley au XXIe siècle puis Olivier se replonge dans la lecture de son magazine.

Les deux hommes s'entendent bien. Même goût pour les belles machines, mêmes origines dans l'armée de l'Air, ils sont tous les deux des mordus de l'aviation. Des passionnés qui, après

2. À expérience égale, le salaire d'un pilote de Canadair est trois fois moins important que celui d'un pilote de ligne. Le plus étonnant, c'est que contrairement à ce qui se passe dans les grandes compagnies aériennes, le cumul avec la retraite de pilote militaire est impossible. Etrange injustice pour des navigants dont personne ne met en doute les qualifications et l'importance de la mission.

avoir volé toute l'année en Canadair, partent faire du planeur pendant leurs congés. Voler, toujours voler ! Des malades irrémédiablement atteints par le virus de l'air !

Si Olivier est commandant de bord et instructeur sur Canadair, Ivan n'est pour l'instant que copilote et il lui faudra un certain temps avant de passer « captain » mais il se sent déjà chez lui au sein de cette équipe[3].

La salle d'alerte se trouve dans les bâtiments de la Sécurité civile à l'aéroport de Marseille-Provence. Située au sud-est de l'aérogare en bordure de la piste principale, c'est la seule base de bombardiers d'eau en France[4].

En ce mercredi 23 juillet, il y a 16 pilotes en « alerte feu ». Tous sont prêts à partir dès que la sirène se déclenchera. Ils ont déjà revêtu la célèbre combinaison orange sur laquelle est agrafé l'écusson des « Canadair ».

Il est **11 heures** du matin...

Voler sur Canadair n'est pas donné à n'importe quel pilote. Les hommes aux commandes sont des navigants très expérimentés. À l'exception de l'un d'entre eux qui est d'origine civile[5], tous sont d'anciens militaires. Beaucoup viennent de l'Aéronavale, ce sont en général les plus anciens... Les autres sont des pilotes de l'armée de l'Air qui ont choisi de repartir pour de nouvelles aventures au sein de la Sécurité civile. Certains étaient pilotes de chasse. Après avoir volé sur des avions supersoniques, ils sont devenus des pompiers volants... Une drôle d'idée ! La solution la plus facile aurait été de devenir pilote de ligne dans une grande compagnie aérienne[6] : salaires confortables, voyages au bout du monde, prestige de la profes-

3. *Le personnel navigant du secteur Canadair est composé de 22 commandants de bord et de 22 copilotes.*
4. *L'été, pendant la saison chaude, il est fréquent que des avions soient mis en place sur l'aéroport d'Ajaccio mais ce n'est qu'un détachement temporaire.*
5. *Charles Marchioni.*
6. *Aujourd'hui, la première condition pour être recruté dans les Canadair est d'être titulaire de la licence de pilote de ligne.*

sion, le rêve était à portée de main… Ils n'ont pas choisi cette voie car il leur aurait manqué quelque chose : ce petit plus indéfinissable qui les a toujours poussés à voler « différemment ».

Il n'est pas facile d'intégrer l'équipe des bombardiers d'eau. Chaque année, les candidats sont nombreux. Et ceux qui postulent ne sont pas des débutants !

Ivan Jurys a été parmi les meilleurs et il a été accepté. Cela fait maintenant six mois qu'il vole à la Sécurité civile.

Après plusieurs centaines d'heures de Mirage 2000, il a changé radicalement de monture. Le chasseur supersonique a laissé la place à un gros bimoteur un peu lourdaud qui tient tout autant de l'avion que du bateau. Et le pilote a dû retourner à l'école pour apprendre de nouvelles techniques de combat. Car tout est différent chez les bombardiers d'eau. C'est un autre univers aéronautique. Un monde un peu fou où l'air et l'eau se mêlent dans un cocktail brûlant.

11 heures 20…

André Billot rentre dans la salle d'alerte. Il est le chef-pilote des Canadair. C'est avec lui qu'Ivan va voler aujourd'hui, si toutefois quelque chose se déclenche. Blond, les yeux bleus, cet homme originaire du Jura est rentré à la Sécurité civile il y a maintenant 22 ans. Il fait aujourd'hui partie des pilotes les plus expérimentés sur la machine[7].

– Ça va souffler, murmure-t-il en se penchant vers la fenêtre pour jeter un coup d'œil à la manche à air.

– Laisse les pyromanes se réveiller et on va pas tarder à y aller, plaisante Ivan d'un air triste.

Les avions sont garés sur le parking tout proche de la salle d'alerte.

Chaque appareil porte un chiffre peint en noir sur la dérive et sur le bas de la coque. Cela va du numéro 31 jusqu'au 42 avec

7. Depuis janvier 2005, André Billot est chef du secteur Canadair.

deux absents de marque : les 41 et 43[8], ce qui fait un total de onze Canadair. C'est peu... Certains jours d'été, ce chiffre paraît incroyablement faible lorsqu'il s'agit de lutter contre les dizaines d'incendies qui se déclarent un peu partout dans le sud de la France.

Grosses silhouettes jaunes et rouges un peu pataudes, les avions sont parfaitement alignés sur le ciment en attendant leurs cochers. Juste à côté, il y a un extincteur et un groupe de démarrage[9]. Ces machines sont plutôt récentes puisque la première a été livrée le 8 février 1995.

Ce sont des modèles CL-415, la version modernisée du vieux 215 qui équipait autrefois la Sécurité civile[10]. Contrairement à son ancêtre qui avait des moteurs à pistons de conception ancienne, le CL-415 est motorisé avec des turbopropulseurs modernes et puissants. Deux Pratt & Whitney PW-123AF de 2 380 chevaux.

La première chose qui frappe lorsque l'on pénètre à l'intérieur d'un Canadair, c'est qu'il n'y a presque rien dans la soute. Tout juste peut-on apercevoir deux bonbonnes de trois mètres cubes qui semblent perdues dans la grande carlingue[11]. Pas de sièges pour d'éventuels passagers, pas le moindre aménagement qui pourrait apporter un minimum de confort à l'équipage. Le seul endroit de la cabine où l'on peut s'asseoir est une sorte de civière de toile verte sous laquelle se trouve un réservoir supplémentaire pour le « moussant »[12]. À part cela, il n'y a que ces

8 *Les appareils n° 41 et 43 ont été accidentés et détruits. Voir plus loin, « Crash en mer » concernant la disparition du 43. Le dernier Canadair disponible porte le n° 44. Il a été livré au mois d'août 2004. C'est la raison pour laquelle, il ne figure pas dans ce récit.*

9. *Certains Canadair disposent d'un Auxiliary Power Unit (APU) qui leur permet de mettre leurs moteurs en route sans avoir besoin d'un groupe de démarrage.*

10. *Les anciens Canadairs 215 ne revoleront plus jamais... Ils sont en train de mourir sur un parking isolé de l'aéroport de Marseille-Provence. Seul le numéro 46 est exposé sur une place de Saint-Victoret, à côté de Marignane. À l'initiative de l'Amicale des Pompiers du Ciel, un musée consacré aux bombardiers d'eau est en cours de création.*

11. *Lorsque les réservoirs sont enlevés, il est possible de mettre des sièges et d'emmener jusqu'à 30 passagers.*

12. *Produit que l'on incorpore à l'eau afin de faire de la mousse (voir plus loin).*

deux étranges réservoirs en résine transparente qui peuvent recevoir six tonnes d'eau[13]. Pour le moment, les bonbonnes sont vides... Les avions ne sont jamais laissés au parking avec de l'eau. Ce serait trop lourd à supporter en permanence pour les trains d'atterrissage. En outre, le décollage serait rallongé inutilement. Aussi étonnant que cela puisse paraître, même lorsqu'ils sont en alerte, les Canadair sont vides.

12 heures 50...

Le temps passe lentement.

L'alerte a commencé il y a presque quatre heures maintenant. S'il n'y a pas eu de feu la veille, les pilotes ne viennent pas au service avant 9 heures car les incendies ne se déclenchent jamais en début de matinée. Une plaisanterie court dans la profession pour affirmer qu'on ne risque rien aux heures matinales : « Les pyromanes passent toujours la nuit dans les night-clubs et ils ne se lèvent pas avant midi ».

Le pyromane ?

On évitera la langue de bois dans cet ouvrage : *en France, les départs de feu totalement accidentels sont rares.* Certains professionnels affirment même qu'ils sont inexistants[14]. Pour s'en convaincre, il suffit d'observer ce qui se passe chez nos voisins du pourtour méditerranéen. Ainsi, en Croatie, en Bosnie, au Maroc ou en Algérie, les régions côtières sont recouvertes des mêmes espèces végétales que sur la côte d'Azur[15]. En outre, le

13. La quantité exacte d'eau embarquée est de 1 622 gallons (US) soit 6 140 litres.

14. Les statistiques sont relativement vagues : officiellement 55 % des feux sont causés par des imprudence, 20 % par une action volontaire, 5 % par la foudre, 5% par les décharges d'ordures, 6% par les trains électriques, 9% par des causes diverses. En réalité, la plupart du temps, l'origine du feu reste inconnue et la cause est alors classée dans les imprudences humaines.

15. Moyenne annuelle de feux sur le pourtour méditerranéen sur 10 ans : France 4 500, Italie 8 300, Espagne 7 200, Maroc 200, Algérie 100, Bosnie 140, Croatie 200, Albanie 200 (source : statistiques FAO).

Les surfaces brûlées vont dans le même sens. France : 36 000 hectares, Italie : 94 000 ha (avec une pointe à 223 000 ha en 1983), Espagne : 157 000 ha (485 000 ha en 1985), Maroc : 3 000 ha, Algérie : 41 000 ha, Bosnie : 880 ha, Croatie : 8600 ha, Albanie : 300 ha (source : statistiques FAO).

vent y souffle en permanence avec beaucoup de force (les provinces situées près du détroit de Gibraltar font parties des endroits les plus ventés du monde). Pourtant, quelle que soit la sécheresse, on n'y aperçoit pratiquement aucune fumée. Les départs de feux accidentels existent mais ils sont très rares ! L'histoire du morceau de verre abandonné qui fait loupe et embrase la nature est une légende à laquelle même les enfants ne croient pas.

Les seuls départs de feux accidentels sont causés par la foudre. Mais ces cas restent très rares. Ils se déclenchent généralement sur les sommets des collines dans des endroits isolés et leur durée de vie est relativement courte car les averses surviennent toujours rapidement.

N'en doutons pas, la principale cause des incendies en France est d'origine humaine et l'immense majorité est volontaire. Nos autorités ont du mal à l'admettre ouvertement car cela revient à reconnaître notre totale impuissance face à ce phénomène, malheureusement, c'est ainsi... En 40 ans, le nombre des feux de forêt dans le bassin méditerranéen a doublé[16].

Les motivations du pyromane sont nombreuses : troubles psychologiques, volonté de nuire à un voisin, désir de vengeance, spéculation financière, désir de transformer les forêts en pâturages, pompiers en mal de feu et même... espoir de voir passer un Canadair près de chez soi. En fait, il existe un grand nombre de raisons toutes plus démentes les unes que les autres, qui peuvent pousser un faible d'esprit à déposer un dispositif de mise à feu dans la nature. Comme il est impossible de mettre un gendarme derrière chaque arbre, rares sont les malfaiteurs qui sont confondus. Et c'est bien dommage car ces gens-là sont des nuisibles qui détruisent notre patrimoine forestier, brûlent des habitations, tuent des milliers d'animaux et parfois même des

16. *Le nombre annuel moyen de feux dans l'ensemble du bassin méditerranéen approche 50 000. C'est deux fois plus que dans le milieu des années 60 (source : statistiques FAO).*

hommes. Les chiffres sont impressionnants : en 2003, rien que dans le département du Var, il y a eu 459 départs de feu qui ont fait 7 morts[17] et détruits 21 000 hectares de végétation. Une véritable catastrophe dont on ne retrouve pas l'équivalent dans d'autres régions au climat et à la végétation identiques. Étrangement, cela ne se produit que dans certains pays supposés « civilisés ».

Ce matin, à Marignane, les pilotes sont en conditions d'alerte standard. Cela signifie que quatre avions sont prêts à décoller en moins d'une heure. Dans l'après-midi où les risques d'incendies sont plus élevés, l'alerte sera renforcée et elle passera systématiquement à une demi-heure. Huit avions seront alors prêts à se mettre en vol aussitôt que la sirène retentira.

L'alerte se déroule exactement comme dans un escadron de chasse militaire. Les équipages attendent dans une salle climatisée située tout près de leurs avions. Ils sont installés dans de grands fauteuils confortables et n'ont rien d'autre à faire qu'attendre que quelque chose bouge.

Le nombre d'avions impliqués dans une intervention aérienne est presque toujours pair. Selon l'importance du feu, il y en a deux, quatre ou huit. En France, le chiffre de six appareils envoyés sur un incendie est peu utilisé[18].

De même, on n'envoie rarement un Canadair tout seul. Il en faut deux au minimum. Nous verrons plus loin que c'est indispensable. À chaque passage sur la fournaise, les pilotes se transmettent des informations pour juger de l'efficacité des largages et corriger la manière dont ils doivent attaquer le feu.

D'une manière générale, les appareils français sont en bon état de vol. La plupart des mécaniciens travaillent la nuit pour effectuer les révisions et les réparations. Tous les pilotes reconnaissent que les techniciens font un travail formidable. Chaque

17. Trois sapeurs pompiers et quatre touristes étrangers.
18. Ce sera pourtant le cas ce 23 juillet à cause de deux avions en panne.

matin à 9 heures, les avions sont alignés sur le parking, prêts à prendre l'air. C'est une société privée appartenant au groupe TAT Industries qui se charge de cette maintenance.

13 heures 35...

Tout le monde attend...

James Griset ne peut retenir un bâillement sonore. Olivier Lechevalier somnole, la tête appuyée contre le mur. Son journal a glissé sur la moquette. À côté de lui, François Lallement lit une revue de voitures anciennes. Ivan a décidé d'abandonner momentanément sa grille de mots croisés pour appeler Sylvie sur son portable. Leurs deux garçons, Alexeï et Dorian, rentrent de vacances en ce moment même et il veut leur parler.

– Les gamins sont arrivés ?

– Oui, je suis à la gare... Ils vont descendre du TGV dans deux minutes.

– Tu me les passes dès qu'ils sont là ?

Ivan n'a pas le temps d'en dire davantage. Un hululement sinistre retentît soudain sur la base :

La sirène...

– C'est l'alerte, lance-t-il. Je dois y aller. Tu leur fais une bise et tu leur dis que je les aime...

Dans le bâtiments, l'alarme agit comme un véritable électrochoc. Les navigants bondissent de leur fauteuil pour se précipiter sur leur sacoche de cartes.

Pour chacun, cette alerte représente à la fois un soulagement mêlé d'une légère appréhension. Nul doute que l'inaction devenait pesante...

Il va enfin se passer quelque chose. Pourtant, aucune intervention n'est anodine. Même le feu le plus banal présente des risques. Il suffit de jeter un coup d'œil à la stèle érigée à côté du bâtiment pour comprendre que la camarde est sur le qui-vive. Gravés dans le marbre, il y a les noms de tous les pilotes qui ont perdu la vie en service aérien commandé.

La liste est longue[19].

– Allez, on y va, annonce André Billot en direction d'Ivan.

Ce dernier ne peut s'empêcher de sourire.

– Avec ce vent, c'est pas aujourd'hui que je vais pouvoir finir mes mots croisés.

Quelques secondes plus tard, tous les équipages arrivent dans la salle des opérations.

Sur le tableau se trouve la liste des avions disponibles avec les noms des équipages qui vont les piloter :

• Canadair n° 34 : André Billot (CDB) - Ivan Jurys (copilote).

• Canadair n° 31 : François Lallement (CDB) - Gérard Bobis (copilote).

• Canadair n° 36 : Jean Beauvais (CDB) - Yves Domingo (copilote).

• Canadair n° 37 : Éric Renoult (CDB) - Pierre Le Touzé (copilote).

• Canadair n° 39 : Charles Marchioni (CDB) - James Griset (copilote).

• Canadair n° 42 : Jacques Bonneval (CDB) - Albert Pouzoulet (copilote).

Au même moment, une voix féminine retentit dans les haut-parleurs du bâtiment. C'est Nicole, la jeune femme qui s'occupe des liaisons avec le centre opérationnel de Valabre.

– Six Canadair... Le chantier est sur la commune de Massegros à 15 nautiques au sud-est de Rodez. Six Canadair...

Le « chantier »... À partir de maintenant, on ne parlera plus de feu. Il s'agit d'un travail à accomplir et le mot chantier sera utilisé en permanence dans les contacts radio. Apparemment, celui d'aujourd'hui se trouve en bordure des gorges du Tarn, juste à côté de l'autoroute A 75 qui mène à Millau. Attisé par un vent d'ouest bien établi, le feu se développe rapidement. Il se déplace à près de trois kilomètres à l'heure.

19. Voir « Hommage aux disparus» à la fin de cet ouvrage.

– Massegros ? J'y crois pas, proteste André… Ça a déjà brûlé dans ce coin-là l'année dernière.

– C'est peut-être le même mec qui a un problème avec ses allumettes, plaisante François.

André secoue la tête stoïquement

– Alors, on va y retourner. C'est à coté de Sévérac-le-Château, hein !

Ivan sourit, bluffé par la mémoire de son commandant. Comme la plupart des pilotes de la Sécurité civile, l'homme connaît le sud de la France comme sa poche. À force d'intervenir dans les mêmes endroits depuis près de vingt ans, il lui suffit d'entendre le nom d'une commune et son cerveau fait le reste. D'ailleurs, les pilotes de Canadair expérimentés n'utilisent pratiquement jamais les moyens de navigation de leur avion ! Ils volent entièrement « à vue » sans même regarder leur carte.

– Ils ont dit qu'on y allait à combien ?

– On part à six, rétorque Ivan en bouclant sa sacoche bourrée à craquer.

Le copilote n'a pas l'expérience de son aîné… Il est loin de connaître aussi bien la région. De ce fait, il préfère emporter un maximum de cartes dans l'avion. La plupart sont des documents de navigation IGN[20]. Mais il n'y a pas que ça… Sur les conseils des anciens, il a pris également des « Michelin », ces cartes de couleur jaune que tout automobiliste peut acheter dans les stations service. Ce n'est pas vraiment ce qu'on s'attend à trouver dans un cockpit et pourtant elles sont irremplaçables lorsqu'il s'agit de dénicher une commune minuscule au fin fond de l'Ardèche[21].

Rapidement, les deux hommes se dirigent vers l'appareil qui leur a été attribué aujourd'hui. C'est le numéro 34. Il est garé tout au bout du parking. Chaque avion est piloté par un équi-

20. *Institut Géographique National.*
21. *Cela peut paraître étonnant mais à l'heure où ces ligne sont écrites, les Canadair ne sont pas encore équipés de récepteurs GPS.*

page de deux hommes : un commandant et un copilote. Sauf cas exceptionnel, il n'y a jamais personne d'autre à bord.

Depuis que la sirène a retenti, l'ambiance a changé sur la base. Il y a quelques minutes, les parkings étaient déserts… Ils grouillent à présent de techniciens qui s'affairent autour des avions.

Pendant que les navigants escaladent l'échelle de leur machine, des « pistards » vêtus de gilets jaune fluorescent se précipitent. Casques anti-bruit sur les oreilles, ils lancent les groupes de démarrage. Puis, très rapidement, ils retirent les cache-pitôts et libèrent les protections des hélices.

Il faut en moyenne une quinzaine de minutes pour que les pilotes effectuent la mise en route de leur machine. Cela peut paraître long mais un avion n'est pas un camion de pompiers qui peut démarrer en trombe avec des hommes tout juste habillés. Les check-lists prennent du temps et rien ne doit être laissé au hasard.

Pendant qu'André termine d'attacher ses harnais, Ivan jette un coup d'œil rapide à la carte. La commune de Massegros se trouve au nord de Millau. C'est à environ 200 kilomètres de Marseille. Calcul mental rapide : il faudra environ 35 minutes de vol pour y arriver.

– C'est mal pavé dans ce coin-là, murmure-t-il.

André approuve.

– Ouais, c'est pas terrible…

D'après la carte, les sommets culminent à 6 100 pieds. Rien à voir avec un feu de plaine où l'on peut travailler directement sur le chantier sans se soucier du relief. Les feux en montagne sont toujours plus complexes. Il faut se glisser entre les obstacles, plonger dans les vallons, remonter le long des pentes[22] et surtout… se méfier des lignes hautes tensions. Elles sont partout et on ne les voit pas.

22. *Voir la photo du Tracker en quatrième de couverture.*

La moindre erreur peut coûter très cher...[23]

Aujourd'hui, André et Ivan vont être « leader » des six Canadair. Ils partiront devant pour guider les autres. Ce seront eux qui géreront les communications radio pour l'ensemble de la patrouille.

Alors qu'Ivan prépare ses check-lists pour la mise en route des turbopropulseurs, le commandant affiche la fréquence radio qui va lui permettre d'obtenir les paramètres de l'intervention.

Pour cela, il contacte d'abord le centre des opérations Canadair :

– Redan[24] de Pélican 34, bonjour...

Une nouvelle fois, c'est la voix claire de Nicole qui retentit sur la fréquence.

– Bonjour Pélican 34, vous êtes prêt à noter les éléments du chantier ?

– Allez-y...

– Alors, je confirme : ça se trouve sur la commune de Massegros... C'est dans le 120 de l'aérodrome de Rodez pour 45 kilomètres. Vous contacterez le COS[25] local sur la fréquence air/sol Unité. C'est le Channel 18... Pour les contacts avec le département, vous prendrez le canal 29.

– Bien reçu, Pélican 34.

André note soigneusement les paramètres qu'on vient de lui fournir. Il connaît maintenant avec précision la position de l'incendie et il a les fréquences sur lesquelles, il doit contacter le département et les pompiers au sol.

L'ambiance est calme dans le cockpit. Les deux hommes travaillent vite mais sans précipitation. Tout, dans le poste de pilotage, est conçu pour leur faciliter la tâche. Le tableau de bord est moderne. Il est composé de sept écrans cathodiques rectangulaires sur lesquels peuvent s'afficher les différentes

23. *Voir récit plus loin : « Feu sous la ligne : piège pour un Tracker ».*
24. *« Redan » est l'indicatif radio des Opérations des Canadair.*
25. *Centre des Opérations de Secours.*

informations du vol. Trois écrans sont placés au centre, juste devant la console centrale, et sont réservés à la conduite des moteurs. Les quatre autres sont pour la navigation et le pilotage. Ils sont répartis entre la place du commandant et celle du copilote.

L'avion se pilote avec un grand volant noir dont la forme un peu vieillotte détonne devant ce tableau de bord moderne, comparable à celui d'un Airbus.

13 heures 46...

La check-list de mise en route est maintenant terminée. Il est temps de lancer le premier moteur. C'est toujours celui de droite qui est démarré en premier.

Ivan achève la lecture des derniers items :

– *Ignition B...*[26]

– Pompe carburant enfoncé et *low pressure* éteint.

– On y va pour le moteur numéro 2[27], annonce alors André en enfonçant le switch du démarreur.

Avec un sifflement caractéristique, l'hélice quadripale *Hamilton Standard* commence à tourner. La rotation s'accélère. Sur l'écran cathodique central, la température de la turbine monte doucement. Puis le torque augmente et les paramètres ITT deviennent nominaux.

Ivan surveille attentivement l'évolution des paramètres moteurs. Un coup d'œil au tableau de bord : débit de carburant... température maximum de l'ITT... température d'huile... nombre de tours... Tout est normal.

– Ça baigne, annonce alors le copilote en posant le doigt sur l'écran central.

André jette un rapide coup d'œil aux instruments puis il annonce :

26. Allumage. *Il y a deux circuits d'allumage sur les Canadair. Le circuit A est utilisé les jours pairs et le B les jours impairs.*
27. *Le démarrage des Canadair commence toujours par le moteur droit, c'est-à-dire par le moteur numéro 2.*

– Alors on y va maintenant pour le numéro 1.

Trois minutes plus tard, les deux moteurs tournent. Sur le parking, les autres Canadair ont également mis en route. On peut entendre le vrombissement de l'escadrille dans toute l'enceinte de l'aéroport.

Le bruit est également très fort dans les cockpits. Car le Canadair n'est pas un modèle d'insonorisation. On est loin du confort douillet d'un Airbus. C'est si gênant que les pilotes doivent utiliser des casques interphones pour communiquer entre eux.

13 heures 51...

Les pistards en gilet fluo sont toujours plantés devant chaque appareil. Les mains dans le dos, ils attendent que les pilotes fassent signe qu'ils vont rouler.

Partout sur l'aéroport, la tension monte imperceptiblement. Quelques curieux sortent des hangars d'Eurocopter. Un départ des bombardiers d'eau est toujours un événement qui ne laisse personne indifférent. On veut voir partir les avions. Certains spectateurs se bouchent les oreilles pour se protéger du bruit.

Dans le poste de pilotage du Canadair 34, l'équipage termine sa préparation. Les rôles de chacun sont bien définis. C'est Ivan qui est chargé des communications radio avec le contrôle aérien. C'est également lui qui s'occupera de la gestion des servitudes[28]. Quant à André, il conservera les commandes pendant tout le vol et s'occupera des différents contacts radios avec le centre de Valabre, les pompiers au sol et avec les autres avions. Contrairement à ce qui se passe dans les compagnies aériennes, les fonctions du commandant et du copilote ne s'inversent

28. Le rôle exact du copilote consiste à.
- *Lire les check-list*
- *Gérer les contacts radio avec le contrôle aérien. Mais c'est le commandant qui établit les liaisons avec les pompiers et le COS.*
- *Il fait fonctionner les servitudes (train d'atterrissage, volets, manettes hélices, trappes, écopes, largage de secours).*
- *Il recherche les plans d'eau d'écopage.*

jamais. Chez les Canadair, c'est toujours le commandant qui tient l'avion et le copilote se contente de le seconder[29]. La tâche peut sembler parfois ingrate pour les nouveaux venus mais c'est la règle et elle est dictée par des années d'expérience.

Le premier contact radio du commandant est établi avec les cinq autres avions de la patrouille. Le but est de vérifier que tout le monde est à l'écoute et qu'il n'y a aucune panne radio.

– Les Pélicans, check...

– Pélicans 31, fort et clair.

– 36, je reçois 5 sur 5.

– 37...

Un à un, tous les pilotes confirment qu'ils ont une bonne réception du leader. Tout semble OK. Il est alors temps de prendre contact avec le contrôle aérien pour le départ. C'est Ivan qui va s'en charger en contactant la fréquence sol de Marseille sur 121.9.

– Marseille sol, les Pélicans, bonjour.

Réponse instantanée du contrôleur.

– Bonjour les Pélicans, allez-y.

– C'est Pélican 34, suivi des numéros 31, 36, 37, 37, 39 et 42. On demande le roulage pour six avions. C'est pour une intervention dans le secteur de Massegros... à une vingtaine de nautiques à l'est de Rodez.

– Bien reçu les Pélicans, vous pouvez rouler pour la piste 32 droite. Rappelez au point d'attente.

– Les Pélicans, on roule pour la 32 droite.

Les uns derrière les autres, les six Canadair s'engagent alors par le taxiway Charlie 8. Encore une fois, il n'y a aucune précipitation dans les déplacements. Pas de freinage brusque ou de

29. *Dans la plupart des compagnies aériennes, celui qui est aux commandes est le PF (pilote en fonction) et celui qui fait la radio est le PNF (pilote non en fonction). Les rôles sont inversés à chaque vol entre le commandant de bord et le copilote afin que le niveau d'entraînement soit le même pour les deux membres de l'équipage. Il n'en reste pas moins que le commandant de bord reste toujours le patron et qu'il peut intervenir et donner des ordres à tout moment du vol. Cette procédure ne s'applique pas chez les Canadair.*

coup de gaz inutile, pas de virage sur les chapeaux de roues. Pourtant le roulage est rapide.

La longue colonne d'avions ne passe pas inaperçue. Dans l'aérogare toute proche, les passagers se rapprochent immédiatement des baies vitrées. Ce sont généralement les enfants qui reconnaissent la silhouette caractéristique des gros bimoteurs de la Sécurité civile.

– Papa… Regarde là-bas… des Canadair. Ils vont décoller !

Conscient d'assister à un moment exceptionnel, le public se rassemble. Sur la route intérieure de l'aéroport, quelques voitures s'arrêtent sur le bas-côté. Même les techniciens au sol des grandes compagnies jettent un regard vers le taxiway. Bien qu'ils soient en permanence sur l'aéroport, ils ne sont pas blasés par le départ des Pélicans.

Dans le cockpit du numéro 34, tout est prêt… Pour gagner du temps, la check-list « avant décollage » a été exécutée pendant le roulage.

– Portes fenêtres, ouvertures… fermées.

– Pompes carburant… On.

– Autofeather… Enfoncé.

– Altimètres… réglés au QNH.

– Manettes hélices… Max.

– Volets 10 degrés… OK.

– RTC… réglés.

– Harnais de l'équipage… Serrés bloqués.

La litanie des vérifications se termine au moment même où l'avion arrive au point d'attente Delta 7. André ralentit imperceptiblement lorsqu'il atteint la ligne continue qui marque l'entrée de la piste.

Aussitôt, Ivan bascule la VHF sur 119.5 MHz pour passer avec la tour de contrôle.

– Pélican 34… bonjour messieurs pour alignement des six avions.

Encore une fois la réponse est immédiate :

–Bonjour les Pélicans... Alignez-vous piste 32 droite. Vous êtes dès maintenant autorisés au décollage. Le vent est du 340 pour 22 nœuds avec des rafales à 25.

–Bien reçu, on s'aligne 32 droite. On voudrait faire un virage à droite avec écopage dans la foulée.

–Pélican... Vous êtes clear pour un virage à droite et l'écopage ensuite.

Puis vient le petit mot d'encouragement du contrôleur. La pensée amicale qui fait toujours plaisir :

–Heu... Bonne chance messieurs pour votre mission...

L'homme dans sa tour de contrôle connaît parfaitement la procédure de départ des bombardiers. Il sait que, sitôt les roues en l'air, les six appareils vont virer à droite. Ils écoperont immédiatement dans l'étang de Vaine puis, lorsque ce sera terminé, ils vireront à gauche pour recouper l'axe de la piste.

Au même instant, à l'extrémité du taxiway nord, un Airbus 320 s'approche du point d'attente Delta 9 de la 32 droite. C'est la navette d'Air France qui part pour Paris. L'avion risque d'être gêné lorsque les Canadair auront terminé de prendre de l'eau. Tout naturellement, le contrôleur décide de le bloquer au sol.

–Air France 6023. Vous pouvez pénétrer la piste 32 droite mais vous maintenez position. Je vous rappelle pour votre décollage. Je vais faire décoller six Canadair juste devant vous.

–Bien reçu 6023. On pénètre la piste 32 droite et on maintient position...

Depuis son poste de pilotage, le commandant de l'Airbus aperçoit la longue colonne des bombardiers qui lui prennent la priorité. Sa réaction est immédiate... Il saisit le micro de son *« public adress »* pour avertir ses passagers.

–Mesdames, messieurs, ici votre commandant, je vous signale que le contrôle nous demande de retarder notre départ de quelques minutes. Nous allons laisser passer des Canadair qui partent vers un incendie. Vous pouvez d'ailleurs les apercevoir sur notre droite. Ils sont six. Vous savez à quel point ces pilotes font un travail extraordinaire et nous sommes heureux de ne pas les retarder[30].

Il n'y a aucune protestation dans la cabine. Bien au contraire ! Le mot Canadair est magique ! Les passagers se précipitent vers les hublots de droite pour mieux voir ce qui se passe dehors. Quelques applaudissements retentissent spontanément comme si, là-bas dans leur cockpit, les pompiers volants pouvaient les entendre.

Chacun veut apercevoir ces machines extraordinaires qu'on ne voit que trop brièvement à la télévision. Certains passagers situés dans les rangées de gauche n'hésitent pas à déboucler leur ceinture pour changer de côté.

13 heures 57 (sirène + 22 minutes)...

Dans le cockpit de Pélican 34, tout est maintenant prêt pour le départ. Les volets sont braqués à 10 degrés. Les derniers paramètres sont vérifiés :

– Essai RTC... effectué.

– Test Overspeed... effectué.

– Test Autofeather... effectué.

– On peut y aller, interroge André ?

Ivan lève le pouce.

– Check-list avant décollage effectuée. C'est tout bon. On est autorisé au décollage et le vent est dans l'axe pour 22 nœuds.

D'un geste précis, André pousse alors les deux grosses manettes grises vers l'avant. Le ronflement des Pratt & Whitney enfle doucement. Puis le bruit dans le cockpit devient très fort. Sur le tableau de bord, les indications des « torque »[31] augmentent. L'avion vibre imperceptiblement. Les énormes hélices montent vers leur régime maximum de 1 200 tours par minute.

– Tous les paramètres sont dans le vert, annonce Ivan.

30. *Ces mots ont été réellement prononcés ce jour-là par un commandant de bord d'Air France.*

31. *Unité qui mesure le couple de puissance appliqué sur l'hélice.*

Alors André lâche les freins et les 4 760 chevaux se déchaînent.

13 heures 58...

Le Canadair accélère. 40 nœuds... 60 nœuds... 80 nœuds. Ça pousse relativement fort. Là-bas juste au bout de la piste, c'est l'étang de Berre et ses eaux saumâtres.

Lorsque l'indicateur de vitesse atteint 90 nœuds[32], André tire sur le gros volant et l'avion décolle après seulement 600 mètres de roulage... C'est une distance très courte pour un avion dont la masse maximale approche 20 tonnes à pleine charge[33].

Les roues viennent à peine de quitter le sol que le commandant jette un coup d'œil au variomètre[34]. Comme l'indication de l'aiguille est positive, il ordonne :

– Le train rentre.

Ivan pose la main sur le levier surmonté d'une petite roue et il le place fermement vers le haut. On entend le mécanisme de rétraction qui mouline sous le poste de pilotage puis les trois lumières vertes s'éteignent une à une.

– Train rentré !

À cet instant, André cabre encore plus franchement son avion. Comme c'est la procédure, il augmente sa pente de montée pour éviter que sa turbulence de sillage ne gène le second Canadair qui décolle juste derrière lui[35]. Tout va très vite... Lorsqu'il survole la tour de contrôle, le pilote entame un virage de 90 degrés vers la droite. Pendant quelques secondes, il

32. *74 km/h - 111 km/h – 148 km/h – 166 km/h.*
33. *Le Canadair est conçu pour se poser et décoller très court. Son aile est hypersustentée. Elle utilise un profil semi convexe stable conçu pour voler à basse vitesse. Malgré sa masse importante, l'avion décroche aux environs de 120 kilomètres à l'heure, ce qui correspond pratiquement aux performances d'un petit quadriplace d'aéroclub.*
34. *Instrument qui indique la vitesse verticale de l'avion.*
35. *Il s'agit ici de l'application d'une procédure de patrouille utilisée dans l'armée de l'Air : « Les impairs cabrent ». Pour éviter de se gêner mutuellement en soufflant l'avion qui les suit, les avions qui portent un numéro impair dans l'ordre de décollage adoptent une pente de montée très forte alors que les pairs restent au ras du sol.*

poursuit au cap 050 puis engage un autre virage vers la gauche cette fois pour se diriger vers la zone d'écopage de l'étang de Vaine. C'est un secteur abrité entre Berre et Vitrolles.

Et il commence à perdre de l'altitude !

Procédure assez inédite : il n'y a pas une minute que l'avion est en l'air et il est déjà en train de redescendre !

André jette un coup d'œil rapide vers l'eau... Elle est bien verte aujourd'hui. Avec le Mistral, de longues risées courent sur la surface. La turbulence qui secoue l'avion atteste que ça souffle très fort.

Derrière André, les autres Canadair ont déjà décollé. Ils se suivent à dix secondes d'intervalle. C'est une véritable escadrille qui part à l'attaque.

André se concentre sur sa trajectoire... Pas le temps de souffler ! L'altimètre indique 600 pieds. La configuration de l'avion doit être modifiée pour récupérer 6 tonnes d'eau. La première chose à faire consiste à s'assurer que le train d'atterrissage est bien remonté. Si une roue n'était pas rentrée correctement le long du fuselage, l'avion ne résisterait pas. Au moment de l'impact avec la surface, le pilote perdrait complètement le contrôle de sa machine.

– Train rentré ?

– Le train est rentré, confirme Ivan après avoir vérifié que les trois lampes vertes étaient éteintes.

Il faut également vérifier que les portes de largage de l'eau ne sont pas ouvertes. Cette seconde vérification est encore plus importante que la première. Les quatre portes qui s'ouvriront tout à l'heure pour larguer l'eau doivent être impérativement fermées pendant l'écopage. Dans le cas contraire, l'avion se couperait littéralement en deux au premier contact avec l'eau[36].

– Les portes, demande André ?

– Fermées !

36. *Voir plus loin, le récit : « Crash en mer ».*

– Les volets 15 !

Ivan s'exécute aussitôt.

– Volets 15...

Il place la palette des volets sur le cran demandé et les dispositifs hypersustentateurs se déploient encore davantage. La procédure prévoit en effet que l'écopage doit se faire avec 5 degrés de volets de plus que le décollage. Le Canadair est certainement l'un des rares avions au monde qui augmente le braquage de ses volets juste après avoir décollé.

Puis le commandant ordonne :

– Écopes sorties...[37]

Ivan presse un bouton poussoir et deux écopes se déploient alors sous la coque de l'hydravion. Elles s'ouvrent vers l'avant pour permettre à l'eau de s'engouffrer en force dans les réservoirs.

On pourrait imaginer que pour récupérer six tonnes d'eau, il faille des ouvertures de grande dimension. En réalité, les écopes d'un Canadair ne mesurent pas plus de 9 centimètres sur 13. C'est environ la moitié de la taille de ce livre ! Pour contrer l'énorme freinage imposée par la résistance de l'eau, ces systèmes sont bien évidemment d'une solidité à toute épreuve. À ce sujet, il convient de tordre le coup à une méchante rumeur journalistique qui raconte qu'un Canadair a un jour ramassé un plongeur dans ses écopes. Le malheureux se serait retrouvé encore vivant à l'intérieur du réservoir. Quand on examine la taille minuscule d'une écope, on comprend que ce genre d'accident est totalement impossible. Malheureusement, les rumeurs ont la vie dure et certains ignorants la colportent encore aujourd'hui...

37. *Pour un écopage, le commandant a deux possibilités :*

1 - *Il peut toucher l'eau avec les écopes rentrées. C'est souvent le cas lorsque les conditions du plan d'eau sont incertaines et qu'il faut se méfier. Une fois que l'avion glisse sur l'eau, le commandant demande alors au copilote de sortir les écopes.*

2 - *Il peut toucher l'eau avec les écopes déjà sorties parce qu'il est certain que la surface ne présente aucun risque. Dans ce cas, il gagne du temps pendant l'écopage et la distance parcourue sur l'eau est plus courte. C'est cette seconde procédure qui est utilisée dans le récit.*

Cela fait maintenant une minute et demie qu'André est en vol. Il est de nouveau au cap 320, exactement face au vent. Au même moment, le dernier Canadair piloté par Jacques Bonneval vient tout juste de passer au-dessus de la tour de contrôle. Les avions se suivent en une longue colonne.

Pour André, il est temps de réduire les gaz à fond... Le cockpit devient brusquement silencieux et la vitesse chute vers 75 nœuds[38]. Aussitôt, l'avertisseur de décrochage se déclenche. Le klaxon est vraiment désagréable et il faut le casque pour le supporter à chaque écopage car il n'y a pas moyen de le neutraliser. C'est ainsi... Suite à un excès de précaution du constructeur, l'alarme a été réglée un peu haute.

La vitesse se stabilise à 70 nœuds. Avec le vent de face, cela semble extrêmement faible par rapport au sol.

André laisse descendre son avion vers l'eau.

L'écopage est un art difficile... Il n'est pas question d'amerrir réellement. L'hydravion ne doit pas s'enfoncer dans l'eau sous peine de ralentir et de perdre beaucoup de temps. Il doit seulement frôler la surface. C'est une sorte d'aquaplaning comparable à ce qui se passe en ski nautique. Il faut glisser sur l'eau tout en continuant à voler.

L'hydravion va prendre de l'eau dans la zone de Vaine. L'endroit est strictement réservé aux Canadair. Aucune embarcations ne peut y pénétrer. En théorie ! Car en réalité, les véliplanchistes sont nombreux à venir squatter les lieux dès que le vent souffle. Pour empêcher les intrus de naviguer dans le coin, un zodiac des Marins Pompiers de Marseille veille en permanence depuis le rivage. Et la tâche n'est pas évidente car nombreux sont ceux qui ignorent la réglementation. Pas toujours facile de rattraper les contrevenants pour les faire dégager du secteur.

La réponse est souvent déconcertante de naïveté : « Pour l'instant, il n'y a pas d'avion... S'ils viennent, je m'en irai !».

38. 135 km/h.

Le plus incroyable, c'est qu'on a vu un jour un véliplanchiste porter plainte contre un Canadair parce qu'il estimait que celui-ci avait mis sa vie en danger en écopant trop près de sa planche.

Drôle de monde !

14 heures...

André se laisse descendre doucement vers l'eau. Il effectue un arrondi comme pour un atterrissage sur terre et, quelques secondes plus tard, l'hydravion prend contact avec la surface. On entend brusquement le flux qui défile sourdement sous la coque. Pendant ce temps-là, l'avertisseur de décrochage continue à se déchaîner.

– C'est parti, annonce Ivan tout en gardant les yeux rivés sur le tableau de bord.

Il surveille la jauge de remplissage des réservoirs. Tout va très vite... L'eau sous pression s'engouffre au rythme d'une demi-tonne à la seconde. Il va falloir 12 secondes pour embarquer les 6 tonnes prévues.

– Ça se remplit...

L'écopage a commencé depuis 4 secondes. Les aiguilles des jauges montent rapidement.

Dans l'étang, c'est maintenant l'embouteillage... Juste derrière le leader, le second Canadair piloté par François Lallement se présente à son tour pour écoper. Il est à moins de 150 mètres. Les deux avions sont quasiment en patrouille sur l'eau. S'il tournait la tête à droite, Ivan pourrait apercevoir la longue gerbe blanche qui jaillit de la coque de l'équipier. Puis le troisième avion se pointe également. Il est lui-même très proche du second. C'est l'avantage de travailler dans un étang. Il y a de la place pour permettre à plusieurs avions d'écoper ensemble.

– Ils suivent derrière, annonce Ivan.

Au nord, sur le rivage près de la Tête Noire, les pêcheurs lèvent brusquement la tête. En ce début d'après-midi, les gerbes d'écume retombent de part et d'autre des Canadair comme des fontaines extraordinaires. Avec le vent, de longues traînées d'écume remontent vers le ciel déformant la lumière dans un prisme gigantesque.

Le spectacle est superbe...

Cela fait maintenant 8 secondes qu'André et Ivan ont commencé l'écopage... Le remplissage se poursuit et la masse de l'avion augmente rapidement. Du coup, le Canadair veut s'enfoncer. Il faut à tout prix le maintenir en aquaplaning sinon il va se freiner. Pour contrer cette tendance à l'enfoncement, le commandant pousse progressivement les deux manettes de gaz vers l'avant. Les torques des turbopropulseurs montent. Le ronflement augmente... André encourage son avion.

– Vas-y mon vieux, lance-t-il, comme on encourage un cheval à sortir d'une ornière...

10 secondes...

C'est presque terminé... Les gaz sont maintenant à fond. Les deux Pratt & Whitney hurlent. Les torque sont à 96 %.

12 secondes...

C'est fait... Les réservoirs sont pleins. Dès que le Canadair atteint sa masse maximale de 47 000 livres[39], le système déclenche automatiquement la fermeture des écopes. Si par hasard, il y avait la moindre défaillance, Ivan serait prêt à réagir en les fermant lui-même.

– Écopes rentrées, annonce-t-il simplement.

Il se produit alors un phénomène étonnant. Dès que les écopes ont repris place dans leur logement, l'avion fait un véritable bond en avant. Des liens invisibles se brisent. Le Canadair glisse encore quelques mètres et il décolle de lui-même. Mais ce n'est plus le même appareil... Chargé à sa masse maximale, il n'est pas aussi maniable. L'angle incidence décroît lentement. Malgré les deux Pratt & Whitney toujours poussés à fond, l'accélération est moins forte.

39. Environ 21 tonnes.

– 120 nœuds... 130... 140...[40]

André réduit tout de même la puissance. Il ne servirait à rien de distancer les autres avant qu'ils aient redécollé de l'étang.

– On stabilise à 140 nœuds.

Dès que l'altimètre indique 300 pieds, Ivan effectue une check-list rapide pour vérifier que l'écopage s'est déroulé sans problème. Il faut vérifier que les moteurs n'ont pas été abîmés au cours de la manœuvre. Une hélice aurait pu toucher un débris flottant ou être tordue par une vague[41]. Il faut également s'assurer que les ballonnets sont intacts. Ces petits flotteurs situés en bouts d'ailes sont relativement fragiles et il arrive qu'ils cognent sur le clapot jusqu'à se déformer. S'ils ont subi la moindre déformation, il n'y a qu'une solution : rentrer immédiatement. Les deux hommes jettent donc simultanément un coup d'œil latéral vers les bouts d'ailes.

– OK pour moi, annonce Ivan en levant le pouce.

– C'est bon aussi de mon côté...

Toujours à vitesse réduite, André s'engage vers le nord-ouest en direction de Nîmes.

Au même moment, les collègues sont en train de repartir de l'étang. Sur la fréquence interne, on entend les conversations des pilotes qui se placent les uns par rapport aux autres.

– 39 de 42... Desserre un peu ton virage... Je vais couper à l'intérieur et je suis un peu bas.

– Reçu 42...

Aussitôt, Charles Marchioni dégauchit franchement afin de ne pas gêner son ami.

– Ça va comme ça ?

– Affirmatif... Ça passe à l'aise, maintenant.

Quelques instants plus tard, tous les Canadair sont stabilisés en colonne dans les « cinq heures » du leader. Chaque avion

40. 222 km/h... 240 km/h... 260 km/h.
41. Accident survenu à Marcel Moalic sur Canadair 215.

s'est positionné à environ 300 mètres du précédent. Nul besoin d'être très serrés. Il ne s'agit pas d'une patrouille acrobatique mais d'une noria qui doit rester évolutive.

Cela fait maintenant un peu plus de cinq minutes que les Canadair ont décollé. Pour André, il est temps de prendre contact avec le CIRCOSC de Valabre[42]. Ce sont eux qui coordonnent les secours et les moyens aériens pour toute la France. Ils vont confirmer la position du feu et donner des indications vitales sur les conditions du terrain.

André les appelle sur le canal 7 de la fréquence VHF/FM.

– Bengale 2 de Pélican, vous me recevez ?

– 5 sur 5 Pélican, allez-y.

– Pélican 34, on est en route vers Massegros.

– OK les Pélicans, vous pouvez contacter le COS Massegros sur air-sol unité, Channel 18.

– Bien reçu, on va les appeler sur Channel 18. Est-ce qu'il y a déjà du monde sur place ?

– Affirmatif. Pour le moment, il y a Dragon 48[43] qui tourne dans les environs du chantier. Il vous attend. Apparemment, les gars au sol sont sur le point d'être débordés.

– Est-ce qu'il y a du vent là-bas ?

– Affirmatif... Ça souffle fort ! Il y a une habitation avec trois personnes qui pourraient être menacées. On attend des nouvelles. Les unités au sol ont beaucoup de mal à accéder au site. En plus, ils ont des difficultés à garder le contact avec une équipe qui est partie, à pieds, vers la maison.

– Bien reçu... On vous rappellera en vue de la fumée.

14 heures 03 (sirène + 28 minutes)

Devant les pare-brise, on commence à apercevoir les reliefs des Cévennes. André décide de monter.

42. Centre inter-régional de coordination opérationnel de la Sécurité civile.
43. Un hélicoptère Eurocopter Kawasaki BK-117.

– On va grimper vers 5 000 pieds, annonce-t-il.

– En général, plus on monte et moins la turbulence est forte. Aujourd'hui, c'est le contraire. Bien qu'il n'y ait aucun nuage convectif, ça cogne très dur. Les secousses sont si brutales que les deux pilotes doivent rapidement resserrer leur harnais pour ne pas décoller de leur siège. Cela ne les impressionne pas pour autant. Ils en ont vu d'autres ![44]

Nul besoin de disposer d'instruments de navigation sophistiqués pour se rendre compte que la dérive est très forte. L'avion vole carrément en crabe. Au sol, les fumées de la zone industrielle de Martigues sont couchées à l'horizontale.

– On a au moins 40 nœuds de vent trois quarts avant, précise Ivan.

André approuve.

– À ce train-là, il va nous falloir 40 minutes pour être sur place.

– Si ça souffle comme ça, ils vont avoir chaud là-bas.

Le commandant prend le cap 315 pour suivre la route en direction du chantier[45]. Comme à son habitude, il se dirige vers Massegros sans même regarder sa carte[46]. Il sait parfaitement où se trouve ce petit village de 321 habitants situé entre les gorges du Tarn et Sévérac-le-Château. Un endroit plein de charme… C'est là que se trouve l'usine Salakis qui fabrique la fêta rendue célèbre par la pub. Le seul problème, c'est que le hameau est à 870 mètres d'altitude au beau milieu de collines peu accueillantes. Comme bien souvent, les avions vont devoir se glisser entre les « pavés » pour toucher leur objectif.

14 heures 04…

Les Canadair passent par le travers sud de Saint-Chamas…

44. Voir récit plus loin « Le mécanicien est dans le trou ».
45. La route magnétique est le 297.
46. Dans un proche avenir les avions seront équipés de systèmes de positionnement par satellites GPS mais ces instruments seront avant tout un moyen pour augmenter la précision des largages d'eau.

Un Boeing militaire C-135 passe sur la gauche. Il est en descente et se prépare à atterrir sur l'un des nombreux aéroports de la région. Pas vraiment évident de naviguer dans le coin du fait de la densité du trafic. L'aéroport de Marseille est encore tout proche... Au sud, il y a la zone militaire d'Istres. Au nord, c'est la base école de Salon de Provence. Chaque terrain est utilisé quotidiennement par plusieurs centaines d'avions.

Pour les Canadair, ce n'est pas vraiment un problème... Ils sont considérés au même titre que leurs collègues pompiers circulant dans les rues d'une grande ville. Bien qu'ils n'aient ni sirène, ni gyrophare, on leur donne la priorité sur tous les autres trafics aériens. Pas de point de report obligatoire, pas de cheminement spécifique, pas de balise à survoler pour pénétrer ou sortir d'une zone[47]. Les pilotes se contentent de tracer un trait sur la carte jusqu'à leur destination. Et ils foncent droit devant, sans se poser de question. On leur demande simplement d'afficher le code 7076 sur leur transpondeur[48] et tout le monde les laisse passer.

Qui pourrait protester ?

L'altitude de croisière qu'ils utilisent est généralement peu élevée. Si l'intervention doit avoir lieu en plaine, les Canadair volent relativement bas. En général, ils se limitent à 2 500 pieds[49] sauf si, comme aujourd'hui, le chantier se trouve dans le relief.

14 heures 05...

André passe au nord de la ville d'Arles et il prend le cap de Nîmes dont on discerne déjà les longues barres d'immeubles dans le lointain. Avec le Mistral, la visibilité est excellente. Vers le sud, la Camargue scintille sous le soleil. Bousculées par le

47. *En réalité, il n'existe aucun texte réglementaire qui donne la priorité absolue aux Canadair sur les autres trafics aériens. Pourtant, dans les faits, les contrôleurs sont conscients de l'importance de la mission et ils les font systématiquement passer devant tout le monde. Il n'y a jamais eu de protestation.*
48. *Ce code spécifique est réservé uniquement aux Canadair. Grâce à lui, les contrôleurs radars peuvent savoir immédiatement à qui ils ont affaire.*
49. *Environ 800 mètres.*

vent, les eaux du Rhône ondulent, renvoyant des reflets multicolores vers le ciel.

– C'est quand même une des plus belles régions du monde, murmure Ivan.

André approuve d'un air écœuré.

– C'est dommage qu'il y ait autant de saboteurs qui s'acharnent à la détruire.

Maintenant que tous les avions sont stabilisé dans la colonne, le leader choisit de voler à 185 nœuds. C'est pratiquement la vitesse maximale de croisière du Canadair[50]. Instinctivement, le pilote aimerait pousser les manettes de gaz plus en avant car il y a de la marge. Actuellement, les moteurs ne sont qu'à 85 % de leur régime. Malheureusement, c'est impossible. Les turbopropulseurs sont si puissants que s'il faisait ça, la vitesse maximale autorisée serait dépassée.

Alors que le terrain de Nîmes est pratiquement en vue, Ivan décide de contacter le service d'information de la zone :

– Rhône Info, Pélican 34 sur 119.7, bonjour.

– 5 sur 5, les Pélicans, bonjour messieurs.

Comme de coutume, la réponse a été quasi immédiate. Ce sont des contrôleurs de la base aéronavale de Nîmes-Garons qui gèrent cette fréquence. Hors de question pour eux de faire perdre la moindre seconde aux Pélicans.

– Nous sommes six avions en montée vers 5 000 pieds en route sur Rodez, poursuit Ivan. On voudrait transiter dans votre zone...

– Pas de problèmes Pélican 34, vous pouvez transiter. Je vous signale malgré tout un Breguet Atlantic dans vos 11 heures pour 8 nautiques à 3 500 pieds. On va le faire virer à gauche pour vous libérer le passage.

– Bien reçu, on va passer pratiquement à la verticale de la ville dans quatre minutes.

50. La vitesse maximale à ne jamais dépasser (ou VNE) est de 187 nœuds (346 km/h).

– Tout est « clear » devant vous les Pélicans.

Les minutes passent...

André garde son cap avec précision. Depuis que les réservoirs sont chargés en eau, l'avion est un peu lourd aux commandes. L'inertie est plus importante et, malgré l'assistance hydraulique, l'appareil réagit moins bien aux sollicitations. Rien à voir avec le chasseur Etendard qu'André pilotait autrefois lorsqu'il était dans l'Aéronavale. En fait, le Canadair est une sorte de camion comparable aux énormes « trucks » qui effectuent le rallye Paris-Dakar. C'est lourd, pas très maniable mais grâce à la puissance des moteurs, ça peut accomplir des prouesses.

Comme tous les camions, l'avion est également fatigant à piloter, en particulier sur les longues distances. Car il est impossible de lâcher les commandes. En fait, contrairement à la majorité des avions de ce tonnage, les Canadair ne sont pas équipés d'un pilote automatique. Tout se fait en permanence « à la main ». Quand on considère le prix de ces machines, on s'étonne que le constructeur n'ait pas jugé bon de les équiper d'un accessoire aussi banal qu'un « PA »[51]. Même si le système ne serait d'aucune utilité pour travailler sur un feu, il permettrait aux pilotes de se détendre un peu lors des longs vols nocturnes ou dans les nuages.

14 heures 08 (sirène + 33 minutes)...

André Billot passe maintenant par le travers nord de la piste de Nîmes-Garons. Sur la gauche de l'appareil, il peut apercevoir la longue piste orientée nord-sud. Autrefois, lorsqu'il était dans la Marine, il s'y est posé à de nombreuses reprises. Que de souvenirs !

Puis c'est le travers sud de la ville d'Ales et la colonne des Canadair s'engage au-dessus des Cévennes.

Immédiatement, la turbulence se fait plus violente.

51. Un Canadair équipé en version standard vaut environ 40 millions de dollars.

– Ça va pas être de la tarte aujourd'hui, murmure André d'une voix parfaitement tranquille.

Il ne fait aucun doute que ça souffle très fort. Au sol, les fumées sont plaquées à l'horizontale. Avec de telles bourrasques, l'incendie sera costaud. Car le vent est l'élément déterminant dans le développement d'un incendie. Les chiffres montrent qu'un feu se déplace à une vitesse qui correspond à environ 6% de la vitesse du vent. Cela peut paraître faible. En fait, c'est énorme… Avec un vent de 50 kilomètres à l'heure, les flammes progressent à 3 kilomètres à l'heure. C'est la vitesse d'un piéton ! On peut alors imaginer les dégâts causés par un Mistral de 40 nœuds[52].

14 heures 10…

Pendant que l'avion progresse vers sa destination, Ivan en profite pour déplier une carte de navigation au 1/500 000. Il lui faut dès à présent trouver quel sera le point d'écopage de la noria. Un seul largage ne suffira pas pour éteindre le feu. Il en faudra peut-être plusieurs dizaines. Tous les sites autorisés sont soigneusement répertoriés avec leurs caractéristiques et leurs principales difficultés d'approche.

D'une manière générale, on peut classer les sites d'écopages en trois grandes catégories :

• les lacs et étangs,

• les grands cours d'eau comme le Rhône, la Garonne ou la Seine,

• la mer.

Bien évidemment, le facteur primordial dans le choix d'un site est sa proximité par rapport au chantier. Plus c'est proche et plus les avions reviennent vite… Malheureusement, ce n'est pas toujours aussi simple. Ce n'est pas forcément le lac situé à côté de l'incendie qui est le mieux adapté. Ainsi, tel étang ne pourra

52. 75 km/h. C'est une vitesse courante pour le Mistral.

pas être utilisé aujourd'hui parce qu'il s'y déroule une régate de voiliers… Pas question de glisser les Canadair au milieu de la compétition. Ou encore tel barrage dispose d'un niveau d'eau beaucoup trop bas en juillet. Impossible d'y faire une approche en sécurité.

Il arrive également que les pilotes aient à choisir entre un lac éloigné et la mer toute proche. La décision est alors difficile à prendre car il est beaucoup plus dangereux d'écoper en mer, surtout s'il y a de la houle et du vent… Une mer agitée peut causer des dommages très graves sur un Canadair[53].

Ivan examine deux endroits possibles au sud-est de Rodez.

– On a le choix entre le lac de Pareloup ou celui de Villefranche-de-Panat, annonce-t-il… Villefranche, ça doit être peinard. Il va y avoir moins de touristes là-bas. À Pareloup, ça va être la foule.

André secoue la tête.

– Villefranche, c'est un peu trop loin…

– Tu veux qu'on aille à Pareloup ?

– Oui, c'est le plus proche.

Pendant quelques secondes, les deux hommes réfléchissent à haute voix. D'après les indications du centre de Valabre, le feu est important… Il va falloir effectuer de nombreux largages. Ils vont peut-être y passer tout l'après-midi. Tant pis s'il y a du monde sur le plan d'eau. Le seul paramètre qui compte pour prendre une décision, c'est la proximité avec le chantier.

– On ira à Pareloup, répète André.

– D'accord.

André saisit son micro et bascule sur la fréquence interne des Canadair.

– On propose d'écoper à Pareloup ?

La réponse des autres pilotes arrive presque instantanément.

– Pas de problèmes, on suit.

53. *Voir récit plus loin : « Écopage en mer ».*

– Oui, je suis d'accord, c'est mieux que Villefranche.

– Bien reçu…

Ce dialogue peut paraître étonnant au sein d'une patrouille. En général, dans une formation militaire avec plusieurs avions, le leader prend les décisions et les équipiers suivent sans discuter. Cela ne se passe pas comme ça chez les Canadair qui ont une technique de prise de décision particulière. Le leader ne donne jamais d'ordres à ses équipiers. Ce ne sont que des propositions… Chacun peut donner son avis et faire une suggestion sur la conduite à tenir. C'est une discussion intelligente dont le seul but est la résolution des problèmes.

Maintenant que la décision d'écoper à Pareloup est acceptée, il reste à André d'en informer le centre de Valabre.

– Bengale 2 de Pélican 34 ?

– 5 sur 5… allez-y, Pélicans.

– On va écoper sur le lac de Pareloup. Vous pouvez nous demander une « sécurité plan d'eau » là-bas.

– Bien reçu, on s'en occupe tout de suite.

Immédiatement, à 200 kilomètres de là, les responsables de Valabre s'activent. En quelques secondes, ils contactent les pompiers de Pareloup pour qu'ils envoient immédiatement un zodiac sur le lac. Il faut faire dégager tout ce qui navigue. Le bateau assurera également la sécurité pendant les écopages. En cas de crash d'un hydravion, il sera sur place pour porter secours aux pilotes.

14 heures 20…

Les avions arrivent maintenant à une centaine de kilomètres de la commune de Massegros. Ils passent par le travers sud du petit terrain de Florac.

Pour André, c'est le moment de contacter le Codis[54]. Le centre est dirigé par un pompier professionnel qui va apporter

54. Centre opérationnel départemental d'incendie et de secours.

aux Canadair les dernières précisions pour l'intervention. Celui-ci est en relation permanente avec les centres de réception des appels téléphonique du Samu[55]. Il a une bonne connaissance de ce qui se passe au sol. Pour les Canadair, ce contact est incontournable.

– Codis 48 de Pélican.

– Je vous reçois fort et clair, les Pélicans. Parlez...

– Nous sommes six Canadair...

André n'a pas le temps de poursuivre ! Une voix visiblement énervée lui coupe subitement la parole. C'est un ambulancier qui demande qu'on le guide vers un accident de la route survenu près de Sainte-Enimie. Un interlocuteur lui explique aussitôt que le drame s'est produit sur la départementale 998. Et la conversation s'éternise pendant plus d'une minute. Une éternité sur une fréquence radio !

– Bon sang, il n'y a pas moyen de placer un mot, se plaint André.

Ivan ricane.

– C'est toujours comme ça avec eux.

En fait, la fréquence du Codis n'est pas une bande aéronautique. Il n'y règne aucune discipline réelle. Tout ceux qui sont impliqués de près ou de loin dans des opérations de secours peuvent y trafiquer : on y entend des pompiers, des gendarmes, des ambulanciers mais il y a également des discussions entre radioamateurs et même parfois des conversations personnelles. En fait, la fréquence est une véritable cacophonie digne d'une bande CB.

Finalement, André réussit à glisser son message entre deux explications confuses sur le moyen de rejoindre le village de Sainte-Enimie.

– Codis 48 de Pélicans. Nous sommes six Canadair à un quart d'heure du feu de Massegros.

55. Le 15.

– Reçu merci. Je me renseigne sur ce qui se passe là-bas et je les préviens de votre arrivée.

Les Canadair approchent maintenant dans la zone R 589. C'est un couloir normalement réservé aux avions de chasse pour leurs entraînements à grande vitesse. Les Mirage 2000 s'y déplacent si rapidement qu'on ne demande pas aux pilotes de vérifier que la route est libre devant eux. C'est aux autres trafics d'éviter cette zone. Même les bombardiers d'eau doivent se plier à cette règle.

Alors qu'André approche de la zone réservée, le contrôleur radar d'Orange lui confirme qu'il n'y a aucun problème :

– Les Pélicans, vous êtes clear pour entrer dans la R 589. La zone est inactive... Pas de trafic pour le moment. On vous tiendra au courant.

– Bien reçu, les Pélicans.

Et puis soudain, André aperçoit une longue traînée de fumée grise dans le lointain. Elle barre l'horizon et s'étire en un long panache qui s'évase mollement vers le sud-est. La bête est là-bas. Juste devant le pare-brise. Difficile d'imaginer que ce qui ressemble à un inoffensif feu de cheminée est un terrible incendie qui ravage des dizaines d'hectares.

Encore une cinquantaine de kilomètres et ils seront dessus !

– Ça brûle bien, murmure Ivan.

André approuve.

– Je sens qu'il va nous emmerder, celui-là.

Les pilotes sont encore loin mais les réflexes professionnels commencent à jouer. Il faut tenter d'analyser ce qui se passe là-bas... L'incendie semble avoir pris sur le flanc d'une colline et on dirait qu'il est en train de remonter vers une crête. La seule chose dont ils sont certains, c'est que vu la forme étirée de la fumée, il y a énormément de vent.

– J'appelle les gars au sol, annonce André.

Rapidement, il bascule sur la fréquence du COS[56]. Les

56. Commandement des opérations de secours.

pompiers sont équipés de petite radios VHF/FM portables. En l'occurrence, aujourd'hui ce sont ceux de la commune de Massegros qui sont au combat.

– COS Massegros de Pélican 34, vous me recevez ?[57]

André a tout juste relâché le bouton de l'alternat qu'une voix retentit dans son casque.

– Je vous reçois bien les Pélicans !

– Nous sommes à 20 nautiques de votre position[58], explique le commandant. On sera là dans environ 6 minutes.

– On est drôlement content de vous voir arriver. Ça commence à devenir intenable dans le coin !

La voix semble fatiguée. Visiblement, le feu a pris une ampleur à laquelle personne ne s'attendait.

– Comment ça se passe ?

– C'est pas terrible... On a une équipe qui est partie vers une maison à mi-colline mais les gars ont du mal à passer. On pense qu'il y a des habitants dans la baraque. Le problème, c'est qu'on n'a aucun contact avec eux. La ligne téléphonique est coupée et ils ne doivent pas avoir de portable.

Malgré la distance, André plisse toujours les yeux pour tenter de comprendre ce qui se passe là-bas.

– D'accord, on va commencer par faire une passe de reconnaissance et puis on avisera.

14 heures 29...

À mesure qu'il approche de Massegros, André observe le chantier qui grossit à vue d'œil. Au fil des années, il a acquis une sorte d'instinct qui lui permet de sentir le danger. Rien de vraiment rationnel. Il le sent ou il ne le sent pas... Et cet incendie là-bas ne lui dit rien qui vaille ! Dans quelques minutes, il aura des

57. La procédure prévoit que le pompier du COS prenne l'indicatif radio de la commune sur laquelle le feu s'est déclaré. Même si le feu se déplace ensuite de commune en commune (ce qui est fréquent), il conserve le nom initial de la commune sur laquelle il a démarré.

58. 36 kilomètres.

éléments concrets : la force du vent, la morphologie du terrain et le type de végétation. Il lui faudra alors comprendre l'aérologie du coin. C'est l'accélération du vent le long des pentes qui jouera un rôle capital sur l'évolution du feu. L'air va se freiner sur certains versants ou au contraire accélérer au fond de la vallée. Pas toujours facile de deviner comment ça va évoluer.

– Il avance vite, murmure André. C'est pas bon !

Ivan approuve. L'incendie est tellement violent que la fumée semble jaillir du sol comme si elle était sous pression.

– On a bien fait de venir à six.

14 heures 30...

Ce sont maintenant les gorges du Tarn qui défilent sous les ailes... Le paysage est absolument magnifique. Le petit village de la Malène disparaît à toute vitesse derrière les avions. Un peu plus loin dans le lointain, on devine la longue tranchée de l'autoroute A 75. La fumée grossit... Tout va aller très vite maintenant. Le chantier n'est plus qu'à 4 kilomètres. À peine 40 secondes de vol.

Avant de tenter quoi que ce soit, la procédure impose aux Canadair de faire un tour d'inspection. Aujourd'hui, la « reco » ne sera pas facile. Il y a des crêtes boisées qui montent très haut vers le nord. Piégée par les rotors du vent, la fumée y stagne comme une algue gigantesque.

– Il faut faire gaffe, explique André... Dans ce secteur, ça va cogner très fort et la visi ne sera pas bonne.

Avec prudence, le pilote réduit alors la puissance à 70%. La vitesse chute vers 150 nœuds et il laisse doucement l'avion descendre au ras du relief.

Il descend très bas...

Les ailes sont parfois à moins de vingt mètres des rochers. Voler bas, c'est le meilleur moyen de voir comment ça se passe. Le problème, c'est qu'au ras du sol, la turbulence est encore plus violente. Le vent frappe sur les collines, générant de puissants remous qui se fracassent comme des vagues sur un récif. Par moments, André doit se battre avec une machine qui réagit comme un cheval fou. Pas vraiment agréable de piloter dans ces conditions ! D'autant que la profondeur est particulièrement lourde[59]. Et puis soudain, le feu est là. Juste devant le pare-brise... On distingue les flammes qui semblent jaillir des entrailles de la Terre. C'est terrible ! Pendant une fraction de seconde, l'avion est dans la fumée et les pilotes ne voient plus rien. Puis le voile se déchire et ciel bleu réapparaît.

Quelques secondes plus tard, les cinq autres Canadair déboulent à leur tour au-dessus du brasier. Imitant le leader, ils passent à quelques mètres au-dessus de la crête. Au passage, chacun y va de son commentaire sur la manière dont les choses risquent d'évoluer.

– Ça va pas être du gâteau, annonce François Lallement.

– Il vaudrait mieux que ça s'arrête dans le brûlé, lance Éric Renoult. Autrement, ça pourrait remonter vers l'usine.

– C'est quoi cette usine ?

– C'est Salakis, là où ils fabriquent le fromage au bon lait de Brebisss, plaisante quelqu'un.

– Elle est où cette usine, demande un autre ?

– C'est les bâtiments, là, juste sur ta gauche.

– La où il y a un grand parking ?

– Affirmatif.

– En bien dis donc... Il faut qu'on se grouille, autrement leur fromage va être un peu trop cuit !

– À mon avis, on va y passer tout l'après-midi.

C'est Éric qui vient de faire cette dernière remarque. André ne fait pas de commentaire mais il sait que son collègue a raison : il va falloir du temps pour venir à bout de ce chantier.

59. *Comme cela se fait souvent, des systèmes de restitution d'efforts ont été montés par le constructeur sur les différents axes de l'avion. Cependant, pour respecter certains points de la réglementation américaine, les tarages des boites à ressort ont été réglé trop durs. De ce fait, l'avion est très lourd aux commandes et il n'est pas vraiment agréable à piloter tout spécialement dans la turbulence.*

– Il y a des camions de pompiers juste là, annonce Ivan en montrant une petite route de montagne sur la droite.

André tourne la tête.

– Ils sont bloqués.

Plusieurs véhicules rouges et blancs sont en effet arrêtés au milieu de la route. Les premiers camions engagés sur la route disparaissent par moments dans un épais nuage de fumée. Un peu plus bas, sur la départementale D 32, il y a un second embouteillage à l'entrée d'un petit bois. Cette fois, ce sont des voitures particulières qui sont arrêtées au milieu de la route.

– Il y a un accident.

André a vu juste. Dans la panique, deux riverains se sont percutés, bloquant derrière eux une dizaine de voitures.

– Le feu est parti du vallon tout en bas et il remonte vers la crête, lance Ivan.

– Apparemment, il y eu plusieurs sautes de feu. Tiens... Juste là... au niveau du virage. C'est pour ça qu'il a pris de l'ampleur. Il est remonté par la gauche et il a sauté.

Les « sautes de feu » ! Elles sont la hantise des pompiers car elles enferment les hommes et les habitations au milieu des flammes. Le phénomène est impressionnant ! Le feu se déplace en faisant de véritables bonds sur plusieurs centaines de mètres. Ce sont des branches incandescentes qui en sont la cause. Emportées par le vent, elles s'envolent littéralement pour mettre embraser la végétation beaucoup plus loin. Il arrive souvent que ces envolées fassent plus de 500 mètres. Pour les hommes sur le terrain, c'est une catastrophe car les portes de sortie se ferment une à une autour d'eux...

– Dragon 48 est là-bas, lance soudain Ivan !

– Visuel...

Un peu à l'écart vers l'ouest, on aperçoit en effet la silhouette

60. Le BK-117 construit par Eurocopter-Kawasaki est particulièrement bien adapté pour ce genre de travail. C'est une machine performante que tous les pilotes apprécient.

rouge et jaune d'un hélicoptère. C'est un BK-117[60] qui va servir de PC volant.

Pour l'instant, l'appareil est posé sur un parking au bord de la route. Le rotor tourne mais il ne décolle pas. Son pilote attend que le commandant des pompiers locaux vienne le rejoindre[61].

L'homme qui va partir en vol est le responsable du feu sur le terrain. C'est lui qui va décider à quel endroit les avions vont larguer leur eau et c'est également lui qui donnera l'ordre officiel pour agir.

Les Canadair ne feront rien sans son accord.

Pour avoir une meilleure vision du chantier et guider les tirs[62], il pourra ordonner à l'hélicoptère de se placer en vol stationnaire à certains endroits. Le BK-117 servira ainsi de « balise » pour montrer clairement à quel endroit les avions devront larguer leur eau. Les néophytes seront certainement surpris par cette hiérarchie inattendue. Difficile de comprendre pourquoi les pilotes de Canadair doivent obéir au responsable local des pompiers. Ils disposent d'un savoir-faire immense qui leur permettrait de décider par eux-mêmes où larguer leur eau.

En fait, l'expérience montre que le pompier est le seul à disposer de tous les éléments qui permettent d'effectuer des largages en sécurité et avec le maximum d'efficacité.

L'avion va trop vite pour que les pilotes puissent tout voir. Depuis leur cockpit, ils n'ont qu'une vision partielle du chantier. Seul un observateur extérieur peut les diriger et surtout assurer la sécurité du personnel au sol.

C'est donc lui qui est le chef !

Même si ce système de commandement a parfois été à l'origine de certaines blessures d'amour propre[63], les choses se déroulent généralement bien.

61. *Lorsque l'homme sera à bord, il prendra l'indicatif radio « Aéro » suivi du lieu de l'intervention. Aujourd'hui, ce sera donc « Aéro Massegros ».*
62. *Pour les professionnels, c'est le mot « tir » qui est employé plus souvent que « largage d'eau ».*
63. *Voir le texte : « Petit feu en Corse ».*

Pour l'instant, le commandant du COS n'est pas encore dans l'hélicoptère. Il est encore au sol dans un environnement de fumée. C'est une situation très inconfortable qui ne lui permet pas d'avoir une vision globale de l'incendie. Il lui faut donc à tout prix rejoindre l'appareil qui l'attend sur le parking.

Le problème, c'est qu'il est toujours bloqué par l'accident à l'entrée du bois. Et les Canadair arrivent !

– *Aéro Massegros*, bonjour, c'est Pélican 34. Nous sommes six Canadair chargés à l'eau. On est à dix secondes du feu.

– Heureux de vous voir les Pélicans, réplique le pompier. On commence à avoir vraiment très chaud ici.

Il y a un sentiment de soulagement non dissimulé dans la voix du chef. De toute évidence, la situation n'est plus sous contrôle.

– Ça se présente comment là-dessous ?

– Eh ben… en fait, il y a un point très chaud sur le flanc droit au milieu de la crête. Ce serait bien si vous pouviez attaquer tout de suite de ce côté-là. Ça permettrait d'empêcher la lisière de progresser vers la maison.

– D'accord, on va commencer par faire un repérage des lieux, réplique André. Puis on avisera.

– C'est parfait, ça me laissera le temps d'arriver jusqu'à l'hélico.

– On arrive à la verticale.

– Je vous vois, rétorque le commandant du COS.

Au même moment, le premier Canadair passe au-dessus de l'incendie dans le hurlement des turbopropulseurs. Les autres avions arrivent immédiatement derrière. C'est la cavalerie qui déboule ! Vingt secondes plus tard, André entame un large virage par la gauche pour tourner autour du chantier.

– Je vous donne les numéros des avions ?

– Allez-y Pélicans, je vous écoute.

Il est important que le commandant du COS connaisse tous les numéros des Canadair. Dans quelques minutes, lorsque les largages seront commencés, ils pourra appeler chaque avion individuellement pour lui demander d'apporter des corrections à ses largages.

– Alors, il y a le 34 en leader, poursuit André.

– Reçu, le 34 en tête...

– Ensuite, c'est le 31... 36... 37... 39 et le... 42.

– C'est copié, je vous attends.

Puis après une seconde de silence, le commandant du COS reprend :

– Vous n'êtes que six ? On m'avait promis huit avions !

– Désolé, on a deux machines en panne aujourd'hui, réplique André. Mais ne vous inquiétez pas, on va faire le maximum.

– Bien reçu.

Malgré la mauvaise qualité de la liaison radio, on devine la déception du pompier. Six avions au lieu de huit, cela représente 12 tonnes d'eau en moins à chaque passage. C'est loin d'être négligeable.

Alors que toute la formation s'éloigne pour aller se placer dans l'axe de tir, les équipages tentent d'analyser la situation.

– La tête a l'air sacrément active, remarque Ivan.

Ivan a employé le mot « tête » car à partir de maintenant, les pilotes ne vont plus se repérer en utilisant les points cardinaux classiques. Ce serait trop complexe de tourner autour d'un point en parlant de nord, de sud, d'Est ou d'ouest. La terminologie fait référence à la forme générale d'un feu dans la nature. Celle-ci est toujours la même quel que soit le terrain. Pour comprendre, il faut se rappeler que c'est le vent qui fait avancer un incendie. Celui-ci se déploie alors selon une longue ligne en forme de parabole avec deux lisières ardentes latérales. C'est sur ces côtés que ça brûle le plus ! Ce sont les « flancs » du chantier. Lorsque l'on regarde le feu en se plaçant avec le vent arrière, le flanc droit se trouve à droite et le flanc gauche à gauche. On distingue alors clairement l'endroit où le feu a démarré. C'est le point « origine » (qui est complètement noirci). Et puis, en avant, on voit la « tête », c'est-à-dire la pointe du feu qui avance en dévorant la végétation. Un feu se définit donc toujours par quatre secteurs : son origine, sa tête, son flanc droit et son flanc gauche. C'est ce langage standardisé que tous les hommes, au sol et en vol, vont employer pour se comprendre.

Dans le cockpit du Canadair, la radio VHF/FM grésille :

– Il faudrait que vous attaquiez plutôt sur le flanc droit, annonce le responsable du COS.

– Vous êtes arrivé à l'hélico ?

– Pas encore mais j'approche… J'y serai dans deux minutes.

Au volant de son 4x4, l'homme a enfin réussi à franchir le barrage de l'accident et il fonce maintenant à toute vitesse vers le BK-117.

– Vous êtes certain qu'il faut tirer sur le flanc droit, interroge André ?

– Oui, c'est là que ça craint le plus. Si vous larguez la flotte au bon endroit, ça nous permettra de progresser plus facilement vers la maison. Pour le moment, le feu nous barre le passage jusqu'à la route.

– Bien reçu, on va faire un passage pour évaluer ce qu'on peut faire sur la droite.

André effectue alors un nouveau 360 de repérage autour du foyer. Cette fois, il serre davantage le virage pour être tout proche du chantier. Ce n'est pas évident car la fumée qui se dégage de la tête est épaisse. Pendant quelques secondes, le Canadair traverse des nuées particulièrement noires. De vrais nuages au travers desquels les pilotes ne voient plus rien ! Dès qu'ils sont dedans, une méchante odeur de brûlé pénètre dans le poste de pilotage. Par moments, quelques volutes inquiétantes reviennent même par l'arrière de la cabine. En fait, le système de climatisation du Canadair n'est pas du tout étanche et l'air pollué s'infiltre dans l'avion pour aller se loger dans les poumons des pilotes.

Le lecteur s'étonnera certainement de tant d'inconfort. En fait, il y a un progrès considérable par rapport aux anciens

Canadair CL-215[64]. Aussi incroyable que cela paraisse, autrefois, dans les grands incendies, les équipages avaient non seulement de la fumée dans le cockpit mais il voyaient parfois des escarbilles brûlantes voltiger autour d'eux. Très agréable !

– Je vais arriver bientôt dans l'axe. Je me présente vent arrière[65], annonce André Billot.

Pas de réponse du sol...

Puis il entame un nouveau virage dans l'autre sens pour venir se mettre en position.

– *Aero Massegros*, comment ça se présente pour vos gars là-dessous ?

La réponse du commandant des pompiers est pratiquement inaudible. Le gars semble essoufflé et sa voix est couverte par un fort ronflement. C'est le bruit de l'hélicoptère qui sature la fréquence.

– Pour l'instant, il y a encore du monde sur le flanc droit mais je vais les faire dégager. J'arrive à l'hélico.

– Reçu, en attendant on refait un passage d'observation.

Pour la seconde fois, les six Canadair se présentent donc en colonne les uns derrière les autres au-dessus du chantier. Cette fois, ils prennent exactement l'axe qu'ils choisiront tout à l'heure pour tirer. L'espacement est d'environ 15 secondes entre chaque appareil. Au passage, Ivan a le temps de remarquer une silhouette casquée qui embarque dans l'hélicoptère. C'est le commandant du COS qu'ils viennent d'avoir en contact.

– On vous a en visuel *Aéro Massegros.*

Pas de réponse... L'homme est courbé sous le rotor. Il n'entend pas le message qui lui est destiné.

Pour les pilotes, ce passage dans l'axe de largage est très important. C'est vraiment à ce moment qu'ils peuvent vérifier si

64. *Arrêtés de vol en 1996.*

65. *Le pilote ne parle pas d'une position vent arrière comparable à celle d'un circuit de piste. Il veut dire qu'il est dans l'axe de tir avec le vent dans le dos. Ce ne sera pas le sens de présentation qui sera utilisé pour le futur largage mais cela permet à l'équipage d'avoir une meilleure vision du chantier.*

la proposition du COS est valable. Vue du ciel, la situation est toujours beaucoup plus claire qu'elle ne l'est pour un observateur au sol. Au passage, les pilotes ont eu le temps d'apercevoir la maison sur la crête. C'est un joli mas de type provençal avec une piscine et un cours de tennis. On aperçoit distinctement le toit de tuiles rouges qui émerge de la verdure et la tache bleue de la piscine. Il est évident que si le feu dévie de quelques degrés vers la crête, il va tout détruire.

Quelques secondes plus tard, André appelle de nouveau le commandant des pompiers :

– *Aéro Massegros* de Pélican 34... Est-ce que vous nous pouvez nous confirmer la situation de vos gars. Vous avez des personnes menacées sur le terrain ?

Cette fois, le pompier est à l'intérieur de l'hélicoptère et il reçoit parfaitement le message.

– Négatif. Pour le moment, ça va... On n'a personne en danger. Mes gars ont réussi à contacter les habitants de la maison.

André respire... Il n'y aura pas de « largages d'urgence »[66], c'est déjà ça ! Il n'est jamais simple de lâcher plusieurs tonnes d'eau sur des hommes au sol sans risquer de les blesser.

– *Aéro Massegros* de Pélican, est-ce que vous serez bientôt en place ?

– Encore un instant et ce sera bon...

Au moment où l'hélicoptère décolle, le pompier reprend :

– Une fois que vous aurez largué sur le flanc droit, il faudra faire quelque chose pour empêcher le feu de progresser vers l'usine Salakis. Ça risque de partir par là si on ne fait rien.

Pendant qu'André discute de la stratégie à suivre, Ivan examine soigneusement les alentours du chantier. Il cherche les « feux naissants ». Après les personnes en danger, ce sont eux qui sont la priorité. Déclenchés par les sautes de vent, ils doivent

66. Largage pour secourir des pompiers cernés par les flammes.

être circonscrits immédiatement. *Avant même d'attaquer le chantier principal !* Car un feu naissant est facilement contrôlable si on s'en occupe tout de suite. Une fois démarré, il devient rapidement aussi puissant que le feu qui l'a engendré et on ne peut plus le maîtriser.

Et justement, c'est sur le flanc droit que les menaces sont les plus fortes.

Malgré son inexpérience, Ivan a parfaitement évalué la situation. Le commandant des pompiers a raison. Dans un premier temps, c'est effectivement sur le flanc droit que tout va se jouer. C'est là qu'il faut bloquer le feu pour l'empêcher de progresser vers les habitations. Ensuite, quand il sera sous contrôle, il faudra protéger l'usine.

André semble avoir compris le raisonnement de son copilote. Il lève le pouce dans sa direction.

– Il a raison, lance-t-il. Il faut commencer par le flanc droit.

Puis immédiatement, il informe les autres Canadair de ses intentions.

– On va taper à droite...

François Lallement approuve aussitôt.

– À droite ? OK pour moi...

– Pour moi aussi, lance Jacques Bonneval !

André entame donc un nouveau virage d'éloignement qui le ramènera par la suite vers la tête du feu. Il lui faut maintenant se placer *face au vent*. Ce n'est pas vraiment évident car la manœuvre va obliger toute la colonne des Canadair à se rapprocher de la fumée.

Il peut paraître étonnant de se placer face au vent pour larguer. En effet, dans cette position la fumée va arriver directement dans le nez des pilotes. Elle va réduire leur visibilité. Il semblerait plus facile d'approcher avec le vent arrière... Ce serait effectivement plus facile mais *beaucoup moins efficace !* Car avec le vent de face, la vitesse sol des avions est plus faible et l'eau tombe verticalement sur le feu. C'est un avantage considérable dont il faut savoir tirer profit surtout lorsque le vent approche les 70 kilomètres à l'heure comme c'est le cas aujourd'hui.

Avec un largage vent de face, l'impact est plus violent et les résultats bien meilleurs.

14 heures 36 (sirène + 1 heure et 1 minute)...

André termine son virage de mise en place. La colonne des Canadair se présente donc sur le flanc droit dans l'axe de la lisière enflammée[67].

– On va pouvoir tirer dès que le gars dira que c'est OK, annonce alors André à l'intention de ses équipiers.

– Fais gaffe, on risque d'avoir des vents rabattants, un peu avant le vallon, prévient François.

– On va surveiller.

Il y a quelques instants de silence puis André rajoute :

– La végétation est rase sur le flanc droit. Pour le premier passage, on travaillera au moussant.

Ivan appuie aussitôt sur le switch qui envoie le produit dans les réservoirs[68].

– OK pour la mousse.

Les Canadair peuvent larguer deux types de produits : de l'eau pure ou de la mousse[69]. Cette dernière est beaucoup plus efficace pour éteindre les flammes mais elle possède un gros inconvénient : s'il y a des arbres, elle descend difficilement jusqu'au sol. Les « bulles » sont légères. Du fait de leur consistance, elles restent accrochées dans les hautes branches et ne servent à rien.

Comme la végétation est rase sur le flanc droit, André a

67. *Les flancs droits et gauche étant repérés par rapport au vent arrière, dans le cas présents, les avions arrivent face au vent, ils visent donc la gauche du feu.*
68. *Le réservoir de mousse permet d'effectuer une quinzaine de largages. La concentration est toujours de l'ordre de un pour mille.*
69. *C'est un mélange d'eau et de Biogema FT 103, un produit moussant biodégradable spécialement conçu pour la lutte contre les incendies.*

décidé logiquement d'attaquer à la mousse. Il sait déjà que ce sera le seul endroit du chantier où il pourra l'utiliser car le reste du versant est boisé. Pour les autres secteurs, ce sera de l'eau pure[70].

– Les Pélicans... on est prêts, on attend votre autorisation, lance André.

Assis à la place gauche de l'hélicoptère, le commandant des pompiers répond immédiatement mais, visiblement, il n'a pas terminé ses vérifications.

– Bien reçu... Je suis en train d'appeler mes hommes pour voir s'il n'y a plus personne sur le terrain et je vous rappelle.

André patiente donc en continuant à faire des cercles à trois kilomètres du feu. À partir de cet instant, les six Canadair sont comme des voiliers en régate attendant le signal pour franchir la ligne.

– Ce sera quand vous voudrez... Nous, on est en place, confirme-t-il.

Comme c'est souvent le cas, cela va prendre un certain temps avant que le commandant du COS ne donne son autorisation de tirer. Il tient d'abord à s'assurer que le secteur de largage est parfaitement dégagé. C'est relativement simple en ce qui concerne les pompiers car ils sont tous en liaison radio avec lui. Les hommes sont rapides dans leurs déplacements et ils obéissent sur le champ.

Il en va tout autrement avec les civils !

Les contacts sont difficiles. Les habitants veulent rester à proximité de leur maison. Instinctivement, beaucoup refusent de s'éloigner de leurs biens... Armés d'un tuyau d'arrosage dérisoire, ils espèrent pouvoir lutter seuls contre les flammes. Difficile de leur faire comprendre que le largage des Canadair peut les blesser grièvement et qu'ils doivent partir.

70. *D'une manière générale, les Canadair travaillent beaucoup plus souvent à l'eau pure qu'à la mousse.*

Et puis, il y a les curieux ! Ils sont plus nombreux qu'on ne l'imagine. Ceux-là sont totalement inconscients. Souvent équipés d'un petit caméscope, ils veulent faire des images pour garder un souvenir. On ne sait jamais, ils pourraient peut-être vendre une photo à un grand journal. Ils ne se rendent pas compte qu'ils compliquent considérablement la tâche des pompiers.

Pour le commandant du COS, vérifier que tous ces gens-là ont dégagé le secteur est loin d'être simple.

L'attente se prolonge. Les Canadair continuent à tourner en rond. Huit minutes se passent avant que le commandant des pompiers rappelle. Huit minutes, c'est une éternité alors que le feu brûle tout ce qui se trouve sur son chemin.

14 heures 44...

– Les Pélicans, ici Aéro Massegros, vous me recevez ?

– 5 sur 5, je vous écoute.

– Je vous confirme que tout le monde a dégagé mon secteur. Vous pouvez larguer. Je répète : autorisation accordée pour le flanc droit.

– Bien reçu. On se présente et on va tirer.

Cette fois, le leader ne termine pas son 360. Lorsqu'il arrive dans l'axe du feu, il stabilise les ailes à l'horizontale et met le cap en direction du chantier. Commence alors une succession de traversées de longues barbules noirâtres. La visibilité se réduit, le pare-brise devient gris. C'est comme si un rideau sombre était brusquement tiré devant l'avion puis le ciel bleu réapparaît. Puis de nouveau des barbules...

– On va envoyer la totalité de la soute, précise André.

Ivan acquiesce.

– D'accord, on envoie tout d'un seul coup[71].

71. Le système est conçu de telle sorte que le commandant de bord peut décider de larguer seulement un quart des soutes. Pourtant, en général, c'est la totalité de l'eau qui est larguée en une seule passe. Seules des considérations sur la distance importante entre l'incendie et le lieu d'écopage peuvent amener les pilotes à être parcimonieux dans leur tir.

– Confirme aux autres qu'on va taper sur le flanc droit.

Comme précédemment, les instructions du leader ne sont que des suggestions qui peuvent être discutée par les autres pilotes. Si la tactique choisie ne leur paraît pas bonne, ils sont libres d'accepter ou de refuser.

– On confirme qu'on va faire les lisières à droite, annonce André.

La réponse arrive immédiatement. Elle est unanime.

– Bien reçu, on tire sur le flanc droit.

Cette fois, le moment fatidique approche. Rapidement, les autres Canadair se placent à une quinzaine de secondes les uns des autres. Ils se décalent légèrement sur l'extérieur gauche pour éviter la turbulence de sillage du précédent.

Et André attaque le premier.

– C'est parti, annonce-t-il.

Un coup d'œil au badin... Actuellement l'avion vole à 150 nœuds[72]. C'est trop rapide. La vitesse maximum de largage est de 129 nœuds[73]. En fait, la plupart des pilotes choisissent de larguer à 105 nœuds[74].

Moins on va vite et plus le tir est efficace. André ramène les manettes des gaz en arrière.

40 secondes du tir...

Le chantier est droit devant...

Sans hésiter, André se met en descente. Le sol se rapproche... Le bout des ailes commencent à frôler les prairies. Pendant un bref instant, l'équipage peut apercevoir un berger qui lève la tête pour voir passer l'avion. Descendre... Encore plus bas... Le largage va s'effectuer à une dizaine de mètres de hauteur. Il faut surveiller tout... Chercher l'obstacle inattendu... À ces hauteurs critiques, une simple ligne téléphonique représente un grand danger.

72. 277 km/h.
73. 238 km/h.
74. 194 km/h.

Pourquoi passer si bas ? Là encore, c'est une question d'efficacité : plus le largage est au ras du sol et plus il est efficace.

André se met à présent en léger virage. Il lui faut longer la pente pour éviter les lisières qui fument énormément.

La tension monte.

À cet instant, l'expérience du pilote joue un rôle capital. Car il est difficile de trouver la bonne inclinaison qui amènera l'eau sur le point choisi tout en laissant l'avion hors de la fumée. Rester en virage... Tangenter les barbules. Descendre très bas tout en visant les flammes... À dix mètres du sol, la moindre erreur est fatale.

– T'es prêt, demande alors André d'une voix ferme.

– Affirmatif.

Ivan saisit alors le gros interrupteur situé sur le haut du tableau de bord et il le place vers le haut en position : *Armed.*

Quatre voyants blancs s'allument juste à côté des voyants verts « *Ready* ». Les huit témoins lumineux indiquent qu'à partir de maintenant, les portes de largage sont opérationnelles. Elles s'ouvriront dès que le commandant de bord appuiera sur le petit bouton rouge situé sur le haut de son manche.

– C'est armé, lance alors Ivan.

Puis il rajoute.

– Prêt pour le largage secours !

Dans la même seconde, sa main gauche se pose sur le gros levier rouge situé à côté de la console centrale. Si par malchance, il y avait un problème électrique, il lui faudrait tirer fermement le levier vers le haut. Le système agit sur des câbles qui déverrouillent les fermetures des quatre trappes. Dès qu'elles sont libérées, les six tonnes d'eau tombent par gravité. Ce système d'emergency est capital pour la sécurité des Canadair surtout lorsqu'ils travaillent dans des vallées encaissées. C'est souvent le cas en Corse ou dans les Alpes. Lorsque l'avion est chargé en eau, il reprend difficilement de l'altitude. Seul le largage de sa charge peut lui permettre de franchir certains obstacles. Le copilote doit donc être prêt à réagir en une fraction de seconde si l'eau ne part pas.

20 secondes du tir...

– On arrive, annonce André à l'intention d'Aéro Massegros.

À partir de cet instant, l'avion est parfaitement stabilisé. La technique pour viser l'objectif s'apparente à celle utilisée par un pilote de chasse qui larguerait une bombe freinée. Il s'agit de mettre l'eau exactement sur le feu. Et ce n'est pas aussi facile qu'on pourrait le croire en regardant les images à la télévision. Les lisières enflammées sont souvent très étroites. Il arrive qu'un pilote rate la cible...

Alors qu'il approche des flammes, André entend la voix du pompier du COS dans ses écouteurs.

– Faites gaffe, les gars. Il y a une antenne de téléphone portable sur le bord droit de la lisière.

L'antenne est juste dans l'axe d'approche de l'avion. Elle est de couleur grise avec des plaques rectangulaires sur chacune de ses faces.

– Bien reçu, annonce André. On l'a en visuel.

Puis il répète l'avertissement pour les autres.

– Méfiance... une antenne sur le bord droit de la lisière.

10 secondes du tir...

Pour les observateurs au sol, la silhouette du premier Canadair grossit à vue d'œil.

– Vous pouvez y aller les gars, confirme le commandant du COS. Il n'y a plus personne.

C'est l'ultime autorisation... Le commandant du COS est certain que tout le monde a dégagé le secteur. Enfin, il l'espère ! Car il arrive que certains pompiers ne cherchent pas vraiment à se protéger. Poussés par la curiosité, ils se déplacent « juste ce qu'il faut ».

Leur but est toujours le même : prendre des photos des Canadair. Ils veulent être le près possible lorsque les trappes s'ouvriront. Certains semblent oublier que les risques sont énormes... Car un tir à basse altitude n'est pas une opération anodine.

Tout dépend de la hauteur de passage de l'avion.

Si l'eau est larguée à 50 mètres de hauteur, elle se transforme en une pluie fine qui n'est pas dangereuse pour le personnel au sol. Le problème, c'est qu'à cette hauteur, le tir n'a pratiquement aucun effet sur l'incendie. L'atmosphère est légèrement rafraîchie mais les flammes ne sont pas éteintes.

À 20 mètres de hauteur, c'est déjà un peu différent car l'impact est beaucoup plus fort. La masse liquide se disperse encore dans l'air mais le coup sur le sol est plus violent. Il peut souffler quelques flammes de faible amplitude sans donner toutefois de gros résultats sur les foyers importants.

Il en va tout autrement si le largage est effectué à 10 mètres. C'est la hauteur généralement utilisée. Dans ce cas, l'impact est d'une puissance phénoménale. Les six tonnes d'eau représentent une énergie cinétique qui souffle les flammes en une fraction de seconde. C'est une bombe liquide qui s'écrase sur le sol. Seul problème, le coup est si puissant qu'il peut tuer un homme... Les risques sont doubles : d'une part la force de l'eau est telle qu'elle peut littéralement briser une colonne vertébrale. D'autre part, même si l'impact n'est pas mortel, l'eau arrache au passage les grosses branches des arbres et celles-ci écrasent tout dans leur chute. Appuyer sur le bouton rouge n'est donc pas un geste banal. C'est une responsabilité très lourde qui incombe au seul commandant de bord. Pendant les missions opérationnelles, c'est toujours lui qui largue l'eau.

André est maintenant stabilisé à 10 mètres de hauteur.

– On y va, confirme-t-il sans quitter son objectif des yeux.

La concentration est extrême. Le pouce gauche se déplace lentement vers le bouton. Le Canadair est toujours en léger virage. Il est juste en bordure de la fumée pour survoler la lisière au bon endroit. Ce n'est pas évident car le vent provoque des turbulences qui secouent méchamment la machine.

La main sur les manettes, André joue doucement avec les gaz pour garder l'aiguille du badin sur 105 nœuds[75]. C'est la vitesse idéale. Le commandant de bord larguera son eau lorsque le feu se trouvera dans la partie inférieure de son pare-brise. Juste au niveau de l'essuie-glace... Il faudra appuyer sur le bouton au moment précis où les flammes disparaîtront sous le nez de l'avion.

14 heures 47 minutes : premier tir
(sirène + une heure et 12 minutes).

L'enfer arrive... Mélange de couleurs vives et de taches noires, on voit distinctement les flammes qui montent du sol et disparaissent d'un coup. C'est une bête immonde née de la bêtise d'un abruti malfaisant.

Une fraction de seconde avant que le feu ne disparaisse sous son essuie-glace, André presse le bouton rouge.

Au même instant, il y a un bruit sourd dans la soute et le Canadair a un étrange soubresaut. Sous le ventre, les quatre portes de largage viennent de s'ouvrir. Les réservoirs se vident d'un coup. En moins de trois secondes, les six tonnes d'eau moussante déferlent sur le feu.

Bingo ! Le tir a touché exactement la lisière enflammée ! Aussitôt un immense nuage de vapeur jaillit du sol. Il s'accompagne d'un bruit de friture caractéristique.

Dans la seconde qui suit, l'équipage a l'impression de changer d'avion. C'était un camion lourd et peu maniable. Soulagé du tiers de son poids, il devient léger et réactif. Les commandes se sont transformées d'un coup.

Le pilote doit pousser sur le manche pour empêcher l'avion de remonter tout seul. S'il ne faisait rien, l'avion remonterait de

75. *La vitesse de largage doit impérativement être comprise entre 101 et 129 n?uds (185 et 238 km/h). Il ne servirait à rien de larguer plus vite car l'eau se disperserait trop loin autour du feu. Plus l'eau est larguée à basse vitesse et plus elle est efficace sur le feu. En outre, les quatre trappes de largage se déformeraient si elles étaient ouvertes avec une vitesse trop forte.*

400 pieds[76] d'un seul coup. Puis une étrange odeur envahit le poste de pilotage. On dirait du liquide vaisselle. Rien d'inquiétant, c'est le parfum normal du « moussant » qu'ils viennent de larguer.

Quinze secondes plus tard, le Canadair n° 31 piloté par François Lallement déboule sur le chantier. À son tour, il largue sa charge sur les flammes. Et la noria se poursuit... Les uns derrière les autres. Tous les Canadair passent à l'attaque.

À chaque passage sur le chantier, le fumée se fait plus dense et on y voit de moins en moins... Deux facteurs sont à l'origine de cette réduction soudaine de visibilité. Tout d'abord, un feu dégage beaucoup plus de fumée lorsque ses flammes viennent d'être soufflées. C'est une fumée noire et âcre. À cela vient s'ajouter la vapeur dégagée par les tonnes d'eau déversées sur le brasier. Celle-ci se transforme immédiatement en un énorme nuage blanc qui s'étire rapidement le long du sol.

Pour éviter que les derniers pilotes ne soient aveuglés, les tirs s'effectuent de manière très calculées. Le premier appareil largue son eau très en avant sur la lisière, ce qui permet de ne pas enfumer le reste puisque le vent pousse la fumée vers la tête du feu... Puis, peu à peu, largages après largages, les autres avions raccourcissent progressivement leur tir. Même si cette technique est loin d'être idéale, elle permet aux derniers de garder une certaine visibilité sur l'objectif.

Alors que le sixième appareil piloté par Jacques Bonneval déboule à son tour sur le site, André poursuit son virage à gauche pour prendre un cap direct vers le lac de Pareloup.

Il s'agit maintenant de ravitailler en eau...

Reste à savoir quels ont été les effets des tirs sur l'incendie. Situé en première position dans le dispositif, le leader n'a pas idée de ce qui s'est passé. Il attend donc le compte-rendu du dernier pilote.

75. Environ 120 mètres, ce qui représente tout de même le premier étage de la tour Eiffel.

L'information ne tarde pas à arriver.

– On a bien fait de taper sur le flanc droit, explique Jacques. Ça s'est calmé mais j'ai l'impression que ça va repartir rapidement. Peut-être qu'il va falloir refaire une passe au même endroit.

Étonnant ! Les six bombardiers viennent de larguer 36 tonnes d'eau sur le chantier et les résultats semblent mitigés. En fait, on est en plein été. La sécheresse sévit depuis deux mois sur la région et le vent souffle très fort aujourd'hui. Ce sont autant d'éléments qui jouent contre les hommes.

Alors que les Canadair foncent vers le lac d'écopage, le commandant du COS appelle André. Il veut profiter de la légère baisse d'activité de l'incendie pour tenter quelque chose :

– J'ai des bulldozers qui arrivent. Je vais essayer de bloquer le feu en creusant une tranchée en avant de la tête.

– Bonne chance, réplique André... Pendant ce temps-là, on va écoper à Pareloup. On sera de retour dans une vingtaine de minutes. Ça vous laisse un peu de temps.

Quelques instants plus tard, André affiche le cap 260 et son badin indique de nouveau la vitesse maximum de 187 nœuds[77].

Alors qu'il consulte sa carte, Ivan ne peut s'empêcher de réfléchir. Cela ne fait que six mois qu'il vole à la Sécurité civile. Il n'a pas beaucoup d'expérience et pourtant son instinct lui souffle que ce feu va leur causer des difficultés.

15 heures 06...

La noria arrive en vue de Pareloup...

C'est un lac artificiel superbe. Situé au cœur de l'Aveyron à proximité du village de Salles-Curan, l'endroit attire chaque année des milliers de touristes. En plein mois de juillet, tous les campings de la région affichent complet. D'ailleurs, vu du ciel, le spectacle est impressionnant. On peut apercevoir plusieurs

77. 346 kilomètres à l'heure.

centaines de caravanes et de mobile-home installés sur les rivages. Pour les pêcheurs, c'est le rêve car le lac a la réputation d'être très poissonneux. On y pêche le brochet, le sandre et la truite. Bien évidemment, les barques sont partout sur le plan d'eau… Elles ne sont pas les seules. Il y a des canots pneumatiques, des dériveurs, des catamarans, quelques dizaines de jet skis et surtout plusieurs centaines de planches à voile.

C'est au milieu de cet embouteillage aquatique que les Canadair vont devoir se glisser pour prendre de l'eau !

Heureusement, les responsables locaux ont été prévenus de l'arrivée imminente des hydravions. L'information a transité par le centre de Valabre, puis elle a été retransmise aux pompiers de Pareloup. Depuis une demi-heure, ceux-ci n'ont pas ménagé leurs efforts. Ils ont sillonné la zone d'écopage pour faire dégager les plaisanciers. La tâche est loin d'être facile…

On peut imaginer aisément la stupéfaction des occupants de ce pédalo lorsqu'ils sont abordés par les hommes du zodiac…

– Bonjour madame, bonjour monsieur… Vous ne pouvez pas rester à cet endroit. Dans dix minutes, il y aura des Canadair qui vont venir chercher de l'eau.

Lueur de stupéfaction dans les yeux des sportifs.

– Des quoi ?

– Des Canadair.

– Qu'est-ce que c'est ?

– Ce sont des avions, vous êtes en train de naviguer dans une zone qui est strictement réservée à l'écopage.

– J'y comprends rien. C'est réservé à quoi ?

– À l'écopage !

Persuadé qu'il est dans son bon droit, le mari tente de discuter. Pourquoi le fait-on partir… Ce n'est pas normal. Il a payé la location de son pédalo. Le loueur ne lui a pas parlé de cette zone réservée. Et puis, il avait prévu de traverser le lac pour pique-niquer sur l'autre rive…

– Je gêne personne ici. Je suis suffisamment loin du rivage.

– Justement, monsieur, vous êtes trop loin.

– J'y comprends rien !

– Il n'y a rien à comprendre, monsieur. Vous dégagez. Vous êtes dans une zone interdite.

Devant le ton autoritaire du pompier, les occupants du pédalo finissent par obtempérer. Le problème, c'est que le zodiac est à peine reparti à la poursuite d'un jet ski que monsieur et madame virent une nouvelle fois de bord. Après réflexion, ils estiment qu'ils ont le temps de traverser le lac jusqu'à sur l'autre rive. Ce serait tout de même très étonnant que ces avions arrivent maintenant.

Les pompiers devront donc revenir les sermonner une seconde fois pour leur rappeler qu'ils sont en infraction et qu'ils risquent une amende.

Et justement au moment même où le pédalo quitte la zone, un ronflement sourd retentit dans le lointain.

Quelques instants plus tard, les six avions survolent le Vioulou, ce petit cours d'eau qui alimente le lac. Toujours en colonne, ils s'engagent au-dessus des 1 200 hectares de la retenue artificielle.

André commence par faire une reconnaissance vers le nord-ouest. C'est dans ce sens que le cours d'eau s'écoulait avant que le barrage ne soit construit.

– Il y a du vent d'ouest, explique-t-il. Il va falloir écoper face au barrage.

Ivan ne dit rien... C'est la première fois qu'il vient à cet endroit. Tout en préparant sa check-list « avant écopage », il observe attentivement le paysage. L'approche va se faire à basse hauteur sur les collines qui entourent le lac. Méfiance, dans ce coins les pièges sont partout ! Il faut rechercher le moindre détail suspect. Trouver les antennes mal balisées. Essayer d'apercevoir les lignes haute tension. Ce n'est pas facile car les câbles sont pratiquement invisibles du ciel. Il faut commencer par repérer les poteaux métalliques, puis essayer de matérialiser les lignes.

Au sol, la noria des Canadair ne passe pas inaperçue. Les têtes se lèvent. Le ronflement des turbopropulseurs s'entend de loin. Les yeux dans le soleil, les touristes suivent cet étrange escadrille surgie de nulle part. Pourquoi sont-ils là ?

Encore une fois, ce sont les enfants qui reconnaissent en premier les avions rouge et jaune.

– Des Canadair ! Ils viennent prendre de l'eau !

Chacun a brusquement conscience qu'un événement exceptionnel est en train de se préparer. Le premier réflexe est toujours le même.

– La caméra vite !

Nul doute que la séquence qui va être filmée restera le point fort des vacances. Elle sera projetée aux amis pendant plusieurs années.

Pour gagner du temps, les Canadair vont écoper « en échelon refusé très tendu»[78].

Mais avant de descendre, André va faire un repérage soigné de la zone sur laquelle il vont prendre de l'eau. Pas question de se retrouver en face d'un pécheur. Le pire serait de tomber sur un nageur isolé. Ce genre de mésaventure est malheureusement déjà arrivé et personne n'a envie de recommencer.

– La meilleure zone d'écopage est au sud. Il vaut mieux qu'on se rapproche de ce promontoire, annonce André.

Il effectue alors une longue vent arrière qui l'éloigne vers l'est sur les collines. Puis, toujours suivi par la noria, il s'engage dans un virage serré à gauche au cours duquel il se laisse descendre vers le lac.

Une fois de plus, les manettes des gaz sont ramenés en position « idle »[79] et la vitesse chute à 100 nœuds[80].

André stabilise son avion face au nord-ouest. C'est dans ce

78. Chaque Canadair se place dans les « 5 heures du précédent ». En fait, ils vont rester pratiquement les uns derrière les autres, chaque appareil étant légèrement à droite du leader.

79. Gaz réduits.

80. 185 km/h.

sens qu'ils vont écoper. Sur cet axe, ils sont face au vent et c'est par là que se trouve le meilleur dégagement. En cas de problème, le plus simple sera de sauter le barrage puis de s'engager dans la vallée. De ce côté-là, c'est la pente naturelle du Vioulou, donc ça descend.

– Les volets 15 !

– Volets 15, réplique Ivan en plaçant la palette sur le repère demandé.

– Pour toi... rien devant ?

Ivan se penche par-dessus le tableau de bord pour chercher un éventuel obstacle. Les vacanciers ne sont pas les seuls à poser des problèmes. Dans l'eau, les pièges sont sournois. Il peut y avoir un tronc d'arbre à moitié immergé, une bouée sur un corps-mort ou même un piquet isolé qui pourrait percer la coque.

– C'est bon pour moi.

– Écope à sortir...

– Écope à sortir...

Et la procédure recommence... André laisse descendre l'avion. La surface de l'eau approche.

Sur les rivages, les vacanciers agitent les bras en direction des bombardiers. C'est la première fois qu'ils en voient d'aussi près. Le spectacle est superbe. Les retardataires jaillissent des fourrés avec leurs appareils photos.

André ne jette pas le moindre regard en direction des admirateurs. Il surveille soigneusement sa trajectoire. La vitesse est réduite à 70 nœuds[81] provoquant par instants le déclenchement de l'alarme de décrochage.

– Quand est-ce qu'ils vont modifier ce système qui nous casse les oreilles ?

Le Canadair arrive à 100 pieds de la surface...

Encore quelques secondes et l'hydravion sera sur l'eau.

Et puis soudain, Ivan lance un avertissement.

81. 129 km/h.

– Fais gaffe ! Il y a une planche à voile sur la gauche !

– Visuel, réplique aussitôt André.

En fait, la planche à voile n'est pas vraiment gênante car elle se trouve légèrement au sud de l'axe d'approche de l'avion. Le problème, c'est que le véliplanchiste vient d'avoir une mauvaise réaction. Lorsqu'il a aperçu l'hydravion, il n'a rien trouvé rien de mieux que de se laisser tomber dans l'eau. Geste délibéré ou chute involontaire, impossible de savoir... sauf qu'il a aussitôt disparu de la vue de l'équipage.

– Merde, où est-ce qu'il est passé, fulmine brusquement André...

– Il était quelque part sur la gauche... par là.

– C'est pas vrai... Quel con !

André ne peut pas prendre le risque de percuter un touriste. La mort dans l'âme, il s'apprête à remettre les gaz. Il faut refaire un tour. Repositionner toute la patrouille, cela signifie plusieurs minutes de perdues. Pendant ce temps-là, le feu brûle à Massegros. La main droite du pilote commence à repousser les manettes. La descente est stoppée.

– Bon sang, je le vois pas, ronchonne André !

Et puis soudain, le commandant ramène les manettes en arrière.

– Il est là !

Ivan se penche sur la gauche et il aperçoit à son tour le gêneur. La voile est à moitié immergée et on aperçoit tout juste une tache blanche qui flotte entre deux eaux.

– Visuel.

– C'est bon, je vais passer à côté.

Immédiatement, André saisit son micro pour informer ses collègues de la présence de l'intrus.

– Faites gaffe les gars... Il y a une planche à voile sur notre gauche. On la voit pas parce que le type s'est foutu à l'eau. Mais si vous écopez à droite de notre sillage, il n'y aura pas de problème.

Rassuré, André se laisse alors descendre franchement vers la surface. Et la procédure d'écopage recommence avec le même cérémonial des check-lists, les mêmes difficultés, la même tension.

14 heures 57...

Douze secondes après que le Canadair ait touché l'eau, il repart avec le plein. Aujourd'hui, l'écopage est facile. Malgré le vent, l'eau est particulièrement plate. Les pompiers de Pareloup ont dégagé correctement la zone et tout se passe bien. Alignés dans les cinq heures du leader, les autres avions ravitaillent pratiquement en même temps. Une fois de plus, le spectacle des gerbes d'écume giclant sous les coques est magnifique.

Tout se déroule très vite. Moins de deux minutes après qu'André ait quitté la surface du lac, ses collègues sont revenus en place derrière lui pour la noria.

Le cap est mis en direction du feu... Un coup d'œil au chrono permet de vérifier qu'une rotation complète va prendre un peu plus de vingt minutes.

Lorsque les pilotes sont de retour sur le chantier, ils constatent que le commandant du COS a commencé une longue tranchée dans la terre pour faire un barrage aux flammes. Malheureusement, ces travaux s'avèrent dérisoires. Malgré l'acharnement des bulldozers, le feu passe par dessus l'obstacle sans même ralentir. La mort dans l'âme, les pompiers doivent se résoudre à faire évacuer les engins de terrassement.

Le feu de Massegros est un coriace...

Pour les Canadair commence alors une longue succession de va et vient entre le lac et le chantier. Ecopage... Tir... Peu à peu, la fatigue se fait sentir.

Comme prévu, chaque rotation dure sensiblement vingt minutes. Parfois moins lorsque l'approche sur Pareloup peut se faire directement. Finalement, les trajectoires s'améliorent et André réussit à mettre seulement un quart d'heure entre deux largages. Cinq minutes de gagnées, c'est énorme même si, pour les sinistrés au sol, chaque absence des Canadair paraît terriblement longue. Dès que le flanc droit est sous contrôle, le commandant du COS demande aux avions de déplacer leurs tirs du côté de l'usine. Comme prévu, le feu s'approche dangereusement. Il commence à menacer les installations. Tous les employés ont été évacués mais les élus locaux ont peur que les bâtiments soient détruits. Personne ne veut voir disparaître une source de main d'œuvre vitale pour la région.

Ce n'est qu'à partir du septième largage que les premiers résultats commencent à se faire sentir.

Le flanc droit se fixe progressivement et les risques diminuent de voir le feu remonter vers les habitations. Le danger est également moins grand du côté de chez Salakis. Cela ne signifie pas pour autant que les pompiers au sol peuvent relâcher leurs efforts... Car les flammes prennent maintenant de la vigueur sur l'autre flanc. Plusieurs feux naissants surgissent sur la lisière gauche. L'hydre semble réellement invincible. Le vent joue un rôle considérable dans la reprise des foyers. Au lieu de se calmer comme c'est généralement le cas en fin d'après-midi, il se renforce, apportant aux flammes l'oxygène dont elles ont besoin.

– On va jamais y arriver, murmure Ivan à plusieurs reprises.

À **18 h 15**, les six avions ont effectué un total de onze rotations entre Massegros et le lac.

Il faudrait pouvoir poursuivre au même rythme. Malheureusement, un nouveau problème se présente : les Canadair ne vont pas tarder à être à court de carburant. Ils faut donc aller ravitailler sur l'aérodrome le plus proche. Mais ils ne vont pas s'y rendre tous ensemble afin de ne pas laisser le feu et les pompiers sans assistance aérienne. En général, les pleins se font par groupe de deux.

Alors qu'André vient de larguer une nouvelle fois son eau sur un feu naissant, il jette un regard vers ses jauges.

– Pour moi, il est temps d'aller faire du pétrole, annonce-t-il à la radio.

– J'allais annoncer la même chose pour moi, plaisante Éric Renoult. Je vais pas tarder à être « *short* ».

– Combien ?

– Il doit me rester environ 1 500 livres[82].

Après concertation avec les quatre autres Canadair, André et Éric décident de partir les premiers vers Rodez.

– OK... On y va ensemble, annonce André d'une voix dans laquelle on perçoit une certaine lassitude.

18 heures 10...

Les deux avions se présentent en très longue finale sur la piste de Rodez.

Comme le contrôleur a un bon contact radar sur la patrouille, il délivre l'autorisation d'atterrissage avant même qu'Ivan ne lui demande.

– Pélican 34, vous êtes autorisés à atterrir piste 31. Le vent est du 290 pour 25 noeuds avec des rafales à 30...

Ivan collationne aussitôt l'autorisation puis il ajoute :

– Pour les Pélicans... Si c'est possible, on dégagera par la première bretelle à droite. Ça nous fera gagner du temps. On est très pressés...

– À votre convenance, messieurs. Nous avons déjà prévenu le soutier. Il va vous ravitailler le plus vite possible.

Deux minutes plus tard, les roues du premier Canadair prennent contact avec la piste. À cet instant, il reste environ 1 000 livres de carburant dans les réservoirs[83]. C'est exactement

82. *Les quantités de carburant délivrés aux avions se mesurent rarement en litres (exception faite pour les avions légers) mais en unité de poids. Comme beaucoup d'avions nord-américains, les bombardiers d'eau utilisent la livre. Le Canadair ne peut pas prendre plus de 6 500 livres de pétrole si les réservoirs d'eau sont pleins. Cela lui donne une autonomie de 3 h 30. Si les réservoirs d'eau ne sont pas utilisés, il est possible de mettre 9 000 livres de carburant, ce qui porte l'autonome à 5 heures de vol. 1 500 livres représentent environ 750 kilos, soit un peu plus de 1 000 litres.*
83. *Environ 500 kilos soit 700 litres.*

la réserve réglementaire. Les deux avions doivent se serrer pour pouvoir tenir sur le parking près des pompes.

Dès que les moteurs sont arrêtés, des curieux s'approchent. Ce sont des membres de l'aéroclub des « Ailes Ruthénoises » qui viennent aux nouvelles. Poignées de main, regards admiratifs, les Canadair sont les bienvenus.

Tout le monde s'active pour donner un coup de main. Pourtant, malgré les bonnes volontés, il faut près de vingt minutes pour ravitailler les deux avions. Contrairement à ce que l'on pourrait croire, les pilotes ne peuvent pas profiter de ces quelques instants pour souffler un peu. Comme il n'y a pas de mécanicien à bord, ils doivent veiller personnellement au remplissage des réservoirs. Chaque appareil va charger 5 500 livres de carburant Jet A1[84].

18 heures 40...

Le ravitaillement est terminé et les deux Canadair repartent pour le lac de Pareloup. Quelques minutes après le décollage, ils croisent les avions de François Lallement et Charles Marchioni qui viennent à leur tour chercher du pétrole à Rodez.

Il est temps pour André de reprendre contact avec le commandant du COS Massegros...

– Pélican 34, on vient de terminer les pleins. On sera de retour chez vous dans un quart d'heure.

– Compris 34. Heu... si vous pouviez faire vite, ce serait bien. Parce qu'ici, on a des soucis...

En fait, les nouvelles ne sont pas bonnes. Pendant qu'André et Éric étaient à Rodez, le vent s'est renforcé sur Massegros. Le feu est reparti de plus belle. Il menace de nouveau l'usine.

– On fait le maximum pour être chez vous le plus vite possible, murmure André, un brin découragé.

Les rotations reprennent donc. Nouvel écopage et nouveau tir

84. Environ 2,7 tonnes soit 3750 litres.

sur le chantier... Puis retour au lac de Pareloup où, heureusement, les choses deviennent peu à peu plus faciles. Les plaisanciers ont fini par comprendre que les Canadair revenaient tous les quarts d'heure et la zone est maintenant tout à fait dégagée. Et puis, on arrive en fin d'après-midi... Une à une, les embarcations retournent vers le rivage. C'est l'heure de l'apéritif.

Peu à peu, les curieux se font moins nombreux sur les bords du lac. Après tout, les hydravions font toujours la même chose. Certains finissent même par trouver qu'ils font un peu trop de bruit. « Ce serait gênant si c'était comme ça tous les jours ». Finalement, à part les enfants, rares sont les passionnés qui restent obstinément à attendre sur le rivage.

La ronde va ainsi continuer jusqu'à la tombée de la nuit. Alors que la noria vient de terminer son quinzième écopage, Ivan jette un coup d'œil à ses tables météo : en ce 23 juillet, l'heure officielle du coucher du soleil est 21 h 18[85]. Plus que dix minutes et ce sera terminé.

À mesure que la lumière baisse, les pilotes ont de plus en plus de mal à discerner les obstacles. Seules les lueurs de l'incendie continuent à rougeoyer dans les collines. Tout le reste n'est qu'une masse obscure où les reliefs se confondent dans des gris de plus en plus sombres. Dès que les avions sont à basse hauteur, la tension monte dans les cockpits. Ne pas descendre n'importe comment... Ne pas se laisser aller à la routine... Retrouver cette antenne qui disparaît avec le crépuscule. Elle semble s'être déplacée. En fait, c'est le feu qui bouge. Les positions relatives des obstacles changent sournoisement. Telle ligne électrique qui se trouvait très en avant du chantier est maintenant toute proche des flammes.

Les pilotes cessent leurs largages exactement à l'heure officielle du coucher du soleil. La réglementation leur est interdit de poursuivre leur travail au-delà. Trop risqué !

85. En heure locale pour le 23 juillet 2003 (soit 19 h 18 GMT).

À **21 h 19**, la mort dans l'âme, les navigants reprennent de l'altitude et mettent le cap vers Marseille.

Le retour se fait de nuit. Il est **21 h 45** lorsqu'ils aperçoivent à l'horizon les lumières de la ville de Marseille.

À ce heure-là, il y a beaucoup de trafic sur Marignane. Devant eux, le vol 6050 d'Air France vient d'annoncer qu'il était à la verticale de la balise. Juste derrière, il y a un Boeing 737 d'Air Algérie. Ça se bouscule pour atterrir. Un peu plus loin au sud-est, un hélicoptère rejoint le point Echo Bravo.

Pour faciliter le retour des Canadair, le contrôleur leur propose de faire une approche à vue en utilisant la piste secondaire.

André accepte avec plaisir. Cette procédure permet de gagner du temps. Après une telle journée, chaque minute est précieuse.

– Les Pélicans… Rappelez-moi en passant le point Sierra en vue d'une base gauche pour la secondaire, demande le contrôleur.

– Bien reçu, les Pélicans.

La voix d'André est lasse… Cela fait maintenant plus de huit heures que la sirène a retenti. Huit heures de tension nerveuse et de fatigue physique pendant lesquels les homme se sont battus.

À **22 h 03**, André stabilise son avion dans l'axe de la bande lumineuse. L'intensité des balises d'éclairage n'est pas très forte sur cette piste mais qu'importe, les hommes sont chez eux. Ils ont l'habitude.

Ivan annonce une dernière fois la check-list « avant atterrissage ».

– Le train sorti… Trois vertes vérifiées.

– Les volets… 25 degrés.

– La vitesse… 90 nœuds.

Deux minutes plus tard, les roues touchent le ciment de la 32 gauche. Freinage léger. Dégagement par le taxiway Echo 3.

Traversée de la piste principale et retour au parking de la Sécurité civile.

Les moteurs sont arrêtés à **22 h 16.**

Quelques minutes plus tard, les hommes quittent leur machine complètement fourbus. Par chance, aujourd'hui, ils ont écopé dans un lac où l'eau était douce. C'est un gain de temps appréciable. S'ils avaient pris de l'eau de mer, il aurait fallu passer les avions par le pélicandrome pour rincer les réservoirs.

– P... de journée, murmure André en descendant l'échelle de son avion.

Ivan approuve.

– J'ai l'impression qu'il va falloir y retourner demain matin !

Alors que les pilotes regagnent leur vestiaire, le feu de Massegros continue à dévorer la végétation. Il brûle toute la nuit, attirant des dizaines de curieux. Caméras, appareils photos... Le spectacle nocturne est aussi magnifique qu'épouvantable !

Avant d'aller se changer, Ivan passe un coup de fil chez lui.

Lorsqu'elle décroche, Sylvie a l'air soulagée d'entendre enfin la voix de son mari. Elle commençait à se faire du souci.

– Comment vont les gamins, demande immédiatement Ivan ?

– Ils sont ravis de leur séjour. Tu verrais comme ils sont bronzés.

– Tu me les passes ?

La réponse n'est pas vraiment celle qu'il attendait.

– Tu sais, il est tard... Ils dorment déjà. Tu leur parleras demain.

Le copilote ne rentrera pas chez lui ce soir. Il restera sur la base afin de pouvoir se lever avant l'aube et repartir au combat le plus tôt possible.

Il faudra de longues heures de lutte pour terminer enfin le

chantier. Ce n'est que le 24 juillet à la nuit tombante que les Canadair effectueront leur dernier largage sur Massegros.

Une lutte épuisante et décourageante ? En fait, c'était une mission presque banale. Il y a parfois bien pire dans la vie des bombardiers d'eau

AU SECOURS DES CHEVAUX...

26 juillet 1976

Lorsque les Canadair sont envoyés sur un feu, ils doivent absolument respecter les instructions qu'on leur a données. Les pilotes ne peuvent en aucun cas prendre des initiatives. Impossible d'aller éteindre n'importe quel incendie... Pour agir, il faut des ordres ! Pourtant, un jour, les circonstances ont amené les équipages à aller voir ailleurs. On s'en souvient encore aujourd'hui !

C'est le début de l'après-midi... Le ciel est bien bleu. Un mistral bien établi souffle sur la vallée du Rhône.

Deux Canadair viennent de décoller de la base de Marignane. On est en 1976 et les avions sont encore des vieux modèles CL-215 équipés de moteurs à pistons[1]. Ces avions ressemblent à

1. *Les deux moteurs étaient des Pratt &Whitney de 2 100 ch contre 2 680 ch pour les turbopropulseurs des avions d'aujourd'hui.*

ceux d'aujourd'hui mais ce n'est qu'une apparence. En réalité, ils sont fondamentalement différents. Ils sont peu confortables, lourds, fatigants à piloter, moins rapides et les instruments qui les équipent sont peu performants. Contrairement aux CL 415, il n'y a pas de copilote à bord. Dans le cockpit, la place droite est occupée par un mécanicien navigant. En effet, les vieux moteurs du 215 sont d'un maniement si délicat qu'il faut quelqu'un pour s'en occuper en permanence : affichage de la puissance, réglage du mélange et des hélices, gestion du carburant... le mécano n'arrête pas. La moindre erreur de sa part peut provoquer une survitesse ou un arrêt du moteur.

À bord du premier appareil se trouvent :

• Fernand Bordas (Commandant de bord) et Claude Lelouarn (Officier mécanicien navigant).

Le second est piloté par :

• Denys Maillot (CDB) et Jacques Malicorne (OMN)

Comme de coutume, juste après avoir décollé de la piste 32, les deux appareils ont écopé dans l'étang de Vaine. Ils ont embarqué cinq tonnes et demie d'eau puis ils ont contacté le centre de Valabre qui leur a confirmé les ordres[2]. Ils doivent se rendre sur un feu au nord-est de Nîmes. C'est dans la garrigue à 70 kilomètres de Marseille.

L'incendie a démarré vers 13 heures au sud de l'autoroute A 9 et il a rapidement pris de l'ampleur. Se nourrissant des broussailles qui poussent au milieu des rochers, il avance rapidement. Par chance, le vent souffle dans le bon sens et il éloigne les flammes de l'autoroute.

Cela n'empêche pas les automobilistes de ralentir systématiquement pour observer ce qui se passe. En moins d'une heure, les curieux provoquent un embouteillage qui s'étend sur plus de 10 kilomètres.

2. *Contrairement au CL-415, le Canadair CL-215 ne pouvait embarquer que 5,5 tonnes d'eau.*

L'incendie est impressionnant, pourtant il ne présente absolument aucun danger car il se déplace sur un terrain désert. Il n'y a pas de village sur son chemin, pas une route, ni même la moindre habitation dans les environs. C'est la garrigue...

Il faut à peine un quart d'heure aux deux Canadair pour arriver sur les lieux. Dès que Fernand Bordas est en vue de la fumée, il contacte le commandant des pompiers au sol :

– Les Pélicans, on sera là dans 2 minutes... Qu'est-ce que vous voulez qu'on fasse ?

– Écoutez, il n'y a pas d'urgence particulière, réplique le commandant. Commencez par larguer sur la lisière gauche pour limiter l'extension et puis on verra comment ça évolue.

La voix du pompier est plutôt décontractée. Visiblement, malgré l'importance du feu, il ne se fait pas de souci.

– Vous avez du monde au sol ?

– Oui mais il n'y a aucun problème. Pour le moment, tous mes gars sont en train de travailler sur le flanc droit. Ils sont juste à côté des véhicules. Vous pouvez larguer sans crainte sur la gauche !

– D'accord... Eh bien on y va.

Alors qu'il va se placer sur son axe, Fernand Bordas décide qu'il larguera la totalité de sa soute en une seule passe. Inutile d'économiser l'eau. Par ailleurs, comme il n'y a pas un seul arbre à la ronde, il mettra du « moussant ». Ce sera plus efficace pour étouffer les flammes.

Aux commandes du second Canadair, Denys Maillot se place juste derrière lui. Il vient se mettre en colonne de telle sorte qu'il pourra larguer une quinzaine de secondes plus tard.

Tout en réglant les manettes de richesse des moteurs, Claude Lelouarn esquisse un vague sourire... Comme la plupart des mécaniciens, il sait piloter.

Il lui arrive même de prendre quelques instants les commandes lorsque son commandant est de bonne humeur. Après plus de 2 500 heures de vol en Canadair, il connaît parfaitement toutes le ficelles du métier[3]. Des chantiers, il en a vu des centaines. Et celui-là, il a tout de suite compris qu'il n'allait pas leur poser beaucoup de problèmes. Il faut dire que tout se présente bien : ils sont en plaine... Il n'y a pas d'obstacle dans les environs. Pas la moindre antenne, pas de ligne haute tension et surtout des pompiers qui sont bien repérables sur le terrain. Contrairement à ce qui se passe généralement, les hommes ne sont pas dissimulés sous le couvert des arbres. Aucun risque que quelqu'un soit blessé par des branches cassées ou écrasé par l'impact de l'eau.

Tout va donc très vite... Trois minutes après le premier survol, Fernand Bordas déboule à 100 nœuds[4] sur la lisière gauche et il appuie sur son bouton de largage. Sous le ventre de l'hydravion, les deux portes s'ouvrent[5]. En une seconde et 2/10e, une énorme cascade s'abat sur les flammes. Comme d'habitude, l'avion allégé reprend immédiatement de l'altitude.

Les mains bien calées sur le grand volant noir, Fernand termine son virage et stabilise son avion à 500 pieds.

– Et voilà la livraison du colis, annonce-t-il.

Dès que l'avion est revenu les ailes horizontales, la radio grésille dans le cockpit. C'est Denys Maillot qui appelle depuis le deuxième Canadair.

– Impeccable, lance-t-il...T'as tapé exactement au bon endroit.

– J'ai pas vraiment de mérite. Aujourd'hui, c'est pas très difficile, plaisante Fernand.

Un instant plus tard, le second appareil arrive à son tour sur la lisière et il largue sa charge. Apparemment, Maillot réussit également son largage car il appelle immédiatement.

3. Claude Lelouarn a terminé sa carrière de navigant avec 4 200 heures de vol et 6 300 écopages.
4. 185 km/h.
5. Contrairement au Canadair CL 415 du premier récit, le 215 ne disposait que de deux portes de largages d'eau. De ce fait, bien que la quantité d'eau soit moins importante, la force de l'impact était beaucoup plus forte et plus dangereuse pour les pompiers au sol.

– Je crois que je l'ai eu pile poil aussi !

Dans la foulée, les deux avions remontent vers 1000 pieds puis Fernand Bordas annonce :

– On va à l'écopage !

– Je suis derrière.

Décidemment, aujourd'hui les choses sont plutôt faciles. Non seulement les équipages travaillent sur un feu de plaine qui ne menace personne mais le point d'écopage est tout proche du chantier. Ce sera le Rhône qui coule à moins de dix kilomètres de là.

Cap au sud-est. Le meilleur endroit pour prendre de l'eau se situe dans les environs du bourg d'Aramon, une jolie bourgade entre Avignon et Tarascon...

Il ne faut que trois minutes aux avions pour arriver au bord du fleuve.

Les pilotes connaissent bien cet endroit car ils y viennent souvent. L'approche est dégagée et il n'y a jamais la moindre vague. Rien à voir avec un écopage en mer ! Le seul obstacle, c'est le pont qui traverse le Rhône au nord-est de l'agglomération mais il n'est pas vraiment gênant puisque l'espace disponible en aval s'étend sur plus de deux kilomètres. Même le barrage au nord de Beaucaire ne pose aucune difficulté pour l'écopage. Au contraire, il stabilise le niveau de l'eau et régule son débit.

Fernand Bordas effectue un passage au-dessus des maisons. Il survole au passage le parc du château. C'est une tache de verdure bien visible dans le centre ville.

À cet instant, le pilote visualise parfaitement le point où il va prendre de l'eau en plein milieu du Rhône. La voie est libre... Pas la moindre péniche en vue, aucune planche à voile. Il y a bien un hors-bord qui tracte un ski nautique mais il se trouve plus au sud du côté de Montfrin.

– Voilà une journée comme je les aime, sifflote Fernand.

Basculant franchement le Canadair sur l'aile gauche, il vire juste au-dessus de la départementale 126 pour venir se placer face au nord-est. À l'exception du vent qui souffle un peu de travers par rapport à l'axe d'approche, c'est du gâteau. Si seulement c'était toujours comme ça !

La procédure est alors classique. Claude réduit les gaz... Il sort les volets et les écopes. Fernand place le Canadair sur son plan de descente, bien au centre du Rhône et il approche doucement de l'eau.

– C'est dégagé devant, confirme le mécanicien.

Quelques secondes plus tard, la coque de l'hydravion effleure la surface parfaitement lisse du fleuve. Bruissement du liquide sous le ventre, quelques bouillonnements dans les canalisations et les réservoirs se remplissent. Il ne faut qu'une quinzaine de secondes pour faire le plein d'eau. Toujours fidèle au poste aux commandes du deuxième avion, Denys Maillot suit son leader comme son ombre. Il va écoper pratiquement en même temps.

Tout se déroule sans le moindre incident. Lorsque les pilotes repoussent les manettes des gaz vers l'avant, les Pratt &Whitney hurlent avec le grondement profond des moteurs en étoile. Sur le tableau de bord, la pression d'admission monte à 54 pouces et les compte-tours se stabilisent à 2 800 tours. On peut entendre le grondement des hélices à plusieurs kilomètres... Pourtant, c'est tout juste si les habitants d'Aramon tournent la tête. Leur village est un point de ravitaillement souvent utilisé par les Canadair et chacun a l'habitude de ce genre de remise des gaz.

Pratiquement en patrouille, les deux Canadair survolent l'avenue du tennis, ils virent à gauche et prennent une nouvelle fois le cap en direction de la garrigue.

Et les rotations commencent entre le Rhône et le feu.

Pour les pilotes, c'est la routine... À intervalles réguliers, plusieurs tonnes d'eau sont enlevées du fleuve pour aller étouffer un feu qui brûle dix kilomètres plus au nord. Le vol est d'autant plus facile aujourd'hui qu'il n'y a pratiquement pas de turbulence. C'est plutôt rare dans la région.

Au quatrième largage, la lisière gauche du feu commence à perdre singulièrement de sa vigueur. Malgré le vent qui souffle fort, les flammes ne parviennent pas à résister aux 11 tonnes de moussant qui tombent du ciel toutes les huit minutes. Huit minutes... c'est presque le temps idéal recommandé pour éteindre un feu[6]. Décidemment, c'est une bonne journée.

Vers 15 heures, le feu commence à baisser d'intensité... Alors que les Canadair repartent pour leur cinquième séance d'écopage vers le Rhône, le capitaine des pompiers demande aux avions de changer de stratégie.

– Les Pélicans, je crois que c'est suffisant pour la lisière gauche. Il faudrait que vous vous reportiez sur le flanc droit.

– Bien reçu. On va rechercher de la flotte et on va larguer sur la droite, réplique Fernand Bordas.

– Pendant ce temps-là, je vais demander à tous mes hommes de passer de l'autre côté.

Les deux avions mettent donc une nouvelle fois le cap vers Aramon. En transit, ils volent à 1 500 pieds. La vitesse est de 280 kilomètres à l'heure. Malgré leur âge, les énormes moteurs Pratt & Whitney R-2800 tournent comme des horloges.

C'est à cet instant que tout commence !

Claude Lelouarn vient d'appauvrir sensiblement le mélange air/essence lorsqu'il aperçoit soudain une étrange fumée sur la droite de l'appareil. On dirait un début d'incendie dans le lointain. Aucun rapport avec le chantier qu'ils sont en train de traiter. Celui-là se trouve à une dizaine de kilomètres dans le sud de Rémoulins. Pour le moment, cela ne semble pas grave, c'est seulement une petite trace grise à peine visible au-dessus du sol. Elle est si insignifiante qu'elle n'attirerait pas l'attention d'un non initié.

Claude se tourne vers son commandant :

6. *Le temps idéal pour éteindre un feu est de six minutes entre chaque largage. Compte tenu de l'écopage et de la mise en place du tir, quelle que soit la proximité du plan d'eau, il est très difficile de faire plus court.*

– T'as vu là-bas, interroge-t-il ?

Fernand Bordas fronce les sourcils.

– Peut-être un gars qui brûle du bois…

– Si c'est ça, ce type-là est un con, parce qu'avec ce vent, ça peut dégénérer rapidement.

Au même moment, dans le second appareil, Denys Maillot aperçoit également la minuscule fumée.

– Vous avez vu ce truc à « trois heures »[7].

– Ouais, on était justement en train d'en parler.

– À votre avis, qu'est-ce c'est ?

– Aucune idée, c'est du côté de Meynes.

Claude fait une estimation rapide. D'après lui, la fumée se trouve à environ 10 kilomètres de leur route. C'est trop loin pour voir s'il s'agit d'un feu contrôlé ou quelque chose de grave qui commence.

Pour en savoir davantage, il faudrait faire un léger détour jusqu'à cette mystérieuse fumée. Cela ne prendrait que quelques minutes... Malheureusement, les pilotes ont pour mission d'éteindre le feu dans la garrigue. Pas question de prendre des initiatives et d'aller se promener ailleurs.

Ils poursuivent donc leur route vers le chantier.

Lorsqu'ils repassent au même endroit quelques minutes plus tard, la fumée est devenue noire et elle commence à s'étendre vers le sud.

– Ça m'étonnerait que ce soit un type qui brûle les feuilles de son jardin, murmure Claude Lelouarn.

Bordas grimace.

– Ça m'étonnerait aussi.

– On devrait peut-être aller y jeter un coup d'œil ?

– Tu sais bien que tant qu'on nous a rien demandé, c'est pas nos affaires.

Claude ne peut s'empêcher de bougonner.

7. Repérage horaire : à 90 degrés sur la droite.

– Je sais... Je sais...

Une fois encore, les deux avions poursuivent donc leur chemin vers le Rhône. À l'époque, le système d'alerte en vigueur aujourd'hui n'existe pas. Personne au sol ne soucie donc de ce qui se passe du côté de Meynes.

C'est lors du retour de la sixième rotation que les événements s'accélèrent... Alors que les Canadair viennent de redécoller du Rhône, Fernand aperçoit de nouveau la fumée vers le nord-est. Comment pourrait-il ne pas la voir ? Elle s'étire maintenant sur plus d'un kilomètre. Cette fois, il n'y a plus aucun doute, ce n'est pas un feu contrôlé.

– Bon sang, on peut pas rester comme ça, lance Fernand, visiblement énervé... Il faut qu'on aille jeter un coup d'œil.

– T'as dit que c'était pas notre boulot, réplique Lelouarn d'une voix peu convaincue.

– Bien sûr mais quand même...

Visiblement, chacun commence à se poser des questions. C'est un cas de conscience ! Comment les pilotes pourraient-ils prétendre ne rien voir ? Quelque chose brûle là-bas et c'est grave. Ont-ils le droit de l'ignorer en se protégeant derrière des raisons purement administratives ?

Puis, soudain, Fernand n'y tient plus, il saisit son micro et appelle le commandant de bord de l'autre avion.

– Denys, je crois que je vais aller voir ce qui se passe. T'es d'accord pour faire le prochain largage tout seul ?

La réponse de Maillot est instantanée.

– J'allais justement te proposer la même chose, réplique-t-il. Vas-y et tu me tiens au courant... On se retrouve sur le chantier.

Sans perdre une seconde, Fernand bascule son avion vers l'ouest. Il va enfin savoir de quoi il retourne. Ce ne sera pas long.

Quatre minutes plus tard, Fernand et Claude arrivent à la verticale du sinistre. Comme ils le pensaient, c'est grave... Le feu à pris dans les alentours d'un château dans les environs de Meynes. C'est un immense domaine agricole entouré de forêts et de plantations. Il y a des bois, des vignes mais aussi des champs de céréales et d'asperge. À cet endroit, la végétation est dense et ça ne demande qu'à brûler.

Alors que Fernand est en train d'effectuer un large virage de reconnaissance autour de la fumée, l'autre Canadair appelle. Denys Maillot est déjà à 15 kilomètres de là et il se prépare à larguer son eau sur le feu de garrigue. Mais il veut savoir :

– Alors t'es où, demande-t-il ?

– Je suis sur la route de Redessan… Il y a une sorte de manoir sur la droite.

– Je vois très bien où c'est, réplique Denys… Ça appartient à une comtesse. C'est quelqu'un de la « haute ».

– Jamais entendu parler, marmonne Fernand en scrutant le sol.

– Comment ça se présente en bas ?

– Le feu est parti dans les bois… Ça brûle drôlement.

– Qu'est-ce que tu vas faire ?

– J'en sais rien. Pour l'instant, je regarde !

En fait, le feu a démarré dans des bosquets à proximité du château. Tout a été très vite. Il s'est rapidement transmis aux grands arbres tout proches. Fernand aperçoit un pin qui s'enflamme comme une torchère.

Le feu avance rapidement. Vu du ciel, il a déjà pris la forme caractéristique d'un gigantesque accent circonflexe[8]. Par chance, le vent souffle « dans le bon sens ». Il éloigne progressivement les flammes de la propriété. Quoi qu'il arrive, le château ne sera pas atteint.

Fernand examine attentivement les lieux : le sinistre ne va pourtant pas rester sans conséquence car il y a des bâtiments au milieu des bois. Ce sont certainement des dépendances. C'est une sorte de ferme avec plusieurs corps tournés vers une cour

8. *La tête du feu avec les deux lisières enflammées de part et d'autre ont presque toujours la même forme d'accent circonflexe posé sur le brûlé.*

centrale. Aucun doute, elles se trouvent sur le chemin du feu. Si les flammes poursuivent dans cette direction, tout sera détruit.

– On dirait des écuries, lance Claude.

Fernand approuve.

– Je crois que t'as raison... Il y a des chevaux dehors.

Les deux hommes ont vu juste. Ce sont les écuries privées du château. Elles font partie intégrante de la propriété[9]. L'ensemble comprend des bâtiments avec une grange et une sorte de manège. Bien que les flammes soient encore à plus de 800 mètres, les bâtiments sont déjà à moitié noyés dans la fumée.

– Tu vois quelqu'un, demande Fernand ?

– Non... personne.

De fait, la propriété semble totalement déserte. À l'exception de trois chevaux qui courent dans le manège, il n'y a pas âme qui vive. Les animaux semblent complètement affolés. Ils tournent en rond au grand galop cherchant une porte de sortie... La fumée est déjà là et leur instinct les pousse à fuir.

L'avion continue à tourner au-dessus du sinistre. Claude scrute la route qui mène à la propriété. Elle est vide... Pas la moindre trace d'un camion de pompiers ou d'une quelconque activité. Malgré la fumée qui doit être visible à plusieurs kilomètres, l'alerte n'a pas encore été donnée.

– J'y crois pas, il y a pas un chat, ronchonne Fernand...

Tout en continuant de faire des 360, il cherche à faire le point. Il faut d'abord chercher s'il y a des vies en jeu. De toute évidence, la réponse est oui. Même si ce ne sont pas des êtres humains, il peut y avoir des morts. Car les bâtiments comportent des box répartis autour du patio. Cela ne peut signifier qu'une chose : il y a beaucoup d'autres chevaux à l'intérieur.

9. *Quelques années plus tard, cet endroit donnera naissance aux « Ecuries de Pazac », un centre équestre ouvert au public et très actif dans la région. Il comprend aujourd'hui 24 box et un nombre équivalent de chevaux de selle français. On y pratique l'école d'équitation et le concours.*

– À ton avis, ils sont combien là-dedans ?

Claude secoue la tête.

– Je sais pas mais il doit y avoir au moins une dizaine de canassons, peut-être plus.

Fernand fait un rapide calcul. Le feu est à 800 mètres des écuries. Etant donné la force du vent, il doit avancer à environ deux kilomètres à l'heure. Cela signifie que dans une vingtaine de minutes il atteindra la grange. Avec la paille qui doit se trouver à l'intérieur, tout va flamber en quelques minutes.

– On peut pas les laisser griller comme ça, proteste Bordas.

Bien évidemment à cet instant, une même idée commence à germer dans la tête des deux hommes. Une idée qui leur fait peur… C'est Claude qui la formule en premier d'une voix mal à l'aise.

– On pourrait peut-être faire un largage pour ralentir le feu ?

Bordas ne peut retenir une grimace.

– Tu sais ce qu'on risque ? J'en connais quelques-uns qui ne vont pas apprécier ce genre d'initiatives.

– Ce sera toujours moins grave que de regarder ces pauvres bêtes crever sans rien faire, réplique Lelouarn.

Bordas reste un instant silencieux. Il est le commandant de bord. En cas de problèmes, c'est lui qui va devoir assumer toutes les conséquences de ses actes. Et personne ne va lui faire de cadeau ! Effectuer un largage sans ordres, c'est très grave. Le pire c'est qu'il n'y aura même pas de pompier au sol pour le guider… Si par malheur quelqu'un est blessé, il ne s'en remettra jamais ! Pendant que les deux homme se posent des questions, les événements se précipitent. Dans le manège, les chevaux paniquent. Ils tentent de franchir en force la grande barrière de bois qui ferme l'enclos. Ils n'y parviennent pas… L'un deux s'accroche contre une planche et il retombe lourdement dans la poussière.

Du coup, les hésitations de Fernand Bordas s'envolent.

– D'accord, on va faire un largage.

– Je crois pas qu'on peut faire autrement, murmure Claude à la fois soulagé et inquiet à l'idée de ce qui va arriver.

D'un air décidé, Fernand Bordas augmente l'inclinaison de l'avion. Avant de faire quoi que ce soit, il lui faut étudier soigneusement le chantier. Surtout ne pas faire n'importe quoi !

– Si j'étais toi, je taperai directement sur la tête, suggère Lelouarn. C'est par là qu'il avance le plus vite. D'ailleurs si tu regardes bien, c'est la tête qui va arriver directement sur les écuries... Elles sont exactement dans son axe de progression.

Bordas réfléchit. Il est assez rare de pouvoir attaquer directement la tête d'un feu. En général, ce sont les lisères qui sont les plus faciles à atteindre. Pourtant, cette fois-ci, ça devrait pouvoir marcher. Par moments, le vent tourne un peu à l'ouest et la visibilité s'améliore devant le feu. S'il se présente face au vent par la gauche avec un angle de 30 degrés, il devrait pouvoir envoyer le paquet juste sur la pointe du feu.

– Avant d'y aller, je vais quand même faire une dernière reco pour vérifier qu'il n'y a personne.

Claude Lelouarn secoue la tête.

– À mon avis, en ce moment, il n'y a pas un chat dans le coin. S'il y avait quelqu'un, il aurait déjà appelé les pompiers. Les proprios doivent être en train de regarder la fumée depuis la ville en se disant que ça brûle quelque part... S'ils savaient !

– Je vais faire quand même un passage de repérage, insiste Bordas. J'ai pas envie d'écraser un palefrenier[10].

Une minute plus tard, Bordas termine le virage qui va l'amener dans l'axe qu'il a choisi. À sa droite, Claude l'assiste avec précision. Il réduit la puissance et enrichit légèrement le mélange. La vitesse régresse à 110 nœuds[11]. C'est un bon compromis pour pouvoir observer ce qui se passe au sol.

10. L'effet mécanique de la masse liquide tombant sur le sol correspond à une force de 370 kilos par m². La colonne vertébrale de l'homme ne peut pas résister à un tel impact.

11. 200 kilomètres à l'heure.

Claude semble avoir raison, à part les chevaux, il n'y a pas de trace de vie autour du château.

– On va tirer sur la tête, confirme Fernand. Mais je vais me présenter légèrement de biais.

Claude ne fait aucun commentaire. Il sait à quel point son commandant est compétent. Celui-ci est capable de faire exactement comme dans les livres : un tiers du largage sur la flamme et les deux autres tiers sur la partie non encore brûlée. La solution idéale pour éteindre une flamme et empêcher sa reprise.

Fernand jette un dernier coup d'œil vers les écuries. Pendant une fraction de seconde, il aperçoit la tête d'un cheval dans l'encadrement d'un box. Aucun doute, les box sont occupés. S'ils ne font rien, dans une demi-heure, tous les chevaux seront morts.

– À mon avis, il doit y en avoir au moins une vingtaine là-dedans, lance Claude qui a également vu l'animal.

– Si ça marche, tu pourras emmener tes enfants ici. Ils auront des copains chez les chevaux.

Quelque secondes plus tard, Fernand est stabilisé sur son axe. Il est face au vent. La fumée arrive droit dans son pare-brise.

– Allez, on y va, murmure-t-il. Je crois qu'on est en train de faire une grosse connerie mais tant pis.

Claude balaye la remarque d'un geste de la main et ajuste la manette du pas des hélices.

– Tu proposes autre chose ?

Bordas hausse les épaules sans répondre puis il se laisse descendre à 30 mètres de hauteur.

– Les portes armées ?

– Armées, réplique Claude en enclenchant les switchs des sécurités !

– Le moussant ?

– C'est OK.

– Croise les doigts pour qu'il y ait personne là-dessous !

– Croisés !

Dans le hurlement des ses moteurs, l'avion survole les

écuries. Le tête du feu est juste devant. Elle arrive. Comme d'habitude, l'équipage a soudain l'impression de pousser les portes de l'enfer... Une méchante odeur de fumée s'introduit dans la cabine. La température augmente. Fernand se met en léger virage pour ne pas se retrouver complètement aveuglé par la fumée qui se dégage des lisières. Le nuage noir est si proche que par instants, l'extrémité de l'aile gauche est à peine visible.

Au sol, les flammes sont en train d'attaquer les grands arbres qui bordent un chemin forestier. Loin d'être bloquées par l'absence de végétation, elles sautent de l'autre côté de l'allée en quelques secondes.

Calmement, Fernand Bordas vise la tête et lorsqu'il passe à la verticale, il appuie sur le bouton rouge. Instantanément, les deux portes de largages s'ouvrent, libérant des trombes d'eau sur le brasier[12].

– Bingo, annonce Claude en repoussant fermement les manettes des gaz vers l'avant.

– Je sais pas si je l'ai eu, lance Fernand. Mais si en tous les cas, je ne devais pas en être très loin.

– Tu l'as eu !

Fernand hausse les épaules.

– Allez, on va rechercher de la flotte.

Instinctivement, Claude Lelouarn regarde sa montre. Compte tenu des passages de reconnaissance au-dessus du feu, ce largage imprévu ne leur a pris que cinq minutes. C'est peu... Maintenant, il est temps de prévenir les gars de l'autre avion.

– Denys, tu me reçois ?

– 5 sur 5.

– Finalement, j'ai fait un largage sur le feu...

Silence gêné sur la fréquence puis Fernand rajoute :

12. *Le Canadair 215 n'emportait que cinq tonnes et demie d'eau. Contrairement au 415, il n'y avait que deux portes de largage (contre 4 sur le 415). De ce fait, l'eau sortait des réservoirs plus rapidement (en 2 secondes contre 3 secondes pour le 415) et avec beaucoup plus de force. La masse liquide était donc encore plus dangereuse pour un homme se trouvant au sol.*

– Il y avait des chevaux là-bas… Je pouvais pas rester les bras croisés.

À cet instant, chacun comprend la gravité du geste. C'est Denys qui reprend la parole le premier :

– T'inquiète pas, j'aurais fait pareil.

– Le problème, c'est que ça brûle toujours.

Nouvel instant de silence pendant lequel chacun réfléchit à la manière d'intervenir puis c'est une nouvelle fois Denys qui parle :

– Tu sais ce que je te propose ?

– Vas-y.

– On va là-bas chacun notre tour. Une fois c'est toi. Une fois c'est moi. Comme ça, les mecs dans la garrigue ne remarqueront rien.

Fernand approuve aussitôt.

– C'est une idée.

Au même moment, il tourne la tête vers l'est et aperçoit la silhouette du Canadair de Denys qui fonce aussi vers le Rhône.

– Je t'ai en visuel.

– Impeccable… Apparemment, ça prend à peu près le même temps pour aller au secours de tes chevaux que pour rejoindre le chantier.

– On permute maintenant, interroge Fernand ?

– Affirmatif. Après l'écopage, c'est toi qui vas sur le chantier et moi, j'arrose les chevaux.

Quelques instants plus tard, les deux avions sont de retour dans le Rhône. Ils écopent pratiquement ensemble puis leurs routes se séparent de nouveau. C'est au tour de Denys Maillot de se diriger vers le château de Meynes.

Lorsque Fernand arrive sur le feu de Garrigues, il constate que les choses s'arrangent peu à peu… Au sol, on ne fait plus beaucoup de souci.

– Je crois qu'on est en train de prendre les choses en main, annonce fièrement le commandant des pompiers.

– Oui, c'est pas mal... Qu'est-ce que voulez qu'on fasse ?

– Le mieux, c'est de continuer à larguer sur la gauche.

Alors qu'il se met en place pour exécuter les instructions du pompier, Fernand ne peut s'empêcher de penser au feu de Meynes. À quelle distance les flammes se trouve-t-elles des écuries ? Que se passe-t-il avec les chevaux ?

Si seulement, ils réussissaient à les sauver !

Il a tout juste terminé son largage qu'il ne peut s'empêcher d'appeler son collègue.

– Denys, tu me reçois ?

– 5-5... Vas-y je t'écoute.

– Comment ça se passe là-bas ?

– C'est pas la gloire. Tu m'a fait un cadeau empoisonné. Je viens de larguer... J'ai tapé sur la tête pour essayer de le stopper.

Fernand sourit. Les grands esprits se rencontrent.

– Ca donne quoi ?

– J'en sais rien mon vieux... J'ai pas regardé, je suis parti directement sur Aramon. Il n'y a pas de temps à perdre.

De nouveau, Fernand aperçoit son collègue qui fonce vers le Rhône. Une fois de plus, leurs routes sont de convergentes.

– On inverse ?

– Affirmatif. Je vais sur le chantier maintenant.

Dix minutes plus tard, Fernand est de retour sur le château. Il distingue immédiatement l'endroit où Denys Maillot a largué son eau quelques minutes plus tôt. La fumée qui s'échappe de la forêt est striée de longues rayures blanches et noires. La vapeur et la fumée se mêlent en s'enroulant sur la cime des arbres. C'est comme un immense bâton de couleur réglisse menthe qui s'étire sur plusieurs centaines de mètres. Le nuage est tellement dense qu'on ne voit plus les écuries et le manège. Impossible de savoir vraiment ce qui se passe en dessous.

Sans hésiter, Fernand se place face au vent. Encore une fois, il décide d'attaquer directement la tête. Maintenant, les arbres sont trop hauts, il va tirer de l'eau pure. Vitesse réduite vers 100 nœuds… Portes de largages armées… Moteurs réglés. Tout est prêt pour l'attaque.

Au moment où le pilote va partir une nouvelle fois à l'assaut, Claude pose la main sur son épaule :

– Regarde, il y a deux voitures qui arrivent à fond dans l'allée qui conduit aux écuries.

– Visuel.

– Ils doivent commencer à s'affoler.

En apercevant pour la première fois une présence humaine dans la propriété, Fernand a un réflexe de professionnel :

– Il faudra faire gaffe au cours du prochain largage… Il y aura peut-être des gens au sol.

Pour la troisième fois, Fernand envoie donc sa charge sur la tête du feu. Puis, toujours sans avoir la moindre idée du résultat de son tir, il engage un virage vers le sud-est et repart pour Aramon.

Comme d'habitude, les deux Canadair se retrouvent pratiquement même temps lorsqu'ils arrivant sur le Rhône.

Et le jeu de cache-cache se poursuit…

À chaque rotation, les avions échangent leurs rôles. Pour les pompiers dans la garrigue, tout semble normal. Les Canadair se succèdent sur leur feu à intervalles réguliers. Il leur est facile de vérifier que c'est une fois l'un, une fois l'autre. Il suffit de lire les numéros inscrits en gros sur les dérives, Très logiquement, ils pensent qu'un appareil largue son eau sur les flammes pendant que son collègue écope dans le Rhône. Qui pourrait imaginer que les équipages sont en train de faire des « extras » sur un autre chantier ?

Lorsque Fernand arrive pour la troisième fois au château de Meynes, il constate immédiatement que les tirs précédents commencent à porter leurs fruits. Le feu a légèrement baissé d'intensité et sa progression semble s'être ralentie. Les flammes sont maintenant dans la « partie mouillée ». La végétation est gorgée d'eau et les feuilles ont du mal à s'embraser. Immédiatement, le pilote cherche à deviner comment les choses vont évoluer. Pour lui, un feu qui décline doit être traité comme un fauve blessé. Il faut savoir anticiper ses réactions. Il peut mourir doucement sans faire de mal mais il peut arriver qu'il ait des sursauts d'une violence inattendue.

À présent, la fumée est un peu moins dense. On voit les arbres... Au travers des trouées, Fernand croit deviner une certaine agitation autour des écuries.

– Il y a des gens...

– Les box sont ouverts, confirme Claude.

Effectivement, une dizaines de personnes sont en train d'emmener des chevaux vers un chemin de terre éloigné.

Mais il n'y a toujours pas la moindre trace de pompiers.

– Je vais larguer sur la lisière gauche, précise Fernand. À partir de maintenant, c'est ce qu'il y a de mieux à faire.

Claude sourit franchement. Depuis qu'il a vu les chevaux quitter les écuries, son moral remonte. Même si l'incendie est loin d'être maîtrisé, il n'y a plus de risque que ce soit un drame.

– C'est toi le chef !

Une fois de plus, Fernand largue donc son eau sur les flammes puis il fonce plein pot vers le Rhône. Et les rotations se poursuivent. Les hommes luttent. Ils se fatiguent. Car si le Canadair 215 a de grandes qualités pour son époque, il a aussi d'énormes défauts. C'est un avion extrêmement « physique ». Les commandes ne sont pas assistées. Elles exigent beaucoup d'efforts de la part du pilote. Elles sont aussi lourdes que celle d'un semi-remorque des années 50.

À chaque passage, les hommes dans le cockpit sont en sueur. Les dossiers des sièges sont en skaï, ils collent aux chemises. La chaleur est d'autant plus dure à supporter que la climatisation est inexistante. Chaque fois que l'avion passe au-dessus du feu, une bouffée d'ait brûlant s'engouffre dans le poste de pilotage. Un vrai sauna !

Par chance, vers 17 heures, le vent commence à tomber sur toute la vallée du Rhône. C'est un atout capital pour les bombardiers d'eau ! Dans les cockpits, l'ambiance change. Les largages deviennent soudain plus efficaces.

Une demi-heure plus tard, les lisières continuent à fumer mais elles ne brûlent plus. Les deux bombardiers d'eau ne relâchent pas leurs efforts pour autant. Ils attaquent alternativement sur les deux fronts.

Vers 18 heures, le feu dans la garrigue se termine.

– Les Pélicans... Vous avez fait du bon boulot, annonce le pompier au sol ! Maintenant, je pense que c'est bon. Vous pouvez rentrer chez vous.

L'homme a la surprise de sa vie lorsque Denys Maillot lui fait une proposition totalement inattendue.

– Si ça ne vous dérange pas, on va faire un dernier largage pour bien mouiller la cendre. Ce serait bête que ça reparte !

Après une seconde d'hésitation, le pompier réplique.

– Ah bon... D'accord.

Bien évidemment, les pilotes veulent avoir un prétexte pour effectuer une rotation supplémentaire sur les écuries.

Là encore, c'est une question de conscience professionnelle car, du côté de Meynes, il n'y a plus aucun risque, non plus. Les équipages ont fait un travail formidable. Les chevaux sont hors de danger et les flammes ont été stoppées à 300 mètres des écuries.

Vers 18 h 15, Denys maillot effectue donc un dernier largage sur les cendres encore chaudes de Meynes. Puis les avions battent des ailes. Il est temps de dire au revoir. Il y a beaucoup de monde au sol maintenant. Plusieurs dizaines de voitures sont garées dans les chemins. Les sauveteurs agitent les mains pour saluer les avions qui s'en vont.

Vingt minutes plus tard, les Canadair atterrissent à Marignane. Il est temps car les jauges de carburant sont presque à zéro. Les moteurs sont coupés et les navigants quittent leur machine. Poignées de main... Clins d'œil complices... Avant de passer au vestiaire, les quatre hommes se concertent pour tenir le même langage. Officiellement, aujourd'hui, il ne s'est rien passé. Aucun Canadair n'a jamais dévié de sa route pour aller attaquer un quelconque chantier non prévu par les opérations. Le feu dans la garrigue est éteint. RAS...

– Moi, j'ai rien fait, plaisante Bordas.

Maillot éclate de rire.

– Est-ce que j'ai une tête à aller à Meynes ? D'ailleurs je sais même pas où ça se trouve !

L'affaire aurait pu rester secrète. Personne dans la hiérarchie de la Sécurité civile n'est informé de quoi que ce soit. Bien sûr, le lendemain, les pilotes discutent de l'affaire entre eux mais ils le font discrètement dans les couloirs et aucun ne révèle le pot aux roses. Malheureusement il y aura une fuite et elle viendra... des propriétaires du château eux-mêmes.

Trois jours plus tard, le commandant Claude Lhoro convoque les quatre navigants dans son bureau. Cet ancien pilote de chasse de l'Aéronavale est officier des équipages en chef[13]. L'homme n'a rien d'un plaisantin. Même s'il a la réputation d'être très proche de ses hommes, il fait toujours preuve de la plus grande rigueur dans son travail. Un vrai marin.

Lorsque les quatre hommes pénètrent dans son bureau, ils comprennent immédiatement que la mèche a été vendue. Ils ne sont pas là pour recevoir des félicitations.

Le chef a son regard sévère des mauvais jours :

– J'aimerais bien que vous me donniez quelques explications sur ce feu qui a été éteint du côté de Meynes.

Comme personne ne répond, le commandant Lhoro poursuit :

– C'est pas la peine de me raconter que vous ne savez pas de quoi je parle. Les gens au sol ont relevé les numéros des avions

13. Il deviendra ensuite commandant de la base des bombardiers d'eau pendant huit ans (de 1979 à 1987)

et ils nous les ont transmis. Il y avait le 21 et le 25. C'était le 26 juillet dernier dans l'après-midi. Tout le monde là-bas se rappelle parfaitement de votre passage dans la région. Inutile de vous avez laissé un souvenir « inoubliable ». Il y a des soupirs de dépit chez les accusés. Cette fois, les ennuis commencent.

Tout en parlant, le commandant feuillette négligemment un parapheur dans lequel se trouvent plusieurs pages. Sans doute les dossiers professionnels des accusés.

– Alors, poursuit Lhoro ? Lequel d'entre vous me donne une explication ?

– Eh bien, murmure Denys Maillot, en fait... C'est que... On allait sur un feu de Garrigues près de Nîmes et puis...

Denys n'a pas le temps d'en dire davantage... Claude Lhoro l'interrompt sèchement.

– On va pas discuter pendant des heures. Vous êtes allés à Meynes et vous avez éteint un feu là-bas oui ou non ?

À cet instant, Fernand décide de prendre ses responsabilités.

– Oui, on l'a éteint mais si on n'avait rien fait, ça aurait pris beaucoup d'ampleur. C'était très sérieux.

– Vous aviez des ordres pour ça ?

– Heu non.

– Donc, c'est une initiative personnelle. En fait, vous vous imaginez que les avions de la Sécurité civile vous appartiennent et que vous pouvez faire ce que vous voulez avec[14].

– Non, commandant...[15] C'est pas ça du tout !

– Vous savez que vous risquez gros, tous autant que vous êtes.

Les hommes font le dos rond. L'heure des comptes a sonné... Nul doute que le chef va prononcer des mots terribles. Chacun les imaginent déjà : sanctions, commissions de discipline, blâmes, il y a le choix.

14. C'est à la fin de 1976 que la Protection civile changera de nom pour s'appeler la Sécurité civile.
15. Les hommes sont tous des marins. Contrairement à l'armée de l'Air, le grade s'énonce sans le préfixe « Mon ».

– Vous savez ce que vous risquez avec des conneries pareilles, lance Lhoro d'une voix étrangement calme.

– C'est vrai, commandant, on n'aurait pas dû y aller mais le problème, c'est qu'il y avait des chevaux. On n'allait pas les laisser brûler sans rien faire.

Lhoro a brusquement levé les yeux.

– Des chevaux ?

– Oui il y avait des canassons dans cette propriété et ils étaient complètement affol...

Fernand n'a pas le temps de terminer sa phrase.

– Vous avez porté secours à des chevaux ?

À cet instant, Claude Lelouarn semble apercevoir une étrange lueur dans les yeux du chef. Malgré le ton courroucé, on dirait qu'il s'amuse de voir ses navigants sur des charbons ardents. Rien de sadique, c'est comme s'il leur jouait une bonne blague... L'impression n'a duré qu'une fraction de seconde mais Claude se demande si ce dernier n'est pas en train de leur passer une « rafale » juste pour le principe.

– Donc maintenant vous faites partie de la SPA, ironise Lhoro ?

– Enfin non, il y avait aussi le château avec beaucoup de forêts autour. Et ça brûlait bien. On s'est dit que les écuries risquaient d'être touchées.

– J'y comprends rien. De toutes les façons, vous êtes allés dans un endroit où vous n'auriez pas dû être ? C'est ça non ?

– Ben oui... enfin non...

– Désolé, je ne comprends rien à votre histoire.

À mesure que les minutes passent, le moral des navigants diminue. Chacun aurait espéré que le chef passerait l'éponge. Ce n'est visiblement pas à l'ordre du jour. Et si c'était la dernière fois qu'on les autorisait à voler sur Canadair ? Puis, tout à coup, sans prévenir, le commandant ouvre son parapheur et il en sort une lettre manuscrite sur laquelle est agrafé un chèque.

– Et ça, j'en fais quoi ?

Le ton est étrangement sarcastique. Bien que personne dans le bureau ne fasse la moindre remarque, chacun se demande soudain si le commandant ne vient pas de perdre la tête.

– Heu… Pardon mais c'est quoi, commandant ?

Claude Lhoro retire le trombone et montre le chèque agrafé sur la lettre.

– Je… comprends pas, bafouille Bordas.

Cette fois, les yeux du commandant deviennent franchement rieurs.

– Alors je vais vous expliquer, bandes de Zorro… Figurez-vous que le feu que vous avez éteint se trouvait dans la propriété de la Comtesse Geneviève Seydoux Fornier de Clausonne. Ce sont ses chevaux que vous avez sauvés. Cette brave femme a été si heureuse de ce que vous avez fait qu'elle vous a écrit une gentille lettre de remerciements. Et elle a accompagné son courrier d'un chèque…

Tout en parlant, Claude Lhoro tend la lettre à ses interlocuteurs.

– Voyez vous-même.

Un peu étonnés, les hommes s'approchent lentement du bureau.

– Elle a été particulièrement généreuse…

Un peu gêné, Claude Lelouarn prend le chèque et il ne peut retenir un sifflement. La somme est importante. Elle représente plusieurs mois du salaire d'un pilote.

– Vous remarquerez également que l'ordre n'a pas été établi au nom de n'importe qui, poursuit le commandant.

Bordas saisit à son tour le chèque des mains de Lelouarn.

– Bon sang, j'y crois pas !

D'une écriture appliquée, la comtesse a écrit quelques mots : « Pour les équipages des avions ».

– Dites donc, elle est drôlement généreuse la comtesse.

– Qu'est-ce qu'on va faire de cet argent, proteste Denys Maillot. Il ne nous appartient pas.

Il y a un long moment de silence pendant lequel chacun se demande si ce don n'est pas un cadeau empoisonné. Puis soudain quelqu'un parle :

– Et si on créait une association ?

– Pour quoi faire...

– Une sorte d'amicale qui viendrait en aide aux familles des gars chez nous qui se sont décédés pendant le boulot...

On ne sait plus aujourd'hui lequel des quatre navigants à fait cette proposition mais elle est unanimement acceptée par le groupe.

– C'est une bonne idée, approuve Claude Lhoro.

Cette fois, le commandant sourit franchement.

– Vous êtes un peu des têtes brûlées mais vous êtes de sacrés types, ajoute-t-il en leur tendant la main.

C'est ainsi que cinq mois plus tard, l'Amicale des Pompiers du ciel voit le jour. C'est une association à but non lucratif qui apporte une aide morale et financière aux familles des membres en difficultés. Chaque année, elle commémore la date anniversaire des équipages disparus en service aérien commandé[16]. Dirigée aujourd'hui par Francis Piot et... Claude Lelouarn, elle réalise un travail exceptionnel pour la scolarisation des orphelins dont le père a disparu en luttant contre les feux.

Tout cela grâce aux chevaux de la comtesse !

Il y aura un rapport sur le feu de Meynes mais les pilotes ne seront pas sanctionnés pour leur indiscipline. Pour expliquer ce détour exceptionnel non prévu par les ordres, on évoquera la découverte d'un « feu naissant » dans la région. Après tout, le règlement autorise qu'on les attaque puisqu'ils ont la priorité sur les feux en cours.

Personne ne protestera...

16. Francis Arrighi en est le Président d'Honneur et Lucien Rambaud est le premier Président (voir récit « Les deux moteurs tombent en panne »).

LE MÉCANICIEN EST DANS LE TROU...

Un feu ne peut prendre de l'ampleur que lorsque certaines conditions sont réunies. En général, il faut un pyromane, une végétation suffisamment sèche et surtout beaucoup de vent. C'est ce dernier élément qui joue le plus grand rôle dans la progression de l'incendie. Il ne peut y avoir de feu sans oxygène et c'est le vent qui le renouvelle en grande quantité. Mais, lorsqu'il souffle dans des régions accidentées, le vent a d'autres conséquences. Il est à l'origine de violentes turbulences dites « dynamiques ». Au ras des pentes dans les montagnes, les remous peuvent se révéler d'une rare brutalité. Ils peuvent même aller au-delà de l'imaginable.

Corse. 14 juillet 1991

Comme chaque été, la Sécurité civile a envoyé trois Canadair en Corse. À cet effet, plusieurs équipages ont été détachés temporairement sur l'aéroport d'Ajaccio Campo Dell Oro. L'île de Beauté est en effet, de loin, la région de France où les incendies sont les plus fréquents. C'est à ne rien y comprendre... L'Albanie, la Croatie, le Monténégro et la Bosnie se trouvent en face à la même latitude sur le rivage adriatique, pourtant les feux de forêts y sont quasi inconnus. Même climat, même végétation. Comment expliquer ce mystère autrement que par des pratiques locales détestables ?

Il est 16 heures... Bien qu'on soit le 14 juillet, François Lallement est aux commandes de son Canadair CL-215[1]. C'est le numéro 40... Cela fait trois heures qu'il coure d'un feu à l'autre et la fatigue commence à se faire sentir. Les traits du visage sont tirés et la chemise colle sur le dossier du siège. François est d'abord allé travailler sur un chantier sur les hauteurs de Porto-Vecchio. Il y a effectué cinq largages avec des écopages dans la baie toute proche. Puis, alors même que son feu n'était pas encore éteint, les responsables du CASC[2] l'ont envoyé dans les environs de Sainte Lucie. Un violent incendie venait de démarrer. Il a tout juste eu le temps de faire quatre largages qu'on lui a demandé de cesser le travail pour aller sur un troisième chantier au nord-ouest de Sotta. Il lui a alors fallu s'attaquer à un feu naissant sur les pentes à proximité de Zonza.

Le travail est harassant car le vent est fort. Il souffle du nord-ouest avec des rafales de plus de 40 nœuds[3]. Dans les basses couches, les turbulence sont d'un violence extrême. Rien à voir avec ce que les passagers d'un avion de ligne peuvent ressentir lorsqu'ils volent en croisière à plus de 10 000 mètres. Ce ne sont que de légères secousses comparées aux coups de boutoirs dynamiques dont sont victimes les Canadair. Car pour atteindre les

1. *Avant de travailler à la Sécurité civile, François Lallement a d'abord été pilote de chasse dans l'Aéronavale sur Aquilon puis sur Etendard IV sur lequel il a effectué plus de 2 000 heures de vol et 500 appontages. Il a ensuite travaillé quelques temps à Saint-Tropez. Puis, comme le tourisme était un peu trop paisible à son goût, il s'est engagé dans les bombardiers d'eau. Dans un premier temps, il a volé sur DC-6 et sur Tracker. Il est aujourd'hui commandant de bord sur Canadair.*
2. *Centre de coordination avancé de la Sécurité civile. En Corse, c'est une antenne du centre de Valabre sur le continent.*
3. *Environ 70 km/h.*

feux dans les montagnes, il faut raser les versants au plus près, aborder les crêtes sous le vent, se glisser le long des falaises. Les remous sont partout et les avions « ramassent » tout ce qui passe.

Ce jour-là, le mécanicien qui accompagne François Lallement s'appelle Gaston Dupuy. C'est un navigant qui a la réputation de faire preuve d'une conscience professionnelle exceptionnelle. François apprécie tout particulièrement cet homme assis à sa droite. Il le considère davantage comme un ami que comme un collègue de travail.

Par sa gentillesse et à sa compétence, Gaston fait d'ailleurs l'unanimité chez les navigants[4].

Les deux hommes ont pris leur service à midi[5].

Le décollage a eu lieu à 13 heures. Exceptionnellement, aujourd'hui le Canadair de François est le seul appareil en opération sur la Corse. Il y a eu tellement de feux depuis une semaine que les techniciens chargés d'entretenir les avions sont débordés. Impossible de suivre le rythme des pannes. Le Canadair numéro 27 est cloué au sol à Ajaccio. Il ne sera pas prêt avant deux jours, on attend une pièce en provenance de Montréal[6]. Il en va de même pour le numéro 46. Celui-là est en panne sur le parking de l'aéroport de Bastia. Sur les trois Canadair en détachement en Corse, il n'y a donc qu'un seul avion disponible.

Et ça tombe très mal !

Comme c'est souvent le cas dans l'île, c'est une journée « chaude » sur le front des incendies. Ça brûle dans tous les coins. C'est dans le sud que les choses sont les plus graves. À peine un feu est-il fixé qu'un autre surgit un peu plus loin. Les incendiaires semblent prendre un malin plaisir à jouer à cache-

4. Gaston Dupuy est monté au paradis des bombardiers d'eau en 2003.

5. Lorsqu'ils sont détachés en Corse, les navigants travaillent dans des créneaux de 24 heures (de midi à midi).

6. C'est à Montréal au Canada que se trouve le siège social des usines Bombardier, constructeur du Canadair.

cache avec les avions. On pourrait en sourire si cela ne coûtait pas aussi cher à la société[7].

À 16 heures, les jauges de carburant de l'avion sont pratiquement à zéro et François décide de rentrer à Ajaccio. Dix minutes plus tard, il arrive en finale sur la piste 20 de Campo Dell Oro.

Check-list... Atterrissage... François freine et dégage par le premier taxiway à gauche pour rejoindre les bâtiments de la Sécurité civile.

Les moteurs sont arrêtés et les deux hommes quittent la machine. Il est 16 h 25 mais la journée est loin d'être terminée. Il va falloir repartir le plus vite possible car de nouveaux feux sont signalés dans le sud.

Pendant que les mécaniciens refont les pleins, François et Gaston reprennent des forces : un sandwich, une boisson fraîche et un tour rapide aux toilettes.

– C'est vraiment des journées de dingues, murmure Gaston en s'aspergeant le visage d'eau fraîche.

François sourit amèrement.

– À mon avis, ça ne va pas s'arranger. Ils prévoient du vent encore plus fort cette nuit.

La remise en route des moteurs a lieu aux alentours de 16 h 50. C'est au cours du vol mémorable qui va suivre que les deux navigants vont vraiment comprendre ce que signifie « turbulence forte ».

Les deux moteurs tournent... Les check-list sont terminées et la tour de contrôle vient de délivrer l'autorisation de rejoindre le point d'attente pour la piste 20.

À l'instant où l'avion commence à s'ébranler, Gaston pousse une exclamation de surprise :

– Merde, j'ai oublié ma « def ».

– T'es sûr ?

7. *Pour l'ensemble des pays riverains de la Méditerranée (50 000 feux et 600 000 hectares détruits), le coût annuel des moyens de protection et de lutte contre les incendies de forêt est de l'ordre d'un milliard d'euros.*

– Oui, je l'ai laissée sur la table où on a cassé la croûte.

La « def », c'est le surnom familier que Gaston donne à son couvre-chef. En fait, une vieille casquette de base-ball qu'il ne quitte jamais pendant le vol. En ce mois de juillet, le soleil est fort et la visière est indispensable pour protéger ses yeux.

François appuie aussitôt sur les freins.

– C'est pas grave, je tiens l'avion. Tu descends et tu la vas récupérer.

Gaston regarde son commandant comme si celui-ci venait de proférer une insanité.

– Ah non, je peux pas faire ça. On a mis en route... Je vais pas te faire attendre !

– Mais c'est juste à côté du parking !

– Impossible, ça va nous mettre en retard.

François hausse les épaules. La table où ils ont mangé est à moins de 100 mètres de l'avion. Il ne faudra pas plus de deux minutes au mécanicien pour aller récupérer son bien.

– Mais enfin, vas-y ! Qu'est-ce que ça peux faire ? De toutes les façons, je ne vais pas décoller sans toi !

Gaston fait non de la tête. Nous l'avons dit, c'est un homme d'une conscience professionnelle parfaite. Il ne peut imaginer d'être la cause d'un quelconque retard.

– Non je peux pas faire ça, c'est pas possible.

– Mais enfin...

– Roule, je te dis... Je vais me débrouiller.

Si François a autant insisté, c'est qu'il sait parfaitement ce qui va se passer pendant le vol. Dans quelques instants, on va leur demander de retourner dans le sud-est de la Corse. Ce sera comme au début de l'après-midi, les feux seront du côté de Porto-vecchio ou de Sainte Lucie. Etant donné la direction du vent là-bas, ils vont devoir écoper à un cap 270, ce qui les mettra exactement face au soleil. Plus les heures passeront et plus ce sera dur d'avoir la boule de lumière dans les yeux. Comment travailler correctement lorsqu'on est à la limite de l'éblouissement ?

Bien sûr, comme tous les navigants, Gaston porte des lunettes de soleil mais la visière de la casquette joue également un rôle protecteur capital. Sans elle, il risque d'être considérablement handicapé.

– Tant pis pour toi, tu l'auras voulu, murmure François en lâchant les freins.

L'avion commence donc à se diriger vers la piste 20. Mais alors qu'il pénètre sur le taxiway « Fox », Gaston se remet à maugréer :

– Bon sang, je suis vraiment un con.

Du coup, François pile une nouvelle fois sur place.

– Ecoute Gaston, on n'est pas à cinq minutes près... Si vraiment t'as peur d'être gêné, on revient au parking et tu récupères ta « def ».

Tout en parlant, le pilote bascule le switch de la VHF pour passer sur la tour de contrôle. Il veut annoncer qu'il souhaite faire demi-tour. Il lui suffit d'invoquer une quelconque raison technique et le contrôleur n'y verra aucun inconvénient.

Mais Gaston l'arrête fermement.

– Non, ne fais surtout pas ça. Je vais me débrouiller.

– T'es sûr ?

– Oui, pas de problèmes. Je vais me fabriquer un truc de dépannage. Tiens regarde !

Tout en parlant, le mécanicien saisit le carnet sur lequel il prend en compte le travail effectué journellement sur les feux. À chaque écopage, il y inscrit l'heure et l'endroit de l'opération ainsi que toutes les remarques utiles pour la tenue des livrets de l'avion[8].

Avec précaution, il déchire une feuille et se confectionne une sorte de visière qu'il coince sous son casque radio. Evidemment, ce bricolage lui donne un look qui n'a rien d'un pilote de « Top

8. C'est le rôle du mécanicien de consigner toutes les observations de la journée sur ce qui est une sorte de livre de bord

Gun ». Ainsi affublé, Gaston ressemble plutôt à un vacancier en ballade à la Grande Motte. Mais qu'importe, le système semble fonctionner et c'est le principal.

– Tu vois, ça ira comme ça, confirme Gaston d'une voix assurée.

François hausse les épaules, un brin énervé.

– D'accord... si ça ira comme ça !

– Pélican 40, d'Ajaccio, vous êtes autorisé à décoller piste 28... Le vent est du 290 pour 20 nœuds ? Et vous êtes « clear » pour un écopage dans le port.

Il est 17 h 05. François collationne l'autorisation de la tour et il s'aligne soigneusement sur la ligne centrale. Les deux manettes des gaz sont poussées à fond vers l'avant.

Quelques secondes plus tard, les roues de l'avion quittent la piste.

Comme à Marseille, la procédure prévoit que l'écopage doit se faire aussitôt après le décollage. Même si le feu se trouve à plusieurs centaines de kilomètres, les avions partent toujours avec leurs réservoirs pleins d'eau.

Dès qu'il atteint 400 pieds, François redescend donc vers le port. C'est aujourd'hui l'endroit le plus abrité du coin. Il n'y a ni de houle ni clapot et pratiquement pas de turbulence dans ce secteur. Malgré le vent qui souffle en mer, la surface de l'eau y est un véritable miroir.

– De ton côté ? Est-ce que tu vois des embarcations quelque part, demande le commandant de bord ?

Avant de répondre, Gaston soulève un instant la feuille de papier qui lui couvre le front :

– La voie est libre.

– D'accord... Alors on y va pour la check-list avant écopage ?

Très rapidement, Gaston procède alors à la lecture des items.

– Le train est rentré... Les volets 15 degrés... Les écopes sont sorties...

Mais ce n'est pas aussi facile pour lui. À chaque fois qu'il fait un geste un peu brusque, la feuille de papier lui glisse sournoisement sur les yeux et il doit la remettre en place. Il ne dit rien mais il est évident que ça l'énerve prodigieusement.

Quelques secondes plus tard, le 215 glisse dans le port. L'endroit est magnifique. La Méditerranée y est claire et transparente comme partout en Corse. Une véritable merveille de la nature ! Sur les pontons, les vacanciers agitent les mains au passage. François récupère cinq tonnes et demie d'eau dans ses réservoirs puis il redécolle dans la foulée.

Dès que l'altimètre indique 300 pieds, il met le cap en direction du premier chantier. Comme prévu, celui-ci se trouve, encore une fois, dans les environs de Porto-Vecchio. C'est un feu naissant au sud de la ville. Ce n'est pas le seul ! Il y en d'autres... Les pompiers ont déjà prévenu qu'une fois ce feu terminé, le Canadair devrait remonter vers les contreforts de la « Vache Morte ». Un autre incendie est déjà en train de prendre de l'ampleur là-bas.

François ne regarde pas sa carte. Pour avoir fait le trajet plusieurs centaines de fois, il connaît parfaitement ces différents sites. Ils sont tous situés dans des reliefs dont les sommets culminent à plus de 7 000 pieds.

Les moteurs tournent comme des horloges. La vitesse en montée est de 140 nœuds.

Alors que l'avion passe tout juste par le travers de Pietro sella, François jette un regard discret du côté de Gaston. Bien que celui-ci ne dise rien, il ne semble pas aussi à l'aise que d'habitude.

– Ça va ?

– Tu parles... J'ai l'air d'un con avec ce truc sur la tête, décrète le mécanicien !

François hausse les épaules.

– On s'en fout, t'es pas là pour un défilé de mode !

Gaston approuve d'un mouvement de tête qui fait légèrement glisser son bricolage sur son front.

– C'est vrai que c'est pas très au point ton système, plaisante François !

– C'est mieux que rien.

Pendant quelques instants, les deux hommes discutent sur la meilleure manière de plier le papier pour le faire tenir en place. Puis leur attention se reporte sur le pilotage de l'avion. Car la turbulence se fait plus violente. À mesure qu'ils s'engagent sur le relief, l'appareil est pris dans des rafales d'une amplitude inhabituelle. Le plus étonnant, c'est qu'ils sont passés dans la région une heure plus tôt, et les secousses n'étaient pas aussi fortes.

– C'est pas la joie, proteste François en tentant vainement de récupérer un stylo qui vient de glisser entre son siège et la cloison gauche.

Gaston rigole.

– C'est pour éviter que tu t'endormes aux commandes !

La turbulence n'inquiète pas vraiment les navigants. Elle fait partie de leur quotidien. Sur Canadair, les vols en air calme sont rarissimes. Un feu est synonyme de vent et il est donc toujours accompagné de turbulence à basse altitude. Pourtant, aujourd'hui, les secousses sont inhabituellement méchantes. Par moments, le gros bimoteur se cabre carrément sous la poussée des ascendances puis la seconde d'après, il s'enfonce dans une « dégueulante » comme si c'était un ULM. Ça tape tellement fort que les pilotes passent leur temps à resserrer leurs harnais pour faire corps avec leur siège.

Il faut une dizaine de minutes pour traverser l'île.

Lorsque l'avion arrive en vue de Porto-Vecchio, l'équipage a une première surprise : il y a trois fumées bien visibles ans les environs de la ville : deux au sud et une troisième plus au nord vers Sainte-Lucie. Le premier problème consiste donc à ne pas se tromper de feu. Il faut trouver celui sur lequel les pompiers leur ont demandé de travailler. Les autres attendront !

Tout en gardant la main droite sur son front pour maintenir sa visière de fortune, Gaston fait une suggestion.

– J'ai l'impression que c'est celui sur la droite.

– Ça pourrait être aussi l'autre à midi ?

– Mais celui de droite est plus petit… C'est le plus récent ! Il y a des chances pour que ce soit un feu naissant.

– T'as peut-être raison, approuve François. Je vais appeler les gars au sol.

Quelques instant plus tard, le commandant des pompiers est en contact radio avec l'avion et il fournit tous les renseignements qui permettre de rejoindre le bon chantier. C'est effectivement celui que Gaston avait vu en premier. Il se trouve sur le versant nord du Stabiacciu. Tout près de Sotta.

Ce n'est qu'un petit feu mais l'équipage comprend au premier coup d'œil pourquoi on les a déroutés à cet endroit. Les risques d'extension sont importants. Si les flammes atteignent une zone boisée, l'incendie deviendra immédiatement incontrôlable et il pourrait s'étendre jusqu'aux premières maisons de Sotta. Seule une intervention rapide va permettre de neutraliser le danger.

C'est ce que confirme le commandant des pompiers dès que l'avion arrive sur place.

– Bonjour Pélican 40… Essayez de tirer sur le flanc droit, annonce-t-il Ça devrait le fixer rapidement. Il faut à tout prix l'empêcher d'atteindre la forêt.

Avant de se mettre en place, François examine soigneusement les reliefs tout autour du chantier. Il vont larguer l'eau avec le soleil dans les yeux et il vaut mieux avoir en mémoire tous les obstacles.

– Bien reçu, c'est ce qu'on va faire.

– Pélican 40, où est-ce que vous irez prendre de l'eau ?

– On va aller dans la baie de Porto-Vecchio.

– Ce sera long ?

– Ça devrait nous prendre une dizaine de minutes entre chaque rotation.

Tout en parlant, François a stabilisé son avion dans l'axe de tir. Pour être bien placé, il doit frôler une crête rocheuse sous le vent. Il sait déjà ce que cela signifie... Dès qu'il va s'en approcher, la turbulence va redevenir incroyablement dure. Et c'est effectivement ce qui se passe. Lorsque l'avion est sur l'axe, les deux hommes sont secoués par de violentes rafales. Ils ont la sensation de rouler en voiture à 250 à l'heure sur une piste défoncée. Les ailes se soulèvent alternativement à droite et à gauche, déstabilisant le Canadair comme si c'était un fétu de paille. Le nez monte et descend sans qu'ils puissent rien y faire.

– Qu'est-ce que ça donne pour la sécurité de vos hommes au sol, interroge François ?

– Pas de problème, j'ai une équipe réduite et je les ai tous sous contrôle.

– Alors on arrive. Largage dans une minute.

Et les rotations commencent... C'est très dur ! L'équipage souffre. La turbulence est incroyable. Lorsque François amène l'avion au ras des pentes, ce n'est plus qu'un cheval fou. Le pilote doit littéralement se battre avec les commandes pour conserver la trajectoire. Coup de manche, travail au palonnier, le Canadair se dérobe en permanence. Il rue, bondit sur le côté, s'enfonce et remonte sous les rafales. Tout cela à quelques mètres des parois rocheuses. C'est un combat perpétuel pour garder rester sur l'axe de tir sans percuter les obstacles tout proches.

De grosses gouttes de sueur perlent sur le front des deux hommes...

Du côté de la visibilité, ce n'est pas terrible non plus. Car le largage aussi bien que l'écopage se font au cap 270. Pas moyen de faire autrement puisque c'est de là que vient le vent. Les navigants ont le soleil dans les yeux. Régulièrement, Gaston perd sa visière de papier. C'est la galère... Elle glisse sous les coups de boutoirs. À deux reprises pendant un écopage, elle tombe même carrément à ses pieds.

François est parfaitement conscient des difficultés de son mécanicien. Les deux hommes sont amis depuis si longtemps qu'une véritable complicité les unit. Il suffit d'un regard pour faire comprendre qu'un moteur tourne mal ou que le régime d'une hélice est trop fort.

– C'est pas trop dur avec le soleil, demande François doucement ?

– Je me débrouille.

– Tu veux qu'on souffle un peu ?

Gaston remet une énième fois sa visière en place puis il rétorque d'une voix ferme.

– Tu rigoles, on continue !

Au bout du troisième tir, le petit feu de Sotta est pratiquement fixé. Les dernières flammes ont été soufflées par un largage magnifiquement placé par François. L'eau est tombée exactement sur la lisière choisie. Si l'on tient compte des conditions météo, c'est un véritable exploit.

– Impeccable, commente le pompier au sol. Avec un coup comme celui-là, ça m'étonnerait qu'il reparte !

François et Gaston savent déjà que ce chantier est terminé mais ils n'ont pas le temps de souffler pour autant. À peine, la ressource est-elle terminée que la radio crépite à nouveau.

– Pélican 40, il paraît que le feu de Sotta est fixé. Félicitations... Vous devez partir sur un autre feu qui vient de démarrer du côté de Monte Biancu.

– Bien reçu, on y va tout de suite.

Tout en parlant, François a basculé le Canadair par la gauche et a mis le cap sur des petites collines à la pointe sud de la Corse. Monte Biancu se trouve à une dizaine de kilomètres au sud-ouest de Sotta. De l'endroit où il se trouve, on peut voir la fumée du nouveau feu qui se détache nettement sur le ciel bleu. C'est d'ailleurs l'un des deux feux sur lesquels les deux hommes hésitaient.

Il ne faut que trois minutes pour être sur place.

Et la lutte reprend avec de nouveaux éléments, un nouveau commandant de pompiers au sol et de nouvelles lisières qui se déchaînent pour dévorer les broussailles. Le seul point commun reste la turbulence, toujours aussi forte. Par moments, elle est tellement violente que les deux hommes ont du mal à se parler lorsqu'ils sont sous les coups de butoirs du vent.

Largages... écopages... les rotations reprennent... Il faut aller vite. Perdre le moins de temps possible dans les trajectoires. Déverser l'eau sur le chantier avec un maximum de précision.

Tout en pilotant, François continue à observer discrètement son copain. Il est évident que celui-ci n'est pas bien. Même s'il est toujours aussi consciencieux dans son travail, ses gestes sont un peu moins rapides. Chaque fois que l'avion se trouve face au soleil, il doit porter la main à son front pour maintenir sa visière de papier sous son casque. Cet effort supplémentaire le gêne. Et ça ne s'arrange pas à mesure que l'après-midi avance car la luminosité change. Chaque fois que l'avion se trouve face à l'ouest, Gaston plisse les yeux pour lutter contre l'éblouissement. Pendant les écopages, les reflets sur la mer deviennent insupportables.

Finalement, au début du troisième largage sur Monte Biancu, le mécanicien arrache la feuille de papier et la jette derrière lui :

– Écoute François, lance-t-il d'un air agacé. Ce truc ne tient pas sur ma tête. Si tu es d'accord, on va terminer cet écopage et ensuite, j'irai à l'arrière.

– Tu veux faire quoi ?

– Je vais prendre une feuille de plastique dans la sacoche et je vais me confectionner une visière mieux que celle-là.

François hoche la tête. Il a deviné les intentions de son ami. Dans la soute, les équipages emportent toujours une sacoche de cartes sur lesquelles sont indiquées les plans d'eau, les axes d'écopages et les procédures d'arrivée par mauvais temps. Ce sont des classeurs très épais à l'intérieur desquels se trouvent des intercalaires en plastique rigide.

– Avec ça, je vais me faire une vraie visière, explique Gaston.

– Pas de problème, mais on commence par prendre de l'eau.

– Tu es d'accord pour que je bricole juste après le prochain écopage ?

François sourit.

– D'accord mais tu feras gaffe parce que ça branle beaucoup.

Quelques secondes après le tir, François s'apprête à remettre le cap en direction du point d'écopage. Mais la radio grésille à nouveau. Une fois de plus, ce sont les pompiers qui appellent :

– Les Pélicans, vous laissez tomber le feu de Monte Biancu. Les gars au sol vont se débrouiller sans vous !

Cette fois, François saisit le micro un peu agacé. Il a l'habitude de ces changements de stratégie de dernière minute. Sauf qu'aujourd'hui, ça commence à faire beaucoup.

– Et on fait quoi ?

– Vous allez sur un feu naissant à L'Ospedale. Ça démarre très vite. C'est au nord du village sur les hauteurs.

Malgré son calme habituel, Gaston ne peut s'empêcher de réagir.

– C'est pas vrai... Ils se sont donné le mot pour foutre le feu partout. Comment veulent-ils qu'on fasse ? Ils savent bien qu'on est seul aujourd'hui.

François grimace.

– On dirait que c'est la première fois que tu travailles en Corse.

– Non mais aujourd'hui, c'est dur, se plaint Gaston.

À cet instant, l'avion fait une telle embardée que François ne répond pas. Il se concentre sur ses commandes.

Du coup Gaston en profite pour râler.

– En plus, on s'est rarement fait branler comme ça, murmure-t-il en ajustant le régime des hélices. Et si on monte là-haut, ça va être encore pire...

L'Ospedale est effectivement situé en pleine montagne. C'est un site magnifique recouvert de grandes forêts. Une des plus belles régions de Corse. Par endroits, les sommets y culminent à

8 000 pieds. Gaston a raison, à cette altitude, le vent sera encore plus fort.

En rencontrant les arêtes rocheuses, il va provoquer des turbulences infernales.

– On verra bien, murmure François en plaçant le Canadair sur une pente de montée.

L'altimètre indique tout juste 2 500 pieds que Gaston intervient de nouveau.

– Si ça ne te dérange pas, je préfère aller derrière maintenant. Ça sera pas long... Je prends une intercalaire et je reviens.

François ne peut s'empêcher de manifester son inquiétude. La turbulence est si forte qu'il va être difficile pour le mécanicien de se déplacer dans la cabine.

– Tu devrais faire gaffe. Ça cogne sérieusement !

– T'inquiète pas, ça va aller... Mais il faut absolument que je me bricole quelque chose d'efficace. J'y vois vraiment rien.

Au même moment, l'avion pénètre une nouvelle zone de turbulence. Aussi violente que les précédentes.

– Attends un moment, ordonne François. Je vais grimper un peu pour voir ce que ça donne. Ce sera certainement plus calme en altitude.

– OK... Dis-moi quand je pourrai y aller.

Pour éviter les secousses, François s'éloigne volontairement des versants sous le vent. Cela l'oblige à faire quelques virages de retardement mais ça marche. Peu à peu, alors que l'hydravion approche de 5 000 pieds, les turbulences se font moins brutales. Même si on est loin de la plénitude d'une croisière à 40 000 pieds, le vol est à nouveau supportable.

– Je peux y aller, demande aussitôt Gaston ?

Cette fois, François approuve.

– Vas-y. Mais fais attention quand même.

Gaston ne se le fait pas répéter deux fois.

– Je serai pas long, dit-il en débouclant son harnais.

Avec prudence, il se lève alors de son siège. Puis il enjambe la console centrale et en posant les mains bien à plat sur les cloisons, il se dirige vers l'arrière de l'avion.

Avant de poursuivre ce récit, il est important de décrire avec précision le poste de pilotage d'un Canadair[9]. Car son architecture est très particulière dans le monde de l'aéronautique... Lorsqu'un néophyte rentre dans le cockpit, il remarque immédiatement le tableau de bord avec les deux fauteuils des navigants. Entre les sièges, se trouve une console centrale avec différentes manettes pour gérer les moteurs. Or, sur le plancher, juste devant cette console, il y a... un trou. Soyons clair, ce n'est pas une marche, c'est une véritable cavité qui ne possède pas de trappe de protection. Cette ouverture permet de descendre directement dans le nez de l'appareil car c'est là que se trouve l'ancre. Un Canadair est un hydravion qui peut être immobilisé en mer ou au milieu d'un lac[10]. Comme tous les « bateaux », il est équipé d'un système d'amarrage autonome. Pour mouiller cette ancre, il faut descendre dans cette cavité qui fait plus d'un mètre de profondeur et dans laquelle un homme peut se glisser sans difficulté.

Cette conception exceptionnelle du cockpit va jouer un rôle important dans la suite des événements.

Pour quitter sa place, Gaston a donc enjambé ce trou et il se trouve maintenant à l'arrière de l'avion. Assis sur le réservoir de moussant, il fouille dans la sacoche de cartes. Au bout de deux minutes, il finit par trouver son bonheur : une intercalaire de plastique marron bien rigide.

C'est exactement ce qu'il cherchait ! Contrairement à la feuille de papier qu'il a utilisée jusqu'ici, l'intercalaire fera une visière idéale. Il lui suffira de la coincer entre le casque radio et sa tête et elle ne bougera plus.

Tout heureux, Gaston revient donc vers l'avant de l'hydravion.

9. *La description étonnante qui va suivre est valable aussi bien pour les anciens Canadairs (CL-215) que pour ceux qui sont actuellement en service (les CL-415).*
10. *Voir récit : « Bloqué au milieu de l'étang ».*

– Regarde, j'ai trouvé ça, annonce-t-il lorsqu'il pénètre à nouveau dans le cockpit !

Rassuré, François lève le pouce.

– Parfait. Maintenant, je crois que tu vas aller beaucoup mieux.

– Ça c'est certain. J'aime bien voir ce que je fais, réplique Gaston.

Tout en s'agrippant toujours aux cloison, le mécanicien enjambe une nouvelle fois la console et il se rassoit à sa place. Jusqu'ici tout va bien. Puis, dans un geste naturel, il se penche à droite et à gauche pour récupérer les ceintures du harnais qui pendent sur les côtés.

Malheureusement, à cet instant, l'avion passe dans une rafale verticale d'une puissance terrible. Dans un premier temps, les deux hommes sont écrasés sur leur siège par l'accélération. Les « g » positifs augmentent. Dans l'instant qui suit, le Canadair se retrouve au centre d'une véritable « dégueulante ». Schéma classique de l'aérologie en montagne, la rafale verticale a changé de sens en une fraction de seconde et la masse d'air s'écroule sous les ailes. La conséquence est immédiate : l'avion plonge aussitôt dans un puits sans fond.

Sans son harnais, Gaston ne peut rien faire. Il est aussitôt projeté contre le plafond. Sa tête frappe violemment le panneau supérieur où se trouve un grand nombre d'interrupteurs.

François a tout juste le temps de hurler :

– Accroche-toi !

L'avertissement ne sert à rien. Sous la poussée d'une nouvelle ascendance, le nez de l'avion se cabre et Gaston retombe brutalement. Mais au lieu d'atterrir sur son siège, il heurte la console centrale de la poitrine puis il bascule dans le trou de l'ancre. Son corps fait un bruit sourd lorsqu'il percute le fond de la cavité. L'accident n'a pas duré plus de trois secondes.

– Gaston !

Pas de réponse...

À cet instant, François est comme frappé par la foudre.

– Merde, répond !

Toujours pas de réponse.

Le mécanicien est maintenant recroquevillé sous le poste de pilotage dans la position du fœtus. En tenant compte de la hauteur du plafond, il vient de faire une chute de plus de deux mètres.

– Gaston, tu m'entends ?

François voudrait pouvoir se précipiter au secours de son mécanicien. Celui-ci est peut-être gravement blessé. Malheureusement, le Canadair n'a pas de pilote automatique. Impossible de lâcher les commandes une seule seconde.

En désespoir de cause, le pilote saisit la bouteille d'eau minérale qu'il emmène toujours en vol et il jette au hasard quelques gouttes dans le trou.

– Gaston fais pas le con, répond !

Au bout de quelques instants, une voix affaiblie remonte jusqu'au poste de pilotage.

– J'ai pris... un sacré coup... sur la tête !

– T'es blessé ?

– Je sais pas...

– Tu peux remonter ?

– Pas... tout de suite... laisse-moi... récupérer.

François pousse un soupir de soulagement, la perte de conscience de Gaston a été relativement brève. C'est déjà ça !

– OK, tu reprends des forces... Moi, je tiens l'avion...

Le mécanicien va rester ainsi un long moment immobile sous le poste de pilotage. François se penche de temps en temps sur le trou et il parvient à apercevoir son ami. Celui-ci est couché roulé en chien de fusil et il ne bouge pas. Impossible de lui apporter la moindre assistance. La seule chose que François peut faire, c'est d'essayer d'éviter les zones de turbulence en se dirigeant vers la mer. L'écoulement de l'air y est plus laminaire et les secousses moins violentes. Il décide donc d'aller se mettre en attente au-dessus des îles Cerbicale dans le sud-est de Porto Vecchio

Au bout d'un moment qui semble une éternité, Gaston finit par se redresser et il remonte péniblement dans le poste de pilotage. Lorsqu'il réapparaît enfin, François a un coup au cœur. Une énorme bosse lui déforme le front et il semble avoir été touché à la fois au genou et au coude.

– Ça va ?

– Disons que j'ai déjà été en meilleure forme.

Avec d'énormes difficultés, Gaston parvient enjamber la console. Chacun de ses mouvements s'accompagne d'un grognement de douleur. Ce n'est que lorsqu'il est enfin assis à sa place que François commence à respirer.

– Attache-toi en vitesse. Une fois, ça suffit...

Tout en gardant les commandes, François joue les infirmiers. Il donne à boire au blessé. Puis de la main gauche, il lui frotte le visage avec un mouchoir mouillé. Lorsqu'il a terminé, il prend une décision.

– On rentre... Tu ne peux pas continuer dans cet état.

À cet instant, le mécanicien semble revenir brusquement à lui-même. Il se redresse sur son siège et lâche d'une voix blanche :

– Alors là, pas question. On ne va pas sacrifier une mission à cause de mes conneries. On continue.

Sur le coup, François reste abasourdi. Il savait son ami entêté mais il n'aurait jamais imaginé que ce fût à ce point.

– Tu déconnes ou quoi...

– Pas du tout, on continue. Il y a un feu à L'Ospedale, alors on va pas rentrer maintenant.

– Mais... t'es dingue !

– Il n'y a pas de mais... On termine le travail !

De toute évidence, Gaston refuse qu'on puisse dire un jour qu'un chantier n'a pas été terminé à cause de lui. François n'en revient pas.

Toujours cette conscience professionnelle aussi extraordinaire que stupide.

– D'accord, on va reprendre, finit-il par accepter.

Dans un premier temps, le pilote décide de monter très haut. Il faut essayer de se sortir un moment des « rouleaux » pour permettre à Gaston de récupérer.

– Tu devrais fumer une cigarette, conseille-t-il. Ça te ferait du bien…

– C'est une idée. Je vais me faire une « toche »[11].

Avec des gestes un peu tremblants, Gaston prend son briquet de sa poche. Les mains sont hésitantes. Puis il sort un paquet de Craven A avec des bouts en liège. Maladroitement, il défait le paquet et porte une cigarette à sa bouche.

Peu à peu, les joues de Gaston reprennent des couleurs… Il commence à parler plus fort. Le moral remonte. Puis soudain, François a une idée. Il connaît bien son ami et sait exactement ce qui lui ferait plaisir.

– Tu veux prendre un peu les commandes ?

Cette fois, les yeux du mécano pétillent. Comme la plupart de ses confrères, il rêve secrètement d'être pilote. Chaque fois qu'il peut manier la grosse machine, il est heureux.

– Oui, ça c'est une bonne idée…

– Eh bien vas-y, il est à toi. Ramène-nous à Porto-Vecchio pour prendre de l'eau. Ensuite, on ira à L'Ospedale.

Avant de poser les mains sur le grand volant de bakélite noire, Gaston vérifie que sa nouvelle visière est bien en place. Puis il lance d'une voix forte.

– Allez… On n'est pas là pour rigoler. On repart au boulot.

François, n'en revient pas. Il y a quelques instants, l'homme était à moitié évanoui. Maintenant, il semble en pleine forme.

Cinq minutes plus tard, le Canadair récupère de l'eau dans

11. La « toche » faisait partie du vocabulaire très spécial que Gaston utilisait régulièrement.

la baie de Porto Vecchio et il fonce en direction du nouveau chantier.

Lorsqu'il arrive en vue de la fumée, François rentre rapidement en contact avec le commandant des pompiers. Celui-ci ne peut s'empêcher de marquer son étonnement.

– Eh bien dites donc, vous en avez mis du temps ! Vous savez que ça brûle chez nous...

Le ton est sans nuance. Visiblement, l'homme est énervé. Du coup, François ne peut s'empêcher de réagir.

– Ecoutez mon vieux, on fait ce qu'on peut... On est tout seul dans le coin. On peut pas être partout en même temps... En plus mon mécano est tombé dans le trou.

Bien évidemment, le pompier sursaute.

– Il est tombé où ça, s'étonne-t-il, imaginant certainement le mécanicien faisant une chute libre depuis l'avion ?

Mais François préfère abréger. L'autre ne comprendrait pas.

– Non rien, c'est une blague. Vous voulez qu'on fasse quoi ?

– Ben, il faudrait attaquer sur le flanc gauche. C'est là que ça va le plus mal.

Quelques minutes plus tard, François effectue son premier largage sur L'Ospedale. Tout se passe bien. Alors il repart pour écoper à Porto Vecchio. L'équipage va effectuer encore quatre rotations avant de décider de rentrer à Ajaccio.

– Ça suffira pour aujourd'hui, ordonne François.

Il est 20 h 10, lorsque les roues du Canadair prennent contact avec la piste 20. Freinage... Dégagement par le taxiway « Echo » et mise en place sur le parking de la Sécurité civile.

En ce jour de fête nationale, le seul appareil en vol sur la Corse a terminé sa mission.

Au moment où Gaston coupe l'arrivée de carburant des moteurs, il porte encore la visière qu'il a confectionné avec l'intercalaire. Elle a parfaitement tenu jusqu'à maintenant.

– Avec ce truc-là, t'as plus besoin de ta casquette, plaisante François.

Gaston retire lentement son morceau de plastique et l'examine :

– Je crois que je préfère quand même ma « def ». Elle me pose moins de problèmes.

François regarde son copain avec étonnement. La chute a laissé des traces sérieuses sur son visage. Sa bosse a doublé de volume depuis qu'il est sorti du trou. Il a les yeux cernés. Son genou semble le faire souffrir atrocement. On dirait qu'il rentre de la guerre…

Pourtant, malgré toutes les difficultés, il a fait son boulot jusqu'au bout.

Ce jour-là, le Canadair piloté par François Lallement et Gaston Dupuy a effectué 38 largages sur différents feux. 25 ont été effectués pendant le premier vol. 13 pendant le second dont 5 après la chute de Gaston dans le trou.

Dans la case réservée aux observations de la journée, Gaston a écrit « RAS »…

CRASH EN MER

Le métier de pilote de Canadair est dangereux. Voler en permanence au ras du sol, dans les montagnes où sur l'eau exige une vigilance de tous les instants. Les risques sont énormes et ils le sont encore davantage lorsque certains systèmes de l'avion sont mal conçus.

Marignane, 17 novembre 1997

Il est 10 heures du matin... C'est l'automne. Sur tout le sud de la France, une couche d'altostratus soudée laisse difficilement passer les rayons du soleil. La météo prévoit que le vent restera très calme pendant toute la journée. Bien qu'il n'y ait aucun feu dans la région, quatre Canadair 415 vont partir en vol dans la baie de La Ciotat juste à côté de Marseille.

C'est un vol d'entraînement opérationnel.

Le programme prévoit que les appareils vont procéder à plusieurs écopages suivis de largages sur la mer. Les pilotes effectuent régulièrement ce genre de vols pour garder leurs réflexes pendant les mois d'hiver. Les entraînements durent en général une heure au cours de laquelle les équipages répètent les procédures d'urgence et s'entraînent à réagir correctement en simulant toutes sortes de pannes.

Sur les quatre Canadair prévus ce matin, seuls trois avions ont démarré normalement. Le quatrième avion est le numéro 43. Il est piloté par Éric Renoult et Frank Duchemin et a été confronté à un problème technique au moment de la mise en route du moteur numéro 2. Lorsque le commandant a appuyé sur le démarreur, la température de l'ITT[1] n'a pas bougé. Il a attendu dix secondes après avoir placé la manette hélice sur Start & Feather mais rien ne s'est produit. Caprice inexplicable de la mécanique. L'équipage a alors fait une seconde tentative qui a pris un certain temps.

Pendant ce temps-là, les trois autres Canadair ont pris de l'avance. Le temps de terminer la mise en route, d'effectuer les check-list puis de céder le passage aux avions de ligne nombreux à cette heure, le Pélican 43 a pris un quart d'heure de retard sur ses collègues.

À 10 heures 15, l'avion décolle de la piste 32… Il vire au-dessus de l'étang de Berre et rejoint la côte méditerranéenne en direction de La Ciotat. Pour cet entraînement, les deux hommes ont choisi de s'équiper différemment. Éric ne porte pas son gilet de sauvetage autour du cou. Par contre, Frank Duchemin a enfilé le sien. C'est un choix personnel… La réglementation prévoit que la « Mae West » doit être emportée à bord de l'avion mais son port n'est pas obligatoire. La plupart des navigants la trouvent encombrante et susceptible de les gêner dans certaines manœuvres de pilotage. Finalement, la décision est laissée à l'appréciation de chacun.

Après avoir viré à gauche, le Canadair survole Carry-le Rouet.

1. *Interstage Turbine Temperature.*

Éric s'applique à verrouiller l'aiguille de son altimètre. Dans ce secteur, les avions en VFR sont strictement limités à 1 500 pieds pour ne pas gêner les appareils en finale à Marignane. Puis il traverse la baie de Marseille jusque vers le point Sierra Echo. Malgré la lumière un peu terne de la matinée, le paysage est magnifique. Sur la gauche, la capitale phocéenne étend ses constructions jusqu'au pied des reliefs. Difficile d'imaginer vu du ciel que plusieurs millions de personnes vivent dans cette fourmilière. Éric survole ensuite le château d'If, puis ce sont les Calanques avec leurs eaux incroyablement limpides.

La navigation se fait « à vue » en suivant la côte. L'avion passe par le travers de Cassis blottie au fond de sa baie et juste derrière, c'est La Ciotat. Vers l'est, dans le lointain on aperçoit la ville de Toulon... C'est là que l'équipage va s'entraîner.

Cela fait huit minutes exactement que le Canadair numéro 43 a décollé de Marseille. Alors qu'il approche du Cap de l'Aigle, Éric Renoult aperçoit des drapeaux qui flottent mollement le long du rivage.

– Il y a un peu de vent d'est, précise-t-il à l'intention de son copilote. Je crois qu'on va écoper au cap 90.

Dès qu'Éric arrive sur le plan d'eau, il aperçoit ses trois collègues qui sont en entraînement depuis dix minutes. Comme prévu, ils sont en train d'effectuer des « tours de piste » sur la mer. La technique est comparable à celle utilisée par les avions « terrestres » lorsque les élèves pilotes s'entraînent à décoller et à atterrir sur une piste. Il faut décrire un circuit rectangulaire autour d'un aérodrome pour poser les roues toujours au même endroit. Ensuite, l'avion redécolle et se positionne en « vent arrière » afin de préparer un nouvel atterrissage. Pour les Canadair, c'est la même chose à un détail près : il n'y a pas de piste. Les avions visent sur un point fictif situé au milieu de la baie et ils travaillent autour. Par ailleurs, à chaque fois qu'ils reprennent l'air, ils s'allègent immédiatement en larguant l'eau qu'ils viennent d'écoper.

Avant de s'intégrer dans le circuit avec ses collègues, Éric jette un nouveau regard vers la côte. Il aperçoit une fumée qui s'échappe d'une grande cheminée au bord de l'autoroute... Elle s'incurve mollement vers l'ouest.

– Le vent est toujours pareil, murmure-t-il. Il souffle légèrement de l'est.

– Oui, t'as raison, confirme Frank.

À cet instant, Éric ne peut retenir une grimace.

– Les autres ont préféré écoper face à l'ouest mais ça me gène un peu.

Effectivement, les trois autres Canadair sont en train de prendre de l'eau avec un très léger vent arrière. Rien de bien grave. C'est l'heure de la « bascule », ce moment de la matinée où les vents de terre nocturnes sont progressivement remplacés par les vents de mer. Pour le moment, le vent souffle de l'est mais ça ne devrait pas tarder à changer...

Éric réfléchit... Bien que la surface de l'eau soit relativement plate, il y a encore une petite houle résiduelle croisée qui le gène. Nul doute que ça doit remuer un peu si on arrive avec beaucoup de vitesse.

Comme il n'a pas envie de secouer son avion inutilement, il décide d'appeler ses collègues.

– Salut, c'est Pélican 43... Je viens juste d'arriver sur le plan d'eau. Vous tournez face à l'ouest ?

– Oui le vent est un peu arrière... Mais il est faible et puis ça va basculer dans pas longtemps.

– Ça me gène un peu de faire ça, annonce Éric. Je préfère me mettre face à l'est. Je changerai de sens tout à l'heure quand le vent tournera.

La réponse des collègues ne se fait pas attendre.

– D'accord, tu fais comme tu le sens.

Éric ne s'intègre donc pas dans le circuit des trois autres avions. Il décide de chercher un axe de travail à proximité de la côte entre La Ciotat et les Lecques.

Il y sera suffisamment écarté de ses collègues pour ne pas les déranger.

Quelques secondes plus tard, l'avion arrive près du Bec de l'Aigle. Éric a repéré son axe face à l'est. Il est temps d'aller chercher de l'eau. Mais comme il ne connaît pas encore parfaitement l'état de la mer, il décide que, pour le premier écopage, il touchera la surface avec les écopes rentrées. Il ne les sortira qu'une fois la glissade sur l'eau commencée.

À côté de lui, Frank Duchemin commence alors la lecture de la check-list « avant écopage ».

– Voyants portes de largages… Éteints[2].

– Les écopes « up » prêtes à sortir ? Prêtes à sortir « up »…

– Les volets 15 degrés.

Frank est un copilote nouvellement recruté chez les Canadair. Cela ne fait que huit mois qu'il est à la Sécurité civile mais il est parfaitement qualifié. Ce jeune navigant de 36 ans a fait une excellente carrière dans l'Aéronavale. C'est un bon ! L'homme respire l'intelligence.

En outre, tout le monde apprécie son sens de l'humour et sa bonne humeur permanente.

Pendant les longues heures d'alerte, il aime distraire ses collègues en faisant des tours de cartes. Avec son regard pétillant de malice, il est clair que Frank Duchemin a rapidement trouvé sa place chez les bombardiers d'eau.

La descente commence… Il n'y a aucune turbulence. L'avion approche de la surface de l'eau. Comme toujours lorsque le ciel est gris, la Méditerranée prend une couleur étrangement métallique. Un gris acier très beau.

Alors qu'il est encore à 50 pieds, Éric constate qu'il a vu juste. La mer est travaillée par une houle croisée. C'est la plus complexe

2. *Alors qu'il était pilote dans la marine, Frank Duchemin a réussi un véritable exploit aux commandes d'un Breguet Alizé. Après avoir eu un problème lors d'une patrouille nocturne au-dessus de l'océan, il a réussi à amerrir de nuit. Il n'y a eu aucune victime…*

à gérer car elle ondule de manière anarchique. Bien qu'il n'y ait pas la moindre trace de clapot sur l'eau, l'avion va être secoué de manière importante lorsqu'il glissera sur la surface. Ce sera d'autant plus fort qu'il n'y a pas beaucoup de vent de face. La vitesse sera forte. Étrangement, ce serait plus facile avec un mistral de 25 nœuds.

Alors que la surface approche, Éric s'applique à sentir les mouvements de la masse d'air dans les basses couches… C'est une technique de marin.

Lorsqu'il est à la barre de son voilier, Éric éprouve parfois les mêmes sensations qu'aux commandes de son Canadair. Il faut anticiper le moindre mouvement de l'air.

Et justement, alors qu'il arrive à quelques mètres de la surface, le pilote perçoit un léger cisaillement du vent. Il connaît bien ce phénomène météorologique.

Au ras de l'eau, une fine couche d'air chaud vient se glisser pardessus l'air froid de la nuit. Elle se déplace à quelques mètres sans jamais atteindre la mer. De ce fait, l'air reste totalement immobile au niveau de la surface. Il faut alors se méfier… Ce brusque ralentissement de l'air provoque une perte de portance sournoise.

Si on ne réagit pas immédiatement, l'avion s'enfonce brusquement.

– Avion paré pour l'écopage, annonce Frank après avoir terminé sa check-list.

Avec précision, Éric commence alors à retenir sa machine. Il fignole l'arrondi plus encore que d'habitude. Comme prévu, le gradient de vent est bien présent dans les basses couches. Il dégrade la portance mais le pilote réagit au bon moment en tirant souplement sur le manche juste avant que l'avion ne s'enfonce. C'est gagné… Le Canadair touche l'eau dans un chuintement à peine perceptible.

Une seconde plus tard, Éric demande :

– Écopes !

Presque par réflexe, Frank réplique :

– Écopes sorties !

Tout en parlant, le copilote bascule l'interrupteur et l'eau se précipite dans les réservoirs du Canadair. Pendant ce temps, Éric tire sur le manche pour contrer le couple piqueur et maintenir une assiette à cabré de 7 degrés.

Douze secondes plus tard, les écopes se referment d'elles-mêmes et l'avion repart avec six tonnes d'eau.

Éric n'attend pas très longtemps. Il faut déjà rejeter l'eau. Il demande donc à Frank d'effectuer la check-list « avant largage ». Ils vont maintenant agir comme si le feu se trouvait quelques centaines de mètres devant l'avion.

Tout va très vite... Dans un premier temps, le copilote prépare l'armement des portes par lesquelles l'eau va tomber dans la mer. Il manœuvre l'interrupteur et huit voyants s'allument aussitôt sur le tableau de bord... Quatre témoins indiquent « ready » et quatre autre « armed ».

– Avion paré pour le largage !

Éric attend que l'avion soit à 50 pieds, puis il annonce.

– « Top Largage ».

Dans le même instant, il appuie sur le bouton rouge à gauche de son volant... Les trappes s'ouvrent. Une trombe d'écume blanche déboule sous le ventre de l'avion provoquant une énorme vague d'impact dans la mer.

Et les tours de piste de poursuivent. Éric effectue quatre écopages suivis de largages immédiats avec la même précision.

C'est lors du cinquième exercice que les choses vont mal tourner...

Alors qu'il vient de larguer son eau, Éric jette un regard vers les fumées sur la côte.

– Le vent est en train de tourner. Je crois que pour le prochain exercice, je vais tourner dans le même sens que les copains.

– Tu veux qu'on passe face à l'ouest tout de suite, demande Frank ?

– Attends un peu... Je fais mon dernier écopage et on fera ensuite un exercice de panne après V1[3].

Le prochain exercice sera donc plus difficile. Juste après le décollage, Éric va simuler une panne moteur. Les principaux points à travailler seront la hauteur de largage de l'eau, la tenue de la trajectoire de l'avion sur un seul moteur et la gestion de l'accélération... Cette fois, ce sera du pilotage pur. Il ne s'agira pas seulement d'égrainer une check-list et d'appliquer des procédures mais de savoir maintenir son hydravion du bout des doigts dans une situation critique. L'avion sera très lourd. Ce sera avant tout une question de talent de la part du pilote[4]. Au début, tout se passe bien. Éric place son avion face à l'est et effectue son dernier écopage. Il prend le maximum d'eau... Au moment où l'avion sort de l'eau, il est à moins d'un mètre au-dessus de la surface.

C'est à cet instant que le pilote annonce :

– Panne.

Dans la même seconde, il amène la manette des gaz du moteur droit en position tout réduit. Le turbopropulseur est alors « en transparence ». Il n'est pas coupé totalement mais il ne tire plus... Immédiatement, l'avion se trouve en traction dissymétrique, il embarque donc à droite. La réaction du pilote est instantanée. Il enfonce le pied gauche pratiquement à fond sur le palonnier. Puis il met du manche à gauche car l'avion s'incline fortement à droite. C'est la technique classique utilisée pour stabiliser un bimoteur lorsqu'un des moteurs vient de lâcher !

3. *Comme pour un avion de ligne au décollage, V1 est la vitesse de décision au-delà de laquelle le pilote doit décoller quoi qu'il arrive. Mais contrairement à un avion « terrestre », le Canadair est déjà en vol à cette vitesse. En deçà de V1, le pilote doit donc impérativement se reposer, au delà, il doit choisir soit de se reposer si le plan d'eau est suffisamment long soit de poursuivre si le plan d'eau est limitatif. Dans l'exercice effectué ci-dessus par Eric Renoult et Frank Duchemin, il s'agit avant tout de travailler comme si la longueur de décollage était limitée. Pour cet exercice, la vitesse V1 était de 84 nœuds.*

4. *La gestion de cette panne n'est pas vraiment comparable à ce qui se fait dans un avion de ligne. D'une manière générale, les deux hommes effectuent un travail très différent sans action de contrôle mutuel. Lorsque le feu est là et qu'il faut faire un écopage toutes les quatre minutes, tout va très vite et il doit y avoir une confiance parfaite entre les deux membres d'équipage.*

Mais sur un Canadair, ce n'est pas suffisant pour rattraper la situation !

La procédure prévoit qu'il faut alléger l'avion au plus vite car il est trop lourd pour monter.

Et la meilleure manière de perdre du poids, c'est de larguer les six tonnes d'eau qu'il vient de prendre.

Mais il y a une difficulté ! Avec un moteur en panne, l'avion risque de perdre un peu d'altitude. Il ne faut donc pas larguer l'eau trop tôt pour être certain de ne pas retoucher l'eau avec les trappes ouvertes.

Surtout ne pas se précipiter ! Toucher la mer avec les trappes ouvertes serait une véritable catastrophe.

Très logiquement Éric attend quelques secondes que l'avion soit à 50 pieds[5] puis il annonce :

– Largage...

En cas de panne moteur, la procédure veut que ce soit un largage de secours. Ce n'est donc pas le commandant qui appuie sur son bouton mais le copilote qui actionne le gros levier rouge à sa gauche[6].

Frank tire alors le levier vers lui. C'est assez dur parce que le système déverrouille tous les axes de fixation. Mais ça marche ! Sous le ventre de l'avion, les quatre portes de largage s'ouvrent. Aussitôt, la masse liquide tombe en mer, provoquant une superbe onde de choc sur la mer.

– C'est parti, annonce Frank.

Éric s'applique à stabiliser la trajectoire. À partir de maintenant, le plus important, c'est de ne surtout pas retoucher l'eau avec les portes ouvertes.

Bien qu'il soit plus léger, l'avion est tout de même à la peine... Sur un seul moteur, il monte très mal. Il faut d'abord le laisser

5. 15 mètres.

6. La panne moteur peut en effet s'accompagner d'une panne électrique qui neutraliserait le système d'ouverture du commandant. Le largage de secours du copilote est entièrement mécanique et ne peut donc pas tomber en panne. En cas de situation critique, il est donc logique que ce soit ce système de secours qui soit utilisé.

accélérer jusqu'à 95 nœuds[7] pour bien le contrôler. Tout doit se faire avec beaucoup de finesse. Puis il faudra rentrer les volets à 10 degrés.

Accélérer…

C'est long et difficile. Il faut plusieurs secondes pour que la Canadair soit à la bonne vitesse. Lorsque c'est fait, il faut encore le laisse accélérer jusqu'à 105 nœuds[8]. C'est la phase la plus critique…

C'est seulement lorsque l'aiguille de l'indicateur de vitesse atteint le chiffre 105 qu'Éric ordonne :

– Les volets à zéro…

Frank Duchemin s'exécute.

Il annonce :

– Je fais la check-list « panne complète ».

Et la litanie des vérifications reprend. À chaque manœuvre, Frank lit ses items à voix basse en accompagnant ses paroles du geste correspondant. Cette check-list comprend entre autre la mise en drapeau de l'hélice en panne, les délestages électriques et bien évidemment la fermeture des portes de largage.

Maintenant que les réservoirs sont vides et que la vitesse est bonne, Éric peut monter à 200 pieds en stabilisant soigneusement la trajectoire de son avion. Toujours sur un seul moteur, il part en virage par la droite.

Au même moment, Frank annonce :

– Check-list « panne complète » effectuée.

– OK, on remet la puissance normale sur le moteur droit puis on se prépare pour un amerrissage et ensuite tu prendras les commandes pour ton entraînement.

Cette fois, Éric a décidé d'effectuer un amerrissage complet. C'est un exercice que les Canadair effectuent très rarement pour des raisons de corrosion. En effet, lorsque l'avion est arrêté en

7. 176 km/h.
8.195 km/h.

mer, il s'enfonce profondément dans l'eau. Rien à voir avec un écopage où il se contente de frôler la surface. Dans un amerrissage, les parties mouillées sont très importantes et l'eau salée s'infiltre profondément dans l'hydravion. Il en va de même au moment du re-décollage... Avec le souffle, les hélices et les moteurs sont alors recouverts de sel. Si l'exercice est répété trop souvent, la corrosion finit par faire son œuvre destructrice sur la machine.

Éric termine donc son demi-tour puis il vient se présenter pour un amerrissage face à l'ouest. C'est pendant ce virage que Frank Duchemin effectue la check-list « avant amerrissage »[9].

– Ignition gauche et droite... Enfoncé.

– Autofeather... pour l'amerrissage.

Impossible de savoir ce qui se passe à cet instant. Sauf que les portes sont encore ouvertes et que le copilote ne le sait pas. Y a-t-il une panne de voyants ? Le système n'a-t-il pas fonctionné ? Le copilote saute-t-il le paragraphe de la check-list ? Subit-il le stress de l'entraînement ? On ne le saura jamais avec certitude. Sauf qu'à cet instant, le Canadair n'est absolument pas en configuration pour effectuer un amerrissage. Concentré sur la tenue de son avion, Éric donne ses dernières instructions.

– Volets 25 degrés...

Frank Duchemin s'exécute puis il prononce la phrase rituelle qui ponctue la fin d'une check-list :

– Avion paré pour l'amerrissage.

Machinalement, Éric jette un coup d'œil au panneau de signalisation. Malheureusement, à cet instant, il vole face à l'ouest avec la lumière dans le dos. L'éclairage du tableau de bord n'est pas bon. Les voyants d'alerte sont minuscules et peu lisibles. Il ne voit donc pas si les témoins d'alertes « open » sont allumés.

9. *Dans la mesure où les deux membres d'équipage effectuent des taches différentes au même moment, la procédure prévoit une fois de plus que cette check-list n'est pas effectuée à haute voix. Cette particularité va jouer un rôle important dans la suite des événements.*

La surface de l'eau approche... Cette fois, l'équipage a l'impression d'arriver sur l'eau beaucoup plus vite qu'avant. Contrairement à ce qui était attendu, le vent ne semble pas venir de l'ouest.

Éric ne peut s'empêcher d'en fait la remarque à son copilote :

– Je trouve qu'on est très rapide.

– Oui, dis donc, on galope drôlement...

Effectivement, à la vitesse propre de l'avion par rapport à l'air, vient s'ajouter celle du vent qui le pousse. Alors qu'il est au ras de l'eau, Éric doit patienter longtemps pendant l'arrondi avant de le voir enfin descendre. Il touche l'eau à la vitesse maximum autorisée. C'est exactement le contraire de ce qui s'est passé il y a un moment.

Et c'est le drame... L'hydravion touche l'eau avec les portes de largage ouvertes. C'est la configuration la plus grave qui puisse se présenter à un Canadair.

Dans la même seconde, la cellule est aussitôt secouée par de terribles vibrations.

– Bon sang, qu'est-ce qui se passe ?

Éric n'a pas le temps d'en dire plus. L'hydravion part en avant dans un violent piqué. Instinctivement, le pilote tire de toutes ses forces sur le manche. Cela ne sert à rien... Le nez est submergé. L'eau arrive au niveau du pare-brise. C'est comme une énorme vague. Presque immédiatement, la trappe du train avant cède. Sous la pression, la tôle s'écrase et se déchire. L'eau pénètre en trombe dans le fuselage. Elle déferle à l'intérieur du cockpit.

Le choc est si violent qu'il a été entendu jusqu'à La Ciotat

Tout va très vite... En une fraction de seconde, les navigants sont submergés. Puis l'appareil fait une véritable culbute sous l'eau. Il passe sur le dos. Dans le cockpit broyé, c'est le déluge.

À cet instant, le Canadair se casse en deux au niveau des ailes. La déchirure est nette. Elle se fait le long du couple situé au niveau du bord d'attaque, ce qui donne l'impression que le fuselage a été coupé à la scie. Seuls les câbles de commandes résistent. Ce sont eux qui permettent aux sections avant et arrière de l'avion de ne pas se désolidariser.

Éric cherche à comprendre dans quelle position il se trouve. Impossible d'analyser ce qui se passe. C'est comme s'il se trouvait dans un gigantesque « blanc d'œuf battu ». Il y a beaucoup de bruit. Les bulles crépitent très fort mais le pilote ne voit pas à plus de 20 centimètres. Son corps reçoit des coups sans savoir d'où ils viennent. Sur le moment, ce n'est pas vraiment douloureux.

Désormais, le cockpit est complètement sous l'eau. Éric est toujours attaché sur son siège. Il n'a aucune idée de la profondeur vers laquelle il s'enfonce. Cinq ou six mètres. Peut-être plus. Il fait de plus en plus sombre...

Etrangement, le pilote ne panique pas... La mer ne lui a jamais fait peur. Il la connaît bien. Depuis de longues années, il pratique la pêche sous-marine et l'apnée. En outre, il a passé de longues années dans l'Aéronavale. Il y a effectué un nombre incroyable d'entraînements en cabine immergée dans les positions les plus folles. Lorsqu'il répétait inlassablement les mêmes gestes de sécurité, il pensait que cela ne lui servirait à rien. Et pourtant, aujourd'hui, ce n'est plus un exercice. Au moment où l'eau a envahi le poste de pilotage, son premier réflexe a été d'aspirer une grande goulée d'air. Il sait qu'il va lui falloir tenir longtemps... Maintenant, le compte à rebours est commencé. Malgré l'obscurité, il reste calme. L'eau est froide. Éric connaît ses capacités respiratoires. Il sait qu'il peut tenir facilement une minute sous l'eau. Le seul problème, c'est qu'il ne voit absolument rien.

Réfléchir... Ne pas se débattre inutilement... Ne pas paniquer... Économiser ses forces...

Il tend les bras autour de lui pour essayer d'appréhender l'environnement. La première impression est terrible ! Il ne reconnaît plus rien. Il y a des tiges de ferrailles un peu partout. Elles semblent tordues. De toute évidence, le poste de pilotage a été complètement détruit.

Éric sait qu'il lui faut se dégager. Dans son cerveau, c'est toujours la même pensée qui tourne : ne pas paniquer ! « Si tu t'affoles, t'es mort »... Calmement, il cherche sa ceinture. Il a beaucoup de mal à la trouver car le dossier du siège est cassé vers l'avant. Il repousse la poitrine du pilote en force sur ses genoux. Impossible de saisir la boucle perdue dans le tissu de la combinaison. Il faut du temps avant la déverrouiller. « Si tu t'affoles, t'es mort »... Calmement, Éric prend soin de faire passer les deux sangles pour éviter de les accrocher lorsqu'il se dégagera. D'abord à gauche, puis à droite...

Les secondes passent. Les poumons commencent à faire mal.

Puis soudain une lueur diffuse apparaît. Éric ne saurait dire d'où elle vient. En tâtonnant, il tourne sur lui-même. Ça semble venir derrière son épaule gauche. Est-ce un trou dans la vitre latérale ou le pare-brise qui a basculé ? Il n'en sait rien.

En fait, il ne s'en rend pas compte mais le cockpit a littéralement implosé dans le crash. Ce n'est plus qu'un amas de métal et de câbles entremêlés qui descend vers le fond. Le cœur cogne dans la poitrine. La souffrance augmente. Il faut de l'air... L'esprit se brouille. La lumière ?

Éric n'a aucune idée de l'endroit par lequel il s'extrait du cockpit. Il n'a qu'une préoccupation, ne pas rester coincé. S'il accroche sa combinaison, il ne pourra pas se dégager. Malgré la situation dramatique, il reste parfaitement lucide. Une pensée lui traverse l'esprit. « Les poches de ma combinaison ? Est-ce qu'elles sont bien fermées ? Sinon, elles vont s'accrocher quelque part ».

Puis tout à coup, la lumière se fait plus forte... La vie est là-haut. Le pilote est en eau claire. Il nage vers la surface. Quelques secondes plus tard, il jaillit à l'air libre dans un hurlement...

La première chose qu'il aperçoit, c'est l'épave du Canadair qui flotte sur le dos. Il manque un bon tiers du fuselage qui a été coupé net à l'avant des ailes. On dirait un énorme oiseau décapité car le poste de pilotage a complètement disparu.

Éric nage vers l'avion. Il n'y a que quelques mètres et pourtant, il lui faut du temps. Ça semble très loin. À bout de forces, il finit par se hisser sur l'aile gauche et commence à ramper. Tout son corps lui fait mal. Il est blessé au cuir chevelu et au bras gauche, mais la douleur la plus forte vient de son dos car les vertèbres lombaires sont touchées.

Pourtant Éric veut ignorer la douleur. Il tente de se redresser pour appeler son copilote :

– Frank ?

Personne ne répond.

– Frank, t'es où ?

Progressant à quatre pattes sur l'aile retournées, le pilote fouille la surface de l'eau à la recherche de son collègue. Peut-être celui-ci a-t-il réussi à remonter sur l'aile droite de l'autre côté du fuselage ? Impossible de voir ce qui se passe à quelques mètres.

Au même moment, c'est l'alerte un peu partout. Les sauveteurs mettent le cap sur le lieux du drame. Le premier à être sur place, c'est l'un des Canadair en entraînement dans le baie. Il est piloté par Jean Beauvais et Gérard Bobbis. En voyant l'immense gerbe d'écume, l'équipage a compris ce qui se passait et il a immédiatement amerri à proximité.

L'hydravion s'approche lentement de l'épave et Jean Beauvais ouvre sa glace latérale. Toujours à quatre pattes, Éric hurle :

– Est-ce que tu vois Frank ?

Malheureusement, le bruit de l'avion couvre ses paroles. Jean Beauvais ne comprend pas. Il lui est impossible de couper ses moteurs. S'il fait ça, son hydravion va dériver et il risque de gêner l'arrivée des autres navires. Gérard Bobis ne peut que faire des photos rapides du drame. Celles-ci serviront plus tard pour l'enquête[10].

– Est-ce que tu vois Frank, répète Éric en s'époumonant ?

– Je ne t'entends pas...

Pendant quelques instants, les deux hommes tentent de

10 Les images sont impressionnantes. On y voit l'hydravion éventré sur le dos avec les ballonnets en l'air. Eric Renoult est couché sur le volet gauche et il semble souffrir.

communiquer mais ils n'y parviennent pas. L'hydravion bouge lentement. Comme Jean Beauvais ne peut pas se faire entendre, il lève le pouce pour demander si tout va bien.

À cet instant, Éric imagine que l'équipage vient d'apercevoir son copilote de l'autre côté de l'épave. Il est rassuré.

En fait, Frank Duchemin est toujours au fond de l'eau...

Trois minutes plus tard, un zodiac des sapeurs pompiers déboule à son tour. Il y a deux hommes à bord... Ce sont eux qui sont chargés de faire la « sécurité assistance plan d'eau » lorsque les Canadair sont en entraînement. Mais pour des raisons incompréhensibles, les pompiers préfèrent rester à une certaine distance de l'épave. Peut-être craignent-ils que du carburant se soit répandu sur la mer avec les risques que cela comporte ? Personne ne comprendra réellement.

Comme Éric a toujours un doute, il les appelle :

– Est-ce que vous voyez mon copilote ?

Mais le zodiac est trop loin. Les pompiers ne peuvent pas entendre.

– Est-ce que vous le voyez ?

Toujours pas de réponse.

Une minute plus tard, une autre embarcation s'approche. Cette fois, c'est un bateau de pêche blanc et rouge : le « Barbe d'Or ». Il y a deux hommes à bord. Le patron s'appelle Gérard Carrodano. C'est un ancien pompier de La Ciotat qui s'est reconverti dans la fourniture de poissons vivants pour les grands aquariums européens. Cette fois, ce bateau s'approche jusqu'au niveau des ailes du Canadair.

Le patron propose aussitôt son aide.

– Qu'est-ce que je peux faire, demande-t-il ?

– Je cherche mon copilote. Il est peut-être encore sous l'eau...

La réponse est instantanée.

– D'accord, j'y vais !

Le nouveau venu mesure plus de 1,80 m. C'est un gaillard d'allure sportive au visage rond. Il se déshabille rapidement et se met en slip de bain. Puis il récupère un masque sur son bateau. Et il plonge... On est au mois de novembre, l'eau est froide mais Carrodano n'hésite pas une seconde. Il faut dire que l'homme n'est pas n'importe qui. Ce pêcheur de 42 ans a été vice champion du monde de pêche sous-marine[11].

Le plongeur disparaît sous l'épave pendant un moment qui semble une éternité.

Lorsqu'il émerge, c'est la déception.

– L'eau est très trouble, je ne vois rien, souffle-t-il... Il y a des morceaux de ferrailles partout.

Pourtant, l'homme ne se décourage pas. Il reprend sa respiration et disparaît une nouvelle fois.

Puis il repart encore et encore, sans se lasser.

Quelques minutes plus tard, un second zodiac arrive sur les lieux. Celui là s'approche également de l'épave. C'est un coup de chance car ce sont des gendarmes qui effectuaient un exercice de plongée en bouteille près de l'île Verte. Ils ont tout l'équipement indispensable à bord.

– Vite... Il faut nous aider, demande aussitôt Éric. On cherche mon copilote.

Les nouveaux venus ne traînent pas. Il ne leur faut que quelques secondes pour plonger en emportant une bouteille de secours et un détendeur.

S'ils retrouvent le copilote, il sera peut-être encore temps de lui donner de l'air.

Pendant que les plongeurs rejoignent Carrodano dans l'eau. Deux hélicoptères arrivent sur les lieux. L'un appartient à la Sécurité civile, l'autre est un Puma du SAR[12]. Les deux appareils se mettent en orbite autour du lieu du drame en attendant que Frank Duchemin soit extrait de l'épave. Tout le monde attend. L'angoisse est immense.

11. L'homme a reçu la « Médaille d'Encouragement au Bien » pour son attitude exceptionnelle lors de cet accident.
12. Search and Rescue. Recherche et sauvetage en mer.

Puis, c'est une vedette de la SNSM[13] qui vient mouiller à côté de l'épave du Canadair.

Éric est toujours allongé sur son aile, tremblant de froid. Il est maintenant en état de choc. À mesure que les minutes passent, la situation devient insupportable pour lui. L'aile s'enfonce peu à peu. Les vagues commencent à battre contre l'épave, l'éclaboussant régulièrement. Il claque des dents…

Puis enfin, un premier gendarme remonte à la surface. Il soutient le corps de Frank Duchemin. Le copilote est inanimé. Son corps est emmené à bord de la vedette de la SNSM. Durant de très longues minutes les sauveteurs tenteront de le ramener à la vie. En vain, Franck Duchemin est mort !

Maintenant, les soins se reportent sur Éric. On l'enveloppe dans une couverture de survie pour le réchauffer. Puis il est placé dans une coquille rigide car on craint que ses blessures à la colonne vertébrale ne soient grave. Pour une raison qu'il ne comprend pas, il n'est pas emmené à bord d'un hélicoptère. Il aurait pourtant été facile de le treuiller pour le transporter rapidement à l'hôpital.

En voyant les appareils s'éloigner sans lui, le pilote éprouve un profond sentiment de découragement. Il n'a pas la force de demander des explications. Il ne sait pas encore qu'il lui faudra beaucoup de temps pour rejoindre le service des urgences.

Dans un premier temps, il est embarqué à bord de la vedette de la SNSM qui met le cap vers le port. Il y a plus de trois kilomètres entre le lieu du crash et La Ciotat… Cela prend beaucoup de temps. Lorsque, enfin, on le débarque sur le quai, il lui faut encore attendre.

Le blessé est dans sa coquille mais rien ne se passe… Il porte toujours sa combinaison mouillée. Il a très froid. Ses tremblements le font terriblement souffrir surtout au niveau des lombaires.

13. Société nationale de sauvetage en mer.

Heureusement, une jeune secouriste de la SNSM reste constamment auprès de lui pour lui prodiguer des paroles d'encouragement :

– Monsieur... Il ne faut pas flancher, on va vous emmener à l'hôpital. Vous allez être soigné. Tenez bon...

Les mots le réconfortent et l'aident à tenir. Car les minutes passent et personne ne semble prendre de décision le concernant. Alors qu'il patiente toujours sur le quai, il assiste à des discussions stériles entre les différents responsables locaux. Plusieurs médecins se chamaillent à son sujet pour savoir qui doit le prendre en charge. La scène tourne rapidement à l'ubuesque. Tout le monde parle en même temps. Visiblement, le médecin du SAR et celui de la SNSM se disputent le patient...

– C'est mon blessé, c'est moi qui m'en occupe...

– Je regrette, c'est le mien, objecte un lieutenant-colonel.

– Lisez les textes, vous serez convaincus !

– Je connais parfaitement les textes... Dans cette zone, c'est moi qui suis le responsable.

Il faut du temps pour qu'une décision soit prise. Lorsqu'on a enfin décidé qui allait prendre s'occuper du blessé, Éric se dit que cette fois, c'est bon. Il va enfin partir. Malheureusement, un autre problème survient. On ne sait pas vers quel hôpital on va l'envoyer ? Nouvelles discussion d'épicier...

Finalement, après de longues minutes de palabres, c'est Éric qui réussit à s'imposer par un coup de colère désespéré. Il veut être envoyé à l'hôpital de la Conception à Marseille car sa femme y travaille. Alors on va y aller ? Pas encore... Nouveau problème... Qui va convoyer le blessé jusqu'à l'hôpital. L'hélicoptère du SAR est sur le quai, prêt a décoller. Malheureusement, il y a aussi une ambulance...

Nouveaux conciliabules. Rivalités... Les regards sont noirs... Chacun veut être celui qui aura le privilège de transporter un pilote de Canadair dans son véhicule. Pendant ce temps-là, Éric attend toujours sur sa civière ! Finalement, après de longues minutes de palabre, on arrive à un compromis. Ce sera l'hélicoptère qui emmènera le pilote jusqu'à l'hôpital de la Timone puis l'ambulance le prendra en charge jusqu'à la Conception !

Exemple lamentable de ce qui arrive lorsque plusieurs services concurrents sont impliqués dans un crash.

Suite à ces tristes cafouillages, Éric arrive à l'hôpital de la Conception plus de deux heures après l'accident. C'est lui qui doit demander aux infirmières des urgences de bien vouloir prévenir sa compagne : jusqu'ici, personne n'y avait songé ! Ses blessures à la colonne vertébrale sont graves. Il a le ligament jaune totalement sectionné et trois vertèbres sont brisées. Il doit être opéré en urgence dans le service du professeur Louis qui lui pose un « papillon » pour ressouder les vertèbres.

Éric passera 15 jours à l'hôpital. Sa rééducation se prolongera pendant plus de six mois. ...

Il restera inapte au vol pendant un an[14].

Le Canadair 43 ne sombrera pas en mer : il sera remorqué jusque dans la darse des chantiers de La Ciotat. Il sera finalement sorti de l'eau et restera plusieurs années sur les quais.

Plusieurs commissions d'enquête seront nommées afin de comprendre les raisons pour lesquelles les portes de largages étaient ouvertes au moment de l'amerrissage du Canadair. Il y aura trois commissions au total. L'une d'elles sera conduite par le Centre d'essai en vol (CEV) d'Istres. Elle sera dirigée par Gilles Le Barzic à qui certains reprocheront d'avoir été à la fois juge et partie dans cette affaire[15]. Il y aura également une enquête judiciaire ainsi qu'une contre-enquête interne menée par la base des Canadair de Marignane.

Après une certaine polémique entre les différentes commissions, il sera finalement mis en lumière que le système d'alarme

14. *Éric Renoult a repris son poste de commandant de bord sur Canadair en novembre 1998.*

15. *Au moment de l'achat des Canadair, M. le Barzic a été également le responsable de la réception des avions en France.*

concernant les portes de largage du Canadair est inexistant et que le système électronique qui gère le largage est certainement à l'origine d'erreurs d'interprétation de la part des équipages.

Il n'est pas question de rentrer dans des considérations techniques dans cet ouvrage. Cependant, pour bien comprendre, il faut savoir que le système de largage du Canadair n'a pas été vraiment conçu dans une logique de sécurité aéronautique. Pour résumer, on peut dire que lorsque les portes de largages sont ouvertes, des voyants s'allument « open » mais lorsqu'elles sont fermées, il n'y a aucune indication qu'elles sont fermées. Cela signifie qu'en cas de panne électrique ou même d'une simple ampoule grillée, l'équipage ne se rend pas compte qu'il coure à la catastrophe.

La conception du système n'est pas au point.

Mais ce n'est pas tout... Pour Éric Renoult, il est évident que ce 17 novembre 1997, c'est le système lui-même qui a été défaillant. Il semble peu probable que Frank Duchemin ait oublié de refermer les portes de largage. C'était pour lui le point de sécurité le plus important de sa check-list.

Si l'état délabré de l'épave du Canadair ne permet malheureusement pas de confirmer cette théorie à 100 %, de nombreux indices laissent pourtant à penser qu'elle est exacte. Le plus flagrant étant que des pannes du système sont survenues à plusieurs reprises sur d'autres Canadair. Par chance, les pilotes se sont rendus compte du problème et il n'y a pas eu de catastrophe.

À contrario, très souvent, certains avions ont été obligés d'annuler des missions parce que les voyants « open » restaient allumés alors que les portes étaient fermées.

Le système est loin d'être fiable.

Depuis ce crash, le constructeur a sensiblement modifié le système.

• Au moment du crash, le Canadair 43 était équipé de la « version 4 ». Ceux d'aujourd'hui sont équipés de la « version 12 », preuve que le système était perfectible !

• Les consignes d'entraînement aux pannes ont été adaptées.

• Les check-lists ont été modifiées. Elles sont plus claires et plus lisibles.

Malheureusement, il manque toujours une indication au tableau de bord confirmant que les portes sont refermées, ainsi qu'une alarme visuelle et sonore indiquant que les portes sont anormalement ouvertes. Une fois encore, si le système ne fonctionne pas, l'équipage n'en a pas conscience et c'est de nouveau le crash. Il reste donc des améliorations à apporter sur l'avion. Etant donné la gravité des conséquences de toucher l'eau avec les portes ouvertes, le constructeur devrait modifier les alarmes au tableau de bord comme celles d'un train d'atterrissage. Il faudrait trois sortes d'indications :

• Portes ouvertes (c'est déjà le cas)

• Portes fermées.

• Alarme portes anormalement ouvertes

Seul ce genre d'information complète permettrait d'améliorer vraiment la sécurité des Canadair.

D'après le constructeur, un tel système d'alarme serait complexe à réaliser. On peut s'étonner de cette réaction car il fonctionnerait sur le même principe que celui d'un train d'atterrissage. Ce sont des systèmes fiables, éprouvés depuis plusieurs dizaines d'années. Par ailleurs, le constructeur objecte que la réglementation ne l'oblige pas à équiper ses avions d'un tel système et qu'il coûterait trop cher à réaliser. Combien vaut la vie d'un pilote de bombardier d'eau ?

Sept ans après ce crash, les Canadair ne sont donc toujours pas équipés d'alarme sérieuse pour leurs portes de largage. Un autre Canadair (italien) a depuis été victime d'une panne semblable. Une porte sur les quatre est restée ouverte et l'équipage n'en a pas été averti avant de toucher l'eau. Par chance, une porte fait moins de dégâts que quatre et il n'y a eu que des dégâts matériels.

Un jour peut-être, les choses s'amélioreront vraiment... Espérons qu'entre temps, tout se passera bien !

RECONNAISSANCE POUR LES TRACKER

Les Tracker sont les perpétuels oubliés des médias et c'est profondément injuste... Si le grand public connaît parfaitement la silhouette caractéristique du Canadair, peu de gens sont capables de reconnaître un Tracker au premier coup d'œil sur un aéroport (photo au dos de cet ouvrage).

Le Canadair, c'est la « cavalerie », celui que les journalistes ne manquent jamais de photographier car il est toujours présent sur les gros incendies... Le Tracker travaille différemment. Il fait de la surveillance et attaque les flammes dès la moindre fumée. Sa mission est avant tout d'empêcher les feux naissants de prendre de l'ampleur. Même si les missions des deux appareils sont fondamentalement différentes, c'est un bombardier d'eau incroyablement efficace et ses pilotes font un travail tout aussi vital que celui des Canadair.

Qui sait aujourd'hui que ce sont les Tracker qui éteignent 80 % des feux en France ?

De son vrai nom Grumman S2F, c'était à l'origine un avion embarqué sur les porte-avions américains[1]. Une bête de guerre taillée pour lutter contre les sous-marins. Ce n'est pas un appareil très récent puisque les premiers exemplaires ont été mis en service en… 1952.

Ces avions ont été achetés par la France trente ans plus tard[2] et ils ont été transformés en bombardier d'eau au Canada[3]. Si le public ne reconnaît pas la silhouette du Tracker, il connaît encore moins le surnom que les professionnels lui ont donné : « FireCat ». C'est vrai qu'avec son nez très arrondi et son pare-brise effilé, l'appareil a quelque chose de félin. Une vraie tête de matou ! D'ailleurs, il n'aime pas l'eau… Contrairement à son grand frère Canadair, le Tracker n'est pas un hydravion. Pour refaire le plein en eau ou en retardant, il doit atterrir sur des pistes en dur.

Et toutes ne lui conviennent pas. Lorsqu'il est en opération, il est obligé d'utiliser des terrains équipés d'un « pélicandrome », ces sortes de stations service disposant de réservoirs et de tuyaux spéciaux permettant de ravitailler les avions[4].

Voici comment se déroule une mission de Tracker.

Étonnant !

3 août 2004. 8 h 45

Philippe Gaffiot est surnommé « Gaston » par tous ses amis…

Pilote à la Sécurité civile depuis 1994, il a suivi le cursus normal

1. *Comme la plupart des avions embarqués sur porte-avions, les ailes du Tracker sont repliables au sol afin de tenir moins de place. Ailes dépliées, le Tracker a une envergure de 21,20 m. Une fois repliées, elle n'est plus que de 8,30 m.*
2. *L'arrivée du premier Tracker à Marseille date du 24 mai 1982. A l'heure où ces lignes sont écrites, la Sécurité civile en utilise 12. Les Tracker (tout comme les Canadair) ont été immatriculés en F-Zoulou, car, tout en étant des avions d'État, ils ne dépendent pas de la DGAC (ministère des Transports).*
3. *C'est la société canadienne Connair qui a effectué la transformation en installant des réservoirs à l'intérieur de la cabine. Du fait des modifications, certaines portes ont été enlevées sur l'avion et le pilote ne peut plus pénétrer normalement. Il doit s'introduire dans son appareil en passant par le toit.*
4. *Dans le sud de la France, le ministère de l'Intérieur a fait équiper une douzaine de terrains d'aviation en « pélicandrome ».*

des navigants. Après avoir passé deux années comme copilote sur Canadair, il a été nommé commandant de bord sur Tracker[5].

En ce début de matinée, il est sur le parking de Marignane en train de préparer son avion pour un vol de près de trois heures. Le décollage est prévu à 12 h 30... Respectant une procédure bien définie, Gaston fait lentement le tour de la machine qui lui a été attribuée aujourd'hui. Ce sera le numéro 01, un turbo Tracker rouge et blanc équipé de deux turbines de 1 424 ch.

Sur le parking voisin, Éric Guérin est également en train de faire la visite prévol de son avion[6]. Pour lui, ce sera le numéro 12. Les deux hommes vont travailler en patrouille pendant toute l'après-midi. Comme d'habitude, ils vont décoller avant même que les premiers feux ne se soient déclarés. Ce sera un travail de « guet armé » qui consistera à rester en l'air pendant de longues heures pour être prêts à intervenir à la moindre fumée. C'est une technique d'intervention différente de celle des Canadair : chaque matin, le Centre d'opération de Valabre étudie les risques de la journée. En fonction de la météo et de l'état de sécheresse des végétaux, le centre opérationnel définit des zones à risques. Suivant les cas, ces zones sont classées « sévères », « très sévères », voire « exceptionnelles »...

Après avoir étudié la situation et en fonction du nombre d'avions disponibles, le centre de Valabre décide combien de Tracker, il va mettre en vol et dans quel secteur ils vont évoluer.

Et justement, aujourd'hui le couloir rhodanien a été classé en zone « très sévère». Ce sont Gaston et Éric qui ont été désignés pour surveiller un triangle compris entre Nîmes, Montélimar et Aix en Provence. Une région qui a la réputation d'être plutôt « chaude » à cette époque de l'année.

5. *Philippe Gaffiot « Gaston » est un ancien de l'armée de l'Air. Il a volé sur plusieurs types de Mirage. Recruté à la Sécurité civile en 1994, il a volé deux ans comme copilote sur Canadair puis a été affecté sur Tracker. En janvier 2005, il est passé commandant de bord sur Canadair.*
6. *Éric Guérin est un ancien pilote de chasse dans l'Aéronavale. Il a volé sur Super Etendard.*

En fait, la météo y est si mauvaise depuis une semaine que les pilotes ont volé sans arrêt. Beaucoup approchent de la limite des heures de vol autorisées par la réglementation. Problème... Pour pouvoir tenir la cadence pendant les trois jours qui arrivent, le planning a dû rappeler certains navigants en repos.

Les Tracker évoluent toujours par deux. Aujourd'hui, il y aura quatre patrouilles réparties dans différents secteurs du sud de la France. L'une d'elles restera dans le département du Var, deux autres iront dans la vallée du Rhône parce que c'est là que le mistral va se déchaîner, et une quatrième se mettra en attente dans la région Languedoc Roussillon[7].

11 heures 50

Gaston jette un coup d'œil à sa montre. Il vient de terminer son sandwich. Le décollage est prévu dans 40 minutes. C'est le moment de s'installer... Et ce n'est pas une mince affaire que de monter à bord d'un Tracker ! La première des qualités que l'on demande au pilote, c'est d'être agile ! Le lecteur jugera : Gaston commence par aller jusqu'à une grande échelle fixée contre le flanc droit de son avion. Grâce à ce moyen rudimentaire, il monte sur la partie supérieure du fuselage. Il faut être plutôt mince car l'espace entre l'hélice et le bord d'attaque est réduit.

Quelques instants plus tard, le pilote se retrouve debout sur le toit de son avion. Les jours de grand vent, il vaut mieux ne pas perdre l'équilibre. Le toit est à quatre mètres de hauteur et une chute sur le parking serait fatale.

Puis, Gaston ouvre une trappe d'accès et se laisse glisser à l'intérieur du fuselage en prenant garde à bien mettre les pieds dans les encoches réservées à cet effet. Le navigant se trouve alors dans la soute juste à côté du compartiment radio. Il ne lui

7. *Pour faciliter la répartition des avions dans le sud, deux Tracker sont basés en permanence à Cannes-Mandelieu. Deux autres sont à Carcassonne et deux à Bastia. Tout le reste de la flotte reste stationné sur la base de Marignane juste à côté des Canadair.*

reste plus qu'à se glisser vers l'avant pour entrer dans son poste de pilotage.

Pour résumer, on peut dire que rentrer dans un Tracker revient à s'introduire dans une maison en se faufilant par le velux du toit. À l'origine, l'accès au cockpit n'était pas aussi complexe. Malheureusement, la transformation du Tracker en bombardier d'eau a amené le constructeur à ajouter des réservoirs dans la cabine et tous les accès ont été définitivement condamnés. Comme il fallait bien trouver un moyen pour mettre un pilote dans l'avion, il ne restait plus que cette méthode acrobatique.

Si vous avez des rhumatismes ou si vous êtes sujet aux vertiges, le Tracker n'est pas fait pour vous !

Inutile de préciser qu'en cas de crash, le pilote ne pourra pas quitter son avion en passant par le toit. Il lui faudra utiliser une poignée jaune située au-dessus de son siège : « Emergency Exit ». Celle-ci fera coulisser le plexiglas vers l'arrière et dégagera une issue de secours dans la partie supérieure du pare-brise.

Gaston est maintenant dans son poste de pilotage. Après quelques contorsions supplémentaires, il finit par s'assoire sur un siège recouvert de tissu spongieux de couleur bleu délavé. On est loin des dossiers ergonomiques qui équipent les avions de ligne modernes. Fabriqué avec des tubes soudés et des ressorts rustiques, le fauteuil est particulièrement solide mais il n'est pas vraiment confortable.

Il y a deux sièges dans le cockpit et pourtant il n'y aura personne d'autre à bord. Pas de copilote ou de mécanicien navigant ! Les pilotes de Tracker sont toujours seuls dans leur avion.

Avec précaution, Gaston retire la « flamme » en tissu rouge qui pend du plafond. C'est une sécurité. Dessus, on peut y lire une inscription en lettres majuscules : « Soute pleine ». Impossible d'oublier que l'avion est chargé et qu'il faudra tenir compte de son poids important pendant le décollage.

Alors qu'il boucle son harnais, Gaston jette un coup d'œil circulaire autour de lui. Le tableau de bord n'est pas vraiment ce qui se fait de plus moderne aujourd'hui. Il est équipé d'instruments analogiques anciens avec des aiguilles comme on n'en voit plus beaucoup. Quant au volant de forme ancienne, il serait parfaitement à sa place dans un monomoteur école des années 60... Qu'importe, comme tous ses collègues, Gaston apprécie son Tracker. C'est un appareil comme on en fait plus beaucoup... Une véritable machine volante qui se pilote sans ordinateur ni la moindre assistance électronique.

Certes, l'avion n'est pas très bien conçu mais il s'en moque. Ainsi, de manière très inhabituelle, il n'y a pas de console centrale pour les manettes de gaz. Celles-ci sont situées... au plafond du cockpit. Pour les jeunes pilotes, ce n'est pas toujours évident de voler avec la main droite en l'air. Mais avec le temps, ils finissent par s'y habituer parce que l'avion vole bien. Il est rustique, solide, et pas du tout vicieux.

12 h 05

Gaston est maintenant installé dans son cockpit et il commence sa check-list « avant mise en route ». Bien qu'il n'y ait personne avec lui, il annonce les différents items à voix haute. La plupart des pilotes avouent qu'il est agréable de temps en temps d'être tranquille dans un avion. Personne à qui rendre des comptes... Pas d'état d'âme. Le navigant est seul avec lui-même. Même si le temps peut parfois paraître long pendant certains vols de surveillance, rares sont ceux qui se plaignent vraiment de cette situation.

Vers 12 h 10, Gaston lance le démarrage de ses turbines. La procédure se déroule parfaitement. Tous les paramètres sont dans le vert. Le sifflement caractéristique des turbopropulseurs résonne loin sur les parking. À l'origine, le FireCat était équipé de moteurs à pistons. Ceux-ci étaient d'une robustesse à toute épreuve mais ils étaient terriblement coûteux à entretenir. Au fil des ans, ils ont été remplacés par des turbopropulseurs Pratt &Whitney PT6-67AF dont la puissance, la durée de vie et la fiabilité sont beaucoup plus importantes[8]. Les turbines possèdent par ailleurs un avantage non négligeable. : elle consomment du kérosène dont le prix au litre est particulièrement bon marché comparé à celui de l'essence[9].

À 12 h 20, tout est prêt. Dans le second Tracker, Éric Guérin a également terminé sa mise en route. Machinalement, Gaston jette un regard vers l'extérieur pour observer la manche à air... Celle-ci est située en arrière de l'avion mais il parvient tout de même à l'apercevoir car le cockpit est équipé de bulles latérales comparables à celles d'un hélicoptère. Elles sont particulièrement pratiques pour observer le terrain pendant les vols de guet armé. Pour le moment, le vent est encore calme même si quelques frémissements brutaux laissent supposer que cela ne va pas durer.

Gaston vérifie ses radios et il établit un premier contact avec Éric sur la fréquence air-air.

- Tracker 12, tu me reçois ?

- 5 sur 5.

- On peut y aller ?

- C'est quand tu veux.

Il est donc temps de passer sur la fréquence de roulage :

- Marignane de Tracker 01, bonjour messieurs.

- Bonjour Tracker 01, allez-y

- On voudrait le roulage pour deux avions, le 01 et le 12. C'est pour un vol de surveillance au niveau 65[10] dans la vallée du Rhône entre Nîmes, Montélimar et Aix.

- Bien reçu, Tracker 01... Vous pouvez rouler pour la piste 32

8. *Il reste encore à la base de Marignane un Tracker dans sa version originale équipée de deux moteurs à pistons (le numéro T2). L'intérieur cde ce appareil est très vieux et les instruments sont encore plus vétustes.*
9. *Les différences entre un moteur à pistons et une turbine sont comparables à celles qui résident entre un moteur à essence et un diesel. Le carburant est moins raffiné, moins cher et à puissance égale la consommation est inférieure.*
10. *6 500 pieds.*

droite. Le vent est du 330 pour 10 nœuds. Rappelez au point d'attente.

Gaston accuse réception de l'autorisation de roulage puis il glisse la main sous son volant et déverrouille la poignée du frein de parking. Un « poil » de puissance sur les deux manettes de gaz et l'avion s'ébranle. La mission commence…

Éric suit à quelques mètres derrière. Les deux appareils passent devant la rangée des Canadair en attente de la première alerte. Au passage, Gaston adresse un petit signe de la main à deux pilotes en combinaison orange. Olivier Lechevalier et André Billot sont en train d'emporter leurs sacoches de vol dans leur avion. Dans le meilleur des cas, ils ne décolleront pas avant une heure.

Gaston roule lentement. Son avion est à sa masse maximale de 13 tonnes. Il est lourd. Les six réservoirs de carburant sont remplis à ras bord de deux tonnes et demie de kérosène. Cela représente une autonomie de près de trois heures. Il emporte également le liquide qu'il va larguer sur les feux… Contrairement aux Canadair qui écopent juste après leur décollage, les Tracker décollent avec les soutes pleines. Ce n'est pas de l'eau mais du retardant… 3 300 litres de Biogema Fire-Trol 931[11], un produit particulièrement bien adapté à la forêt méditerranéenne[12]. Le retardant est environ dix fois plus efficace que l'eau. Il laisse une pellicule qui sèche sur la végétation et empêche le feu de progresser. En outre, le Fire-Trol est rouge vif, ce qui permet de voir immédiatement à quel endroit le largage a été effectué. C'est lui qui donne cette couleur éclatante à la charge au moment du largage.

Les deux avions décollent à 12 h 25… Le vent est toujours calme. Sitôt en l'air, Gaston rentre son train d'atterrissage et il met immédiatement le cap vers le nord. Fidèle au poste, Éric

11. Le Tracker peut également emporter du Biogema 934 et 936.
12. C'est un agent biodégradable qui agit sur la réaction de la pyrolyse en la contrariant pour protéger la cellulose des végétaux…

suit à 400 mètres derrière. Dans l'aérogare, personne n'a remarqué le départ de ces deux bimoteurs rouge et blanc d'aspect presque banal. Difficile d'imaginer qu'ils vont se battre contre les feux.

Avant même d'atteindre son niveau d'attente, Gaston contacte le COZ[13] de Valabre situé à côté d'Aix. C'est de là que seront gérés tous les feux qui vont survenir dans le quart sud-est de la France[14].

– Bengale, ici Tracker 01. Bonjour.

– On vous reçoit fort et clair Tracker 01. Allez-y.

– On vient de décoller de Marignane. Nous sommes en montée vers le niveau 65 pour rejoindre notre attente à l'ouest de Carpentras.

– Bien reçu, Tracker 01, pour le moment tout est calme. On attend le vent d'ici environ une heure. Rappelez en arrivant dans l'attente.

– Bien reçu Tracker 01.

Gaston poursuit donc sa montée. Si les Canadair se déplacent en général au ras du sol, ce n'est pas le cas des Tracker qui montent toujours entre 6 000 et 10 000 pieds[15]. Perchés en altitude, les pilotes peuvent ainsi voir le plus loin possible et apercevoir la moindre fumée dès qu'elle commencera à se dégager.

À 12 h 45, les deux Tracker sont stabilisés dans leur secteur d'attente. Le ciel est bleu et la visibilité excellente. Vu de là-haut, les pilotes peuvent apercevoir toute la région alentour. Ils peuvent suivre les méandres du Rhône qui scintille depuis la Camargue jusqu'au sud de Lyon.

Comme c'est la règle, le leader a affiché 7076 sur son transpondeur pour être repéré par tous les radars du coin.

Et les avions commencent à tourner... En fait, Gaston décrit

13. Centre d'opération de zone.
14. La zone sous la responsabilité de Valabre s'étend de la frontière italienne jusqu'à Toulouse et vers le nord jusqu'au sud de Lyon.
15. Entre 2 000 et 3 300 mètres.

un large circuit comme il le sent. Ce n'est pas un hippodrome comparable à ce que font les avions en attente lorsqu'ils volent aux instruments. Les pilotes se contentent de marauder un peu comme une patrouille de police qui sillonnerait un quartier chaud à la recherche de la moindre trace suspecte. Et pour l'instant, il n'y a rien à signaler.

– C'est calme, hein, annonce Éric à la radio !

– Ouais, c'est pas vraiment ce qu'ils avaient prévu, réplique Gaston sans cesser pourtant de surveiller les collines en direction de la Drôme…

– On dirait que les gars de Météo France se sont plantés.

Gaston examine le ciel. Il n'y a pas le moindre nuage à l'horizon. Le GPS indique que le vent souffle du nord à une quinzaine de nœuds. C'est peu… Les cartes de prévisions ce matin semblaient pourtant très claires : on était dans une situation de Mistral très fort.

– À mon avis, ça va pas tarder !

La zone que les pilotes doivent surveiller s'étend sur un rayon d'environ 110 kilomètres. La mission est claire : à partir de leur position, il faut qu'ils soient capables d'arriver sur n'importe quel feu en moins de 10 minutes. Si l'intervention se fait dans ce laps de temps, l'incendie sera maîtrisé de manière quasi certaine. Au-delà, il prendra de l'ampleur et le problème deviendra plus complexe.

Le facteur temps est donc primordial. Par là même, c'est l'endroit où les Tracker se placent dans leur zone de surveillance qui s'avère vital. Pour l'instant, le Mistral n'est pas encore levé, Gaston s'est donc installé à mi-chemin entre les limites nord et sud de sa zone. Cela ne va pas durer. Dès que le vent commencera à souffler, il va devoir en intégrer la composante dans son temps d'intervention. Pour cela, il se déplacera progressivement vers le nord.

Les minutes passent… Les pilotes sont aux aguets. Ils scrutent le terrain sous leurs ailes tout en écoutant les messages qui transitent constamment sur les radios. Le Tracker est équipé de deux postes VHF. Chacun est branché sur un canal différent. L'un est sur la fréquence air/air pour que Gaston puisse discuter avec Éric. Le second est connecté avec le contrôle aérien. Il y a également une troisième radio FM sur le tableau de bord. Celle-ci est utilisée pour garder le contact avec Valabre et les pompiers sur le terrain...

13 heures

C'est la seconde radio VHF que Gaston utilise alors qu'il arrive dans les environs de la base militaire d'Orange. Des Mirages 2000 sont en train de décoller pour un entraînement dans le zone R 55 B. Il faut informer les contrôleurs que deux Tracker sont en train de transiter dans les environs.

– Orange, Tracker 01, bonjour messieurs...

– Bonjour 01. Nous avons un bon contact radar sur vous. Vous êtes actuellement à 10 nautiques dans le 150 de nos installations. Il n'y a pas de problème pour nous.

– Bien reçu... Pour le moment, c'est très calme. Nous allons rester en attente dans votre secteur.

– Aucun souci !

13 h 25

Les minutes passent lentement... Tout est tranquille. Pas la moindre trace de fumée... Les pilotes attendent en surveillant le sol sous leurs ailes. Ils ne peuvent jamais lâcher les commandes car le Tracker présente la même lacune que le Canadair : il n'est pas équipé de pilote automatique. Ce n'est pas vraiment grave lorsqu'il s'agit de lutter contre un feu mais cela devient fatiguant pendant les longs convoyages par mauvais temps. Impossible d'abandonner le manche pour souffler un instant ! C'est d'autant plus pénible que le pilote est seul à bord. Il n'a personne pour lui donner un coup de main pour changer de fréquence ou déplier une carte.

Pendant l'heure qui suit le décollage de Marignane, il ne se passe rien. Tout est calme au sol et le centre d'opération de zone ne reprend pas contact avec les Tracker.

Et puis, le vent se lève peu à peu…

Vers 13 h 45, les fumées de la zone industrielle d'Avignon s'inclinent sensiblement vers le sud. En outre, l'avion commence à dériver sensiblement. Cette fois, plus de doute, le Mistral est en train de se manifester.

– Ça va pas tarder à bouger, lance Éric à la radio.

Gaston ne peut s'empêcher de plaisanter.

– C'est bien la première fois que je vois le Mistral se lever si tard dans l'après-midi.

Aussitôt, il reprend contact avec Valabre.

– Bengale de Tracker 01…

– Oui Tracker 01.

– Rien à signaler ?

– Rien du tout !

La voix du contrôleur est toujours parfaitement paisible. On se croirait pendant une tempête de neige au mois de décembre.

– Bon… Eh bien alors, on continue à tourner, rétorque Gaston, un peu déçu par l'inaction.

– On vous tient au courant, Tracker 01.

Gaston continue donc à marauder… Sa vitesse est stabilisée à 170 nœuds[16] afin de limiter la consommation. Il ne se passe rien et pourtant l'attention ne se relâche pas pour autant. Le circuit visuel est précis. Le pilote commence par scruter attentivement la vallée du Rhône, puis il cherche dans les contreforts des Alpes avant de revenir en direction des Cévennes.

Vers 14 heures, la dérive augmente brutalement. Cette fois, le vent est en train d'augmenter. D'après le GPS, il monte à 30 nœuds orienté du nord vers le sud puis il finit par atteindre 45 nœuds dix minutes plus tard… Pour les pilotes, c'est le

16. 315 km/h.

moment de réagir. Maintenant qu'il y a du vent, il n'est plus possible de rester à mi-chemin entre les deux extrémités de la zone à surveiller. S'il faisait ça, les Tracker ne pourraient pas rejoindre n'importe quel point en moins de 10 minutes. Il faut se décaler du côté d'où vient le vent.

– Ça commence à souffler très fort, annonce Éric sur la fréquence.

Gaston effectue un rapide calcul mental. Avec un vent de 45 nœuds, il lui faut compenser en se décalant d'une vingtaine de kilomètres en direction de Lyon.

– On remonte vers le nord, annonce-t-il !

Et l'attente se poursuit.

Maintenant que le Mistral est bien établi, Gaston sait que les événements ne vont pas tarder à se précipiter. Reste à savoir qui va déclencher l'alerte en premier ? Il y a deux possibilités. Soit ce sont les Tracker qui apercevront une fumée dans le lointain, et ils iront voir ce qui se passe. Soit ce sera le Centre de Valabre qui recevra une alerte par l'intermédiaire d'un appel au 18 et il ordonnera aux avions de se rendre sur les lieux[17].

C'est vers 14 h 35 qu'Éric Guérin aperçoit la première trace suspecte. Elle se trouve dans les collines vers l'ouest à une quinzaine de kilomètres de leur position. Il prévient aussitôt son leader :

– Tu l'as vue ?

– Où ça ?

– À 10 heures dans les reliefs.

– Visuel, réplique aussitôt Gaston.

– Qu'est-ce que t'en penses ?

– Je crois que c'est parti… Je contacte Valabre.

La fumée se trouve en bordure du département du Gard. Au nord d'Uzès. C'est une trace noire orientée plein sud. Plaquée au

17. *C'est ce dernier cas qui est le plus fréquent. La moyenne est de l'ordre de quatre alertes lancées par le COZ contre un feu découvert par les Tracker en vol.*

sol par le vent, elle est à peine visible du ciel. Seul le regard exercé des navigants a permis de la distinguer dans la masse confuse du relief. Difficile de savoir avec certitude s'il s'agit vraiment d'un feu naissant. Ce pourrait être un feu contrôlé par un paysan en train de brûler des ordures... Avec un tel vent, ce serait irresponsable mais on ne sait jamais. Quoi qu'il en soit, Gaston ne peut prendre aucun risque. Il met le cap vers l'ouest et appelle le COZ...

– Bengale de Tracker 01 ?

– Allez-y Tracker 01, on vous écoute...

– Nous avons une fumée suspecte à une quinzaine de kilomètres au nord d'Uzès.

– Bien reçu Tracker 01. On se renseigne. En attendant vous allez jeter un coup d'œil !

– On a déjà mis le cap au 290.

– À votre avis ?

– Vous voulez savoir ce qu'on en pense ?

– Affirmatif.

– Vu d'ici, c'est un feu naissant.

– Bien reçu, vous allez voir et vous nous tenez au courant.

Gaston a mis plein pot. Puis il a mis son Tracker en descente prononcée. La vitesse augmente jusqu'à 220 nœuds[18]. C'est pratiquement la vitesse maximum autorisée[19]. Éric suit toujours son leader comme son ombre. Les cœurs battent un peu plus vite... Il va enfin se passer quelque chose. Pendant ce temps-là, à Valabre, la machine de guerre se met en route. Tout commence par une série de coups de téléphones. Dans un premier temps, les responsables de service appellent le département du Gard.

– Nos Tracker viennent d'apercevoir une fumée à 15 bornes au nord d'Uzès. Est-ce que vous confirmez que vous avez un problème là-bas ?

18. 426 km/h.
19. La VNE ou « vitesse à ne jamais dépasser » est de 237 noeuds soit 430 km/h.

– Stand bye, je me renseigne...

Très rapidement, les pompiers du Codis prennent contactent avec leurs collègues d'Uzès. On leur répond d'abord qu'il n'y a aucune information. Puis très vite, les choses changent. Il y a un premier appel sur le 18. C'était il y a une minute. Un automobiliste a signalé un départ de feu en lisière d'une forêt dans les environs de Comillon, un petit village au nord-est de Goudargues. Il arrive parfois qu'il n'y ait aucune confirmation du feu aperçu par les Tracker. Soit parce que c'est un feu volontaire parfaitement contrôlé, soit parce que l'incendie a pris dans un endroit très isolé où il n'y a personne pour prévenir les pompiers[20]. Aujourd'hui, la fumée repérée par les Tracker n'est pas une fausse alerte. D'ailleurs, un second appel arrive très rapidement aux pompiers d'Uzès... Un agriculteur sur son tracteur appelle avec son téléphone portable : il confirme que ça brûle du côté de Comillon. En moins de deux minutes, l'information remonte jusqu'au centre de Valabre qui rappelle alors les deux avions.

– Tracker 01 de Bengale... Nous avons une confirmation d'un feu naissant sur la position que vous nous avez donnée. Bien joué les gars.

Au même moment, les deux appareils déboulent à pleine vitesse sur le site concerné. Ils sont maintenant à quelques dizaines de mètres de hauteur au-dessus des collines. Avec le vent, une méchante turbulence secoue les Tracker mais les pilotes ne la remarquent même pas. Ils se concentrent sur la fumée qui s'étire au pied d'un versant.

– On y arrive en ce moment même, explique Gaston à l'intention de son interlocuteur à Valabre.

– Vous nous faites un compte-rendu ?

– D'accord, on fait le tour de l'endroit et on vous explique comment ça se passe au sol.

20. C'est ce dernier cas qui est le plus fréquent.

Instinctivement, Gaston jette un coup d'œil à son chrono. Ils ont mis exactement cinq minutes pour être sur place. C'est parfaitement dans les temps. En comptant encore deux minutes pour faire une reconnaissance, ils devraient pouvoir passer très vite à l'attaque.

C'est Éric qui donne ses impressions le premier.

– Le feu est parti du fossé au bord du chemin, lance-t-il. Maintenant, il remonte vers le sud.

– On n'a pas intérêt à traîner, renchérit Gaston. Pour le moment, les broussailles ne sont pas encore touchées mais le feu avance vite.

Comme prévu, ce n'est encore qu'un petit feu. Il s'étend sur une centaine de mètres au bord d'un chemin de campagne. Rien de bien méchant. Mais ça ne va pas durer. Attisé par le vent violent, il remonte à toute vitesse le long de la pente. Comme Gaston vient de le faire remarquer, dans peu de temps, il atteindra les taillis qui bordent la forêt. Et à partir de là, tout sera différent. Il sera incontrôlable. Il est temps de passer avec le Codis du Gard qui a déjà été prévenu par Valabre.

– Codis 30[21] de Tracker 01. Nous sommes à la verticale du feu de Coudargues.

– Alors ? Qu'est-ce que ça donne ?

– C'est un feu qui va prendre rapidement de l'extension, explique Gaston.

Le leader décrit avec précision ce qui se passe sous ses ailes. Bien évidemment, avant de donner des ordres, les chefs veulent avoir des détails. Les questions qu'ils se posent sont toujours les mêmes : y a-t-il des biens ou des personnes au sol qui pourraient être menacées ? Comment va évoluer le feu si on ne fait rien ? Combien d'hectares pourraient brûler ? Il leur faut tout savoir avant d'ordonner aux avions d'intervenir.

– Il y a une ferme sur le sommet de la colline, précise Gaston.

21. Le Codis porte le numéro du département du Gard (30).

Elle est à peu près à un kilomètre, ça nous laisse un peu de temps. Sauf que si les flammes atteignent les broussailles, ça va remontrer très vite.

– Est-ce qu'il y a du monde dans les environs du feu ? Des agriculteurs ? Des curieux ?

– Non absolument personne ! C'est désert…

– Qu'est-ce que vous en pensez ?

– Je pense que ça craint. Il faut qu'on fasse quelque chose. Je vous confirme que dès que les flammes seront dans les bois, ça sera dur. Il nous faut une « opportunité tactique de largage ».

– D'accord, Tracker 01… Vous restez en orbite, on vous rappelle.

– Bien reçu… Mais ne traînez pas.

Cela fait maintenant un peu plus de deux minutes que les avions sont au-dessus du feu. D'après les descriptions que les pilotes en ont fait, il est évident qu'il faut intervenir rapidement. Mais d'un point de vue administratif, les choses ne sont pas aussi simples. Pour le moment, il n'y a personne au sol qui pourrait guider les Tracker pour le largage. Pas le moindre pompier dans les environs. Bien évidemment, on pourrait attendre l'arrivée des premiers véhicules pour établir un contact radio avec leur commandant. Le problème, c'est que cela peut prendre du temps. Un quart d'heure. Peut-être une demi-heure ! Pendant ce temps-là, le feu sera dans les broussailles…

La réponse du Codis arrive quelques secondes plus tard.

Il est 14 h 10.

– Tracker 01, c'est OK pour une « opportunité tactique de largage».

L'interlocuteur a prononcé les trois derniers mots en articulant distinctement chaque syllabe. Il est indispensable que tout soit parfaitement clair.

La réponse de Gaston est instantanée.

– Bien reçu Tracker 01. Nous avons une « opportunité tactique de largage » sur le feu de Coudargues.

Encore une fois, les mots ont été prononcés très clairement afin qu'il n'y ait pas de contestation ultérieure sur ce qui a été autorisé ou pas… En outre, toutes les conversations radio sont enregistrées. Lorsqu'une telle demande est formulée, elle est évidemment toujours accordée. Il semblerait absurde qu'on interdise à des Tracker de s'attaquer à un petit feu qui risquerait par la suite de détruire 3 000 hectares de forêts. Pourtant, il ne faut pas s'y tromper, cette autorisation engage directement la responsabilité des pilotes. C'est à eux de vérifier qu'il n'y a personne au sol.

Les deux hommes ont donc le droit de s'attaquer au feu. Mais avant d'agir, il leur reste à effectuer un briefing rapide pour mettre au point un détail technique : où doivent-ils larguer leur retardant pour être efficaces ? Doivent-ils taper sur la tête du feu ou sur les flancs ? D'habitude, cette décision revient au responsable du feu au sol. Aujourd'hui, ils sont seuls pour décider !

D'une manière générale, les pilotes appliquent une méthode éprouvée : ils vont tracer un « V » ouvert à 90 degrés juste devant la tête du feu. C'est le meilleur moyen de bloquer la progression des flammes. Chaque avion va effectuer une branche de la lettre. Lorsque les flammes vont arriver dans le retardant, elles vont s'étouffer et mourir.

Coup d'œil au chrono… Cela fait maintenant quatre minutes que les avions sont sur place. Un dernier contact radio entre les deux hommes pour définir le rôle de chacun :

– Je le prends par la droite et tu y vas par la gauche, annonce Gaston. Je serai sur le 340.

– Bien reçu, ça me fera un 070.

– Je commence le premier.

– Vas-y.

C'est donc Gaston qui va tirer la première branche du V… Pour cela, il va commencer par s'éloigner au sud-est avant de revenir sur un cap face au nord-ouest. Sensiblement au 340. Éric se présentera quelques secondes plus tard sur un cap au 070.

Avec précision, Gaston vient placer son Tracker sur son axe de présentation. Il réduit sa vitesse. Comme d'habitude, au moment du largage, elle sera de 120 nœuds. Puis, il effectue une check-list « avant largage » et il arme les portes. Il ne reste plus qu'à appuyer sur le bouton rouge sur le volant. La stratégie d'attaque est assez différente de celle du Canadair. Contrairement à ce dernier qui déverse son eau directement sur les flammes, le Tracker se contente de faire un barrage de retardant devant le feu. Il ne servirait à rien de mettre du retardant dans le brûlé car le Fire-Trol n'a pas les mêmes propriétés que l'eau. Le Tracker largue toujours sa charge dans le « vert », à l'extrême limite des flammes, c'est à dire dans la végétation encore intacte.

Gaston vient maintenant de terminer son virage de mise en place... D'un mouvement précis aux ailerons, il bloque l'avion sur sa trajectoire. Malgré ses 13 tonnes, le Tracker réagit instantanément. C'est un « bon camion », très fin à piloter. Même si sa vitesse maximum ne dépasse pas 430 kilomètres à l'heure, il est puissant et ses 3 000 chevaux sont toujours disponibles quand on en a besoin. Pour la première fois, Éric n'est plus derrière Gaston. Il est allé se placer sur l'axe 070. Dès que son leader aura largué son retardant, il se présentera à son tour pour tirer.

Malgré la turbulence très forte qui le secoue, Gaston parvient à stabiliser son appareil. Le chantier approche. Nul besoin d'être un grand spécialiste pour voir que la végétation est terriblement sèche et que les flammes progressent très vite. Cela ne fait que quatre minutes que les Tracker sont sur place et le feu a déjà pris de l'extension sur le flanc gauche... À présent, la lisière doit mesurer plus de 150 mètres. Dans cinq minutes sa superficie aura doublé.

La tête du feu arrive.

Gaston avance doucement le pouce gauche vers le bouton de largage... La respiration se bloque... Bien viser... Appuyer exactement au bon moment...

C'est parti !

Sous le ventre du Tracker, les quatre portes de largage s'ouvrent brusquement libérant d'un coup les 3 300 litres de retardant. C'est une énorme vague rouge qui va s'écraser sur le sol avec un bruit impressionnant.

Au même moment, le Tracker se cabre comme un cheval fou. Il vient de s'alléger de plus de 3 tonnes. Gaston doit pousser vigoureusement sur le manche. En même temps, il actionne le compensateur pour annuler son effort. S'il ne le faisait pas, l'avion partirait dans une montée si forte qu'il se retrouverait à la verticale.

Un contact rapide avec Éric :

– C'est terminé... Tu peux y aller, annonce-t-il.

– J'arrive !

Vingt secondes plus tard, le second Tracker vient compléter la barrière de Fire-Trol en traçant la seconde branche du V. Les deux hommes ont tiré exactement au bon endroit. Le chemin vers les broussailles est maintenant définitivement bloqué. On aperçoit nettement la trace rouge au sol juste devant la tête du feu. Elle mesure une vingtaine de mètres de largeur.

Gaston entame un virage vers le sud pour faire le tour du chantier. Son travail est loin d'être terminé. Avant de quitter les lieux, il doit faire un compte-rendu à Valabre. Car là-bas, tout le monde veut savoir...

– Qu'est-ce que ça donne, demande immédiatement le responsable du COZ ?

– On vient de larguer.

– Vos impressions ?

– On fait un 360 et on regarde si les « barrières » sont bien posées.

– D'accord, dites-nous ce que vous en pensez !

Cette dernière question est capitale... Car c'est aux pilotes des Tracker d'évaluer le résultat de leur tir. À cet instant, Gaston doit décider s'il faut demander des renforts aériens ou si les moyens terrestres suffiront pour finir le travail. Dans la plupart des cas, si le feu a été attaqué dans les 10 minutes, le largage des Tracker permettra de stopper sa progression. Il suffira alors d'un groupe d'attaque au sol[22] pour en venir définitivement à bout.

Mais il arrive aussi que ça se passe mal ! Si le vent est trop fort, les flammes franchissent le barrage du retardant et reprennent leur avancée. Il faut alors demander l'aide des Canadair. C'est à Gaston de prendre cette décision le plus rapidement possible... Et c'est très difficile !

Il faut une grande expérience du terrain et un jugement très sûr pour deviner comment le feu va évoluer. Une erreur sera toujours lourde de conséquences. Soit les Tracker demandent qu'on envoie des Canadair pour rien et cela représente, une perte d'argent et de temps. Soit, et c'est encore pire, ils estiment que tout va bien et le feu repart pour brûler 3 000 hectares sans que personne ne puisse plus rien faire pour arrêter la catastrophe.

On peut aisément comprendre à quel point la décision est difficile à prendre. D'autant que Valabre veut une réponse immédiate... Isolés dans leur PC à côté d'Aix, les pompiers sont totalement aveugles. Les pilotes des Tracker sont leurs yeux et leurs oreilles. Ils sont les seuls à pouvoir répondre aux deux questions qui obsèdent tout le monde : quelle menace ce feu représente-t-il pour les personnes et les biens ? Et quelle surface potentielle de terrain va partir en fumée si on ne fait rien ?

Gaston doit leur fournir sur le champ un maximum d'explications... Il doit comprendre comment le feu va progresser, par où il va passer et quels sont les risques réels d'extension. Il ne suffit pas d'être un excellent pilote de Tracker pour être un vrai professionnel. Il faut avoir l'expérience de plusieurs centaines de chantiers. L'homme est seul dans son avion. Il ne peut échanger ses impressions avec un copilote. Bien sûr, il peut en parler avec son équipier dans l'autre avion mais ce n'est jamais

22. Un groupe d'attaque au sol comprend trois camions de pompiers et un 4x4 léger.

facile de discuter sur une fréquence « air-air ». Que faire ? Alors que le virage se termine, Gaston scrute la trace rouge laissée par le retardant dans la végétation.

– J'ai l'impression qu'il est fixé, annonce-t-il à l'intention de Éric.

– Tu crois ?

– Oui, je pense que c'est bon. Les flammes faiblissent dans le rouge.

– T'as raison, ça ralentit.

Aussitôt, Gaston reprend contact avec le centre opérationnel de Valabre. Il a pris sa décision.

– Bengale de Tracker 01 ?

– Oui Tracker 01, on vous reçoit 5 sur 5.

– À mon avis, le largage va être efficace. On n'aura certainement pas besoin d'appeler des renforts. Le feu est en train de se fixer.

– Vous êtes sûr ?

– Affirmatif... En plus, j'aperçois le groupe d'attaque qui est en train d'arriver. Ils viennent de passer le village... Dans cinq minutes, ils seront sur place. Ils vont vous confirmer qu'ils pourront finir le boulot.

– Bien reçu... Quelles sont vos intentions ?

– On va faire un ravitaillement à Nîmes et on reviendra jeter un coup d'œil ici par sécurité. S'il le faut, on effectuera un autre largage mais, à mon avis, ça ne devrait pas être nécessaire.

Après avoir fait son rapport à Valabre, Gaston transmet les mêmes informations au Codis puis il met le cap en direction de la base aéronavale de Nîmes-Garons. C'est le pélicandrome le plus proche de sa position[23]. D'après le GPS, il y sera dans 8 minutes. C'est là qu'il va ravitailler en retardant.

23. *Il existe 19 « pélicandromes » en France. Ils sont situés sur les terrains de Aix les Milles, Ajaccio, Alès, Aubenas, Bastia, Béziers, Bordeaux, Cahors, Calvi, Cannes, Carcassonne, Figari, Le Luc Hyères, Marignane, Nîmes, Perpignan, Limoges, Valence et Saint-Étienne.*

À 14 h 35, les deux Tracker déboulent plein pot sur l'aérodrome de Nîmes. C'est la piste 36 en service. La violente turbulence qui secoue les avions en approche atteste que le Mistral est cette fois bien établi et qu'il se déchaîne.

– Nîmes de Tracker 01 et 12 nous sommes en finale.

– Visuel Tracker 01, vous pouvez atterrir piste 36, le vent est du 010 pour 30 nœuds avec des rafales à 40[24].

Gaston sourit. Il avait tort de penser que les prévisions de Météo France étaient erronées. Aujourd'hui, ça souffle vraiment très fort.

Malgré la violence des rafales, les deux avions se posent sans difficultés.

Le vent est si fort qu'ils n'ont pratiquement pas besoin de freiner pour dégager la piste par la bretelle centrale face à l'aérogare.

– Je crois qu'on vous attend au parking de la Sécurité civile, annonce le contrôleur.

– Bien reçu... On y va direct, Tracker 01.

Un virage à gauche sur le taxiway puis un autre à gauche pour suivre le taxiway et un dernier virage à gauche et le pélicandrome se trouve pratiquement en face juste à coté de l'aire de rinçage des avions de l'Aéronavale.

Quelques secondes plus tard, les deux appareils viennent se placer sur l'emplacement qui leur est réservé pour un ravitaillement rapide. Gaston se met en place le premier à côté d'une grande cuve peinte en couleur brique sur laquelle on peut lire l'inscription « retardant » écrite à la peinture jaune.

Il ne coupe pas ses turbopropulseurs.

Un coup d'œil à son chronomètre. Cela fait exactement deux heures et cinq minutes qu'il a décollé de Marignane.

Tout va alors très vite. Deux mécaniciens s'approchent du Tracker. Ils raccordent un gros tuyau sur le flanc de l'avion et le

24. 63 km/h avec rafale à 70 km/h.

retardant sous pression gicle immédiatement dans les réservoirs. Le débit est de 30 litres à la seconde ce qui permet de remplir les 3 300 litres des réservoirs en moins de deux minutes.

En moins de deux minutes, les pleins son terminés. Éric prend sa place sur le pélicandrome. À 14 h 39, les deux avions s'alignent à partir de l'intersection face à la tour et redécollent en direction du nord pour retourner à Goudargues.

Ils ne sont restés que cinq minutes au sol.

Mais, dès que Gaston reprend contact avec Valabre, il comprend que quelque chose a changé depuis son ravitaillement à Nîmes. La voix de son interlocuteur semble tendue. Il parle beaucoup plus vite. L'agitation qui règne en fond sonore est révélatrice du stress qui commence à monter dans le centre opérationnel... Des téléphones sonnent en permanence. On entend des ordres qui claquent sèchement.

Le Mistral est en train de changer les choses.

– Valabre Tracker 01, re-bonjour.

– Re-bonjour 01... Vous en êtes où ?

– On vient de terminer les pleins à Nîmes et on est en train de mettre le cap en direction de Goudargues. Est-ce que vous savez s'il faudra faire un deuxième largage ?

La réponse n'est pas exactement celle que Gaston attendait.

– Négatif Tracker 01, vous laissez tomber Goudargues. Tout est sous contrôle là-bas. On a un autre feu à Bollène. Vous y allez directement.

– Bien reçu, on se dirige vers Bollène.

– Vous avez les coordonnées géographiques de l'endroit ?

– Affirmatif, monsieur, on connaît...[25]

Gaston sait parfaitement où se trouve Bollène. C'est une petite bourgade en bordure de l'autoroute A7. Située au nord-ouest de Pont Saint-Esprit, elle est particulièrement facile à trouver. Le seul problème, c'est qu'elle se trouve à 70 kilomètres

25. Les pilotes disposent d'un répertoire avec toutes les communes de France et les coordonnées géographiques qui peuvent être rentrées dans le GPS.

au nord de Nîmes. Cela signifie qu'il va falloir au minimum 11 minutes pour y aller. C'est long... Ce sera même certainement un peu plus car les Tracker ont le Mistral de face et il souffle de plus en plus fort.

En fait, les avions mettent 14 minutes pour arriver sur le chantier. Cette fois, la fumée est visible de très loin... Impossible de la rater. Le feu a pris en bordure de la départementale 94. Poussé par le vent, il progresse rapidement vers le sud en direction de Montdragon. Le facteur temps a joué contre les hommes. Il est évident que ça brûle depuis une vingtaine de minutes. Peut-être même davantage. D'ailleurs, Gaston apprend par la radio qu'un groupe d'attaque est arrivé sur place[26]. Les pompiers sont déjà en train de lutter sur le flanc gauche.

À 15 h 28, Gaston prend un premier contact avec le responsable du feu au sol.

– COS Bollène bonjour, ici Tracker 01 et 12, comment ça se présente chez vous ?

– Pour le moment, c'est encore contrôlable. Mais il y a beaucoup de vent et ça évolue très vite. Avant toute chose, je vous signale la présence d'un hélicoptère bombardier d'eau dans le secteur. Son indicatif est Alpha Fox.

– Il a déjà fait un largage ?

– Affirmatif. Il vient de faire une première rotation sur le flanc droit.

– Vous avez sa position actuelle ?

– Négatif, on l'a perdu de vue, il vient de quitter le chantier pour aller refaire le plein.

– Bien reçu, on surveille.

Gaston plisse les yeux à la recherche de l'appareil qu'on vient de lui signaler mais il ne le voit pas. Méfiant, il réduit légère-

26. *Les groupes d'attaque (trois camions de pompier et un 4x4 léger) sont généralement assez rapides pour arriver sur place. Pendant les périodes à risques de l'été, ils sont déployés systématiquement dans l'ensemble du département afin de réagir très rapidement.*

ment sa vitesse. Mieux vaut éviter de débouler plein pot dans un secteur encombré.

C'est Éric qui aperçoit l'hélico en premier.

– Il est à trois heures, lance-t-il soudain. Dans la piscine…

– Visuel…

Effectivement l'hélicoptère est en vol stationnaire à côté d'une luxueuse villa. C'est un Ecureuil. Il est en train de prendre de l'eau dans la piscine. À l'aide d'une bâche lestée, il récupère rapidement 800 litres sous les yeux du propriétaire des lieux. Vu les gestes furibonds que l'homme adresse au pilote, on devine qu'il n'est pas vraiment ravi de voir sa piscine se vider de la sorte. Le mot « solidarité » ne fait certainement pas partie du vocabulaire de tout le monde. Serait-il aussi mécontent si c'était sa maison qui brûlait ?

L'hélicoptère a été appelé en urgence par le département[27]. Comme c'est souvent le cas, il est arrivé légèrement avant les Tracker sur l'incendie car il est parti de moins loin. Pourtant, malgré sa rapidité, son potentiel du lutte contre le feu est faible. Il ne fait que préparer le travail des avions sans avoir la possibilité réelle d'éteindre l'incendie.

Gaston prend immédiatement contact avec l'Écureuil pour lui demander de s'écarter[28].

– Alpha Fox de Tracker 01 et 12, nous arrivons sur le chantier. On va faire un repérage.

– Bien reçu, on libère la place.

Le pilote de l'hélicoptère ne perd pas de temps. Pour être plus manœuvrant, il laisse retomber son eau dans la piscine, provoquant une énorme vague. Puis il dégage vers le nord en attendant que les nouveaux venus aient terminé.

Et le travail des deux Tracker commence. La procédure est

27. *Les hélicoptères dépendent du département alors que les Tracker sont des moyens nationaux.*

28. *Les moyens nationaux (Canadair, Tracker, Fokker) sont prioritaires sur les moyens départementaux (hélicoptères).*

toujours la même : reconnaissance de la zone... Définition de l'axe de tir avec le responsable du feu au sol. Briefing entre les pilotes... Vérification que la sécurité des pompiers au sol n'est pas engagée... Encore une fois, tout se passe très rapidement car le temps presse.

Enfin deux minutes plus tard, Gaston effectue un premier largage de retardant devant la tête du feu. Éric Guérin se présente quelques secondes plus tard pour tirer à son tour. Pendant ce temps-là, Gaston transmet un compte-rendu à Valabre sur l'évolution de la situation. Cette fois, les pilotes comprennent qu'il en faudra davantage pour arrêter définitivement le feu. Car ça se présente mal... En arrivant dans le retardant, les flammes ralentissent sensiblement mais elles ne se fixent pas, le vent est trop fort. Il y a des sautes de feu tout au long des lisières. Les flammes repartent derrière la ligne rouge.

Gaston ne met pas longtemps pour transmettre ces informations.

– Bengale de Tracker 01... Pour info, on n'y arrivera pas tout seuls, déclare-t-il. Il va falloir demander des renforts aériens.

– Bien reçu, Tracker 01.

De toute évidence, c'est une mauvaise nouvelle pour l'interlocuteur de Gaston car la situation s'est brutalement aggravée dans la vallée du Rhône. Le Mistral est maintenant très fort et Valabre a du mal à faire face :

– On a un problème avec la disponibilité des Canadair, réplique finalement le pompier. Pour le moment, on a un gros chantier dans le Var. On n'en a plus que quatre. On vous les envoie.

– Ça risque d'être juste, réplique Gaston.

– Malheureusement, c'est tout ce qu'on a sous la main, monsieur. La plus belle fille du monde...

En attendant l'arrivée des quatre Pélicans, les Tracker reprennent le chemin de Nîmes pour refaire le plein en retardant. Encore une fois, ce sera très rapide. Les Tracker ne resteront pas plus de cinq minutes au sol. C'est une véritable course contre la montre qui s'est engagée dans la vallée du Rhône.

Pendant que Gaston et Éric sont en ravitaillement à Nîmes, l'hélicoptère prend le relais pour déverser 800 litres d'eau à chaque rotation. L'efficacité du tir ne peut évidemment pas être comparée avec celle d'un Tracker et encore moins d'un Canadair, pourtant, ce n'est pas inutile car l'appareil n'a pas besoin d'aller très loin pour remplir sa bâche. Ses rotations sont très rapides... Seuls les propriétaires de piscines n'apprécient que très modérément sa présence.

À 15 h 35, Gaston et Éric effectuent un nouveau largage sur le feu de Bollène. Puis ils doivent arrêter. Cette fois, ils n'ont plus de carburant. Il leur faut redescendre jusqu'à leur base de Marignane pour refaire les pleins complets.

Les deux hommes sont remplacés sur le feu de Bollène par deux autres Tracker qui viennent tout juste de décoller pour prendre la relève.

À 16 h 01, les Canadair numéros 36, 41, 43 et 37 déboulent à leur tour sur le chantier. C'est la cavalerie... Ils effectuent chacun un largage de moussant. Et cette fois, les flammes semblent souffrir de cette succession de coups très durs. L'action conjuguée des tous les moyens aériens appuyés par deux groupes d'attaque au sol finit par fixer le feu. Un quart d'heure plus tard, le responsable au sol annonce que la situation est sous contrôle. Il peut se débrouiller sans les avions. Les Canadair repartent alors dans la foulée pour un autre feu sur la commune de Mazan au nord de Carpentras.

Pendant ce temps-là, Gaston et Éric sont posés à Marignane. Ils ont coupé leurs moteurs et rejoignent le secteur Tracker lorsque les opérations les appellent par téléphone.

– Tracker 01, on nous signale un petit départ de feu à Rognac. Vous pouvez aller voir ce que ça donne ?

– Rognac ? C'est pas possible, s'exclame Gaston surpris.

– C'est pas nous qui les allumons !

– Au moins, on sera pas trop loin !

Si Gaston est stupéfait de devoir intervenir sur ce nouveau feu, c'est que celui-ci se trouve à moins de cinq kilomètres de l'aéroport de Marignane. Rognac est à proximité de l'étang de Berre là où les Canadair écopent tous les jours avant de partir en mission. C'est chez eux...

Visiblement, la situation vire au rouge sur toute la région Paca. Le vent s'est stabilisé à plus de 40 nœuds. À mesure que l'après-midi avance, les pilotes ont la désagréable impression d'être des jouets dans les mains de criminels irresponsables. Ils passent leur temps à courir avec des seaux d'eau pour éteindre les dizaines d'incendies qui s'allument au hasard.

Le feu de Rognac a démarré sur les hauteurs à l'est de l'autoroute A 7, juste à côté de Vitrolles. Des témoins affirmeront plus tard avoir vu un homme à l'attitude suspecte près de l'endroit où le feu est parti. Pour l'instant, le chantier semble encore peu étendu. D'après le responsable des pompiers sur place, il suffirait d'un seul largage de Pélican pour l'éteindre. Malheureusement, il n'y a aucun Canadair dans le coin. Les Tracker qui attendaient au sol viennent de partir vers le nord. C'est donc Gaston et Éric qui doivent s'en occuper.

À 16 h 15, les deux Tracker remettent leurs moteurs en route.

Alors que l'hélice droite commence à tourner, Gaston tourne les yeux vers le nord-ouest et il aperçoit la fumée du feu de Rognac. C'est juste à côté de l'aéroport... Le nuage noir s'épaissit rapidement. Il commence à s'étendre sur deux kilomètres. Il faut faire vite où ce feu-là risque de se retrouver rapidement dans les faubourgs de Vitrolles.

– Ce sont vraiment des malades, murmure Gaston le regard triste.

À 16 h 25, les deux Tracker repartent. Il ne leur faut même pas trente secondes pour arriver à la verticale de Rognac. Comme bien souvent, le feu a pris au bord d'une route et il s'étend rapidement vers le sud. Les pompiers sont déjà sur place. Nouveau contact avec le responsable du feu, décision du secteur de tir et briefing…

Trois minutes plus tard, les deux Tracker larguent un barrage en V au ras des flammes.

Puis, Gaston fait son rapport à Valabre. C'est plutôt positif… Les flammes avancent vers un secteur où la végétation est rase. Il y a peu de risques que le feu parte en propagation libre[29]. Il se dirige vers une zone caillouteuse dans laquelle il va rapidement manquer de combustible.

– Bengale de Tracker 01. Je pense que ça suffira pour celui-là. Il va se bloquer devant le retardant… Les pompiers au sol peuvent le finir sans nous.

Le contrôleur de Bengale ne peut s'empêcher de manifester sa satisfaction.

– Au moins voilà une bonne nouvelle…

Gaston n'a pas le temps de répondre que le gars change de sujet.

– On a autre chose pour vous, Tracker 01.

– Allez-y Bengale, on vous écoute.

– C'est un chantier sur la commune du Perthuis, au nord de la Durance. Il y a double travail !

– Je comprends pas ?

– Il y a deux départs de feux à 500 mètres de distance… Le type s'y est repris à deux fois pour être certain que ça brûle bien…

Gaston soupire. Difficile de ne pas céder au découragement devant autant de volonté destructrice.

– Bien reçu, Bengale. On refait le plein à Marignane et on fonce là-bas.

Cinq minutes plus tard, les deux Tracker sont à nouveau

29. *Dans le jargon des pompiers, un feu peut présenter différentes formes :*
– en propagation libre : il est dangereux et s'étend rapidement,
– fixé : il y a des pompiers autour mais qu'il continue à se développer,
– maîtrisé : en voie d'extinction,
– éteint.

opérationnels et les pilotes arrivent en vue de deux fumées parallèles qui coupent la rivière le Lèze à angle droit. Il y a effectivement deux feux tout près l'un de l'autre. Etant donné la direction du Mistral, ce n'est pas une saute de vent mais l'œuvre d'un pyromane.

Gaston prend immédiatement contact avec le responsable du feu.

– Cos Perthuis, bonjour Tracker 01 et 12.

– Je vous reçois 5 sur 5 les Tracker.

– Nous arrivons chez vous. Comment ça se passe ?

– Comme vous voyez, ça brûle bien.

Au même moment, les deux avions arrivent au-dessus des flammes et Gaston se demande soudain pourquoi on l'a fait venir à cet endroit. Les feux ont pris en plein milieu d'un versant en pente douce. Avec le vent, ils redescendent vers le Lèze. Il y a des pompiers un peu partout en train de déployer leurs lances. Mais ils ne sont pas seuls. Au sol, c'est la cohue... Les automobilistes ralentissent en passant à proximité du sinistre. Il y a deux kilomètres d'embouteillage. Curiosité malsaine ! Certains conducteurs ont carrément garé leurs véhicules sur le bas-côté... C'est la distraction de la journée.

– Qu'est-ce que vous voulez qu'on fasse, interroge Gaston stupéfait ?

Le responsable du feu semble bien embarrassé.

– Je ne sais pas trop parce que la situation évolue vite.

– Vous avez certainement remarqué qu'il y a des gens dans tous les coins. Si on essaie de larguer, on va faire des morts !

– C'est un peu ce que je me disais, murmure le pompier d'un ton embarrassé.

Pendant quelques minutes, Gaston et Éric tournent autour du chantier en cherchant une solution. Etant donné le nombre de curieux dans les environs, il faudrait d'abord envoyer deux escadrons de gendarmes mobiles pour dégager le secteur. Finalement, Gaston prend une décision radicale.

– Vous savez ce que je vous propose ?

– Non, je vous écoute.

– On ne fait rien !

– Hein ? Je comprends pas.

– On ne fait rien... Vos feux sont en train de descendre vers la rivière. Vous n'avez aucune habitation sur leur route et il n'y a pas de surfaces importantes menacées. Vous êtes assez nombreux. Contentez-vous de contenir les lisières et ils s'éteindront tout seuls.

– Vous... vous êtes sûr de ce que vous dites !

– Absolument. De toute façon, moi je ne peux rien faire.

Le pompier reste un moment silencieux puis il finit par répliquer :

– D'accord, on va faire comme ça...

– Je crois qu'il n'y a pas d'autre solution.

Puis, sans attendre, Gaston repasse avec le centre de Valabre et met le contrôleur au courant de sa décision.

Pendant l'heure qui suit, Gaston et Éric poursuivent donc leur course folle à travers leur zone... Ils ne sont pas les seuls à courir. Tous les autres bombardiers d'eau sont sur le pied de guerre. Il n'y a plus un seul avion au sol. Les feux s'allument de partout.

C'est à n'y rien comprendre. Que se passe-t-il ? Les fumées visibles un peu partout attisent-elles une forme de folie collective ? Nul ne peut le dire, sauf que pendant plusieurs heures, tous les avions vont de feux en feux.

Vers 18 heures, les feux sont si nombreux qu'il devient difficile de savoir quelle est la priorité. Sur quel feu doit-on envoyer les avions ? Tout le monde voudrait des renforts aériens car le Mistral atteint 50 nœuds.

Pour faciliter les décisions, les opérations de Valabre utilisent alors un avion de coordination et d'investigation. Une sorte de PC volant.

C'est un Beechcraft 200 qui emmène à son bord un responsable de feu[30]. L'homme est un pompier expérimenté qui sait prendre les bonnes décisions. Avec cet avion, il va faire le tour des chantiers et ordonnera la mise en place des moyens aériens là où ils sont vraiment indispensables.

Le choix est souvent crucial car, malheureusement, certains feux importants devront être négligés. Au grand désespoir de chacun, il n'y a rien d'autre à faire que de les laisser brûler !

Gaston et Éric rentreront à Marignane un peu avant le coucher du soleil. Les yeux brûlant de fatigue, les deux pilotes atterriront sur la piste 32. Ils traverseront les parking sans un mot.

Une journée de folie ?

Pas vraiment... Pendant l'été, c'est très souvent comme ça chez les bombardiers d'eau.

30. Son indicatif radio est « Bengale Investigation ».

FEU SOUS LA LIGNE
Piège pour un Tracker

Le vol à basse hauteur est toujours extrêmement dangereux. Voler à 350 km/h au ras du sol exige une attention de tous les instants. Antennes, lignes haute tension, crêtes, les pièges sont innombrables pour les bombardiers d'eau. En général, lorsqu'un pilote percute ce genre d'obstacles, il a très peu de chances de s'en sortir. Pourtant, des miracles arrivent parfois.

Corse
24 janvier 1988

C'est l'hiver… Les deux Tracker sont en train de travailler sur plusieurs feux en Haute Corse.

Marc Foyer[1] est aux commandes du numéro 9…[2]

1. *Ancien pilote au COTAM de l'Armée de l'Air, Marc travaille comme bombardier d'eau à la Sécurité Civile depuis 1985.*
2. *Ces événements ont eu lieu en 1988 et le Tracker T9 n'avait pas encore été remotorisé avec des turbopropulseurs. C'est donc un avion équipé de moteur en étoile, à pistons, qui est l'objet de ce récit.*

À 800 mètres devant lui se trouve l'avion du leader, piloté par Denys Maillot, un navigant particulièrement expérimenté.

Les incendies se sont déclaré dans les collines entre Lucciana et Furiani juste à côté de l'aéroport de Bastia. On aurait tort de s'étonner que ce genre de sinistres surviennent au mois de janvier. L'île de Beauté fait partie des rares régions de France où les feux se déclarent « spontanément » en toutes saisons, même lorsqu'il fait froid ou qu'il n'y a pas un souffle de vent !

Contrairement à ce qui se passe pendant l'été, les deux Tracker ne sont pas en détachement permanent à Bastia. Ils ont quitté Marseille la veille pour effectuer cette mission ponctuelle sur les feux du nord de la Corse. Ceux-ci se sont déclaré en fin d'après-midi un peu avant le coucher du soleil et ils ont brûlé toute la nuit sans que personne ne puisse rien y faire.

Par un hasard étrange, les feux ont tous démarré sous des lignes haute tension. Bien évidemment, le lecteur pensera fort logiquement que ce sont des étincelles qui sont à l'origine de ces incendies. Ce n'est pas le cas... Aucun câble électrique n'est rentré en court-circuit sur les lignes qui courent le long des collines. Tout est normal et EDF n'a pas signalé de problème dans la région.

Alors pourquoi les feux sont-ils partis à ces endroits précis ?

La raison est simple : les pyromanes locaux savent que les bombardiers d'eau ont beaucoup de mal à intervenir lorsqu'un feu est entouré de poteaux et de câbles. Comment en effet larguer du retardant à très basse hauteur s'il faut se faufiler entre des lignes de plusieurs milliers de volts ? Les pilotes ne peuvent pas descendre en dessous de 300 pieds[3]. Ils doivent parfois rester encore plus haut. Dans ces conditions, le retardant se transforme en une pluie fine qui n'a pas une grande efficacité.

Une ligne électrique est donc l'endroit idéal pour allumer un incendie dont on souhaite qu'il fasse le plus de dégâts possibles.

3. Environ 100 m.

Difficile d'admettre cet état de fait ? Pourtant, en Corse, tout le monde sait et personne ne parle. Devant la recrudescence des incendies, même les médias locaux ne disent pas tout. Ils parlent pudiquement de « successions d'incendies nés de feux d'écobuage mal contrôlés »[4]. Le problème, c'est que les feux mal contrôlés se répètent régulièrement dans les mêmes endroits de l'île.

Et comme par hasard, ils démarrent très souvent sous des lignes électriques !

Marc Foyer et Denys Maillot ont décollé de Bastia aux environs de 8 h 30. Le jour venait tout juste de se lever. Et ils ont commencé à travailler sur les feux. Il y en avait cinq répartis çà et là à l'ouest de l'aéroport. Les flammes étaient bien visibles dans la lumière grise du petit matin. Elles faisaient des taches rougeoyantes qui défiguraient les collines.

Le premier feu n'a pas posé trop de problème. Au cours de la nuit, les flammes avaient avancé lentement vers l'ouest et elles n'étaient plus sous les lignes haute tension. Comme la végétation n'était pas très dense, il a suffi aux Tracker d'effectuer deux largages bien placés pour bloquer le feu définitivement.

Le travail a été d'autant plus facile qu'il n'y avait absolument personne au sol. Pas le moindre pompier. En ce mois de janvier, Marc et Denys travaillent sans contact avec le centre d'opération de zone. Il leur suffit de demander des opportunités tactiques de largage au Codis et ils se débrouillent.

Ce premier feu n'a été qu'un entraînement de routine…

Vers 9 h 15, les deux pilotes s'attaquent à un second feu situé à proximité du village de Biguglia. Celui-là est déjà plus difficile à maîtriser. La végétation est plus dense dans les alentours. Il y a des broussailles et des buissons d'épineux qui provoquent de brusques poussées de flammes. Bien qu'il n'y ait pratiquement pas de vent, les deux Tracker sont obligés de procéder à quatre

4. L'écobuage est une technique agricole utilisée pour fertiliser les terres. On détache la couche herbeuse, puis on la sèche et on la fait brûler avant de répandre les cendres sur les terres. L'écobuage se pratique généralement en automne.

largages avant d'en venir à bout. Par chance, tous les feux sont situés à proximité de l'aéroport de Bastia-Poretta. Le plus éloigné se trouve à 6 kilomètres de la piste. C'est un atout considérable pour les pilotes : il ne leur faut que 2 minutes pour rejoindre le pélicandrome. En comptant 5 minutes supplémentaires au sol pour le ravitaillement, ils parviennent à effectuer un tir toutes les 10 minutes. C'est un rythme excellent pour venir à bout d'un chantier.

D'habitude, les pilotes de Tracker sont seuls dans leur cockpit. Ce n'est pas le cas aujourd'hui pour Marc Foyer. Exceptionnellement, il a emmené un passager. L'homme s'appelle Christian Le Flanchec. Il est mécanicien navigant à la Sécurité civile et a demandé à venir avec lui. Passionné par le travail des bombardiers d'eau, il ne manque jamais de faire un vol lorsque l'occasion se présente.

Vers 10 heures, le feu de Biguglia est éteint et les deux Tracker s'attaquent à un troisième feu à l'ouest de Borgo.

Avant de procéder au premier largage, les pilotes font une reconnaissance. De toute évidence, ce feu va être encore plus difficile que les précédents car il est situé en plein milieu des lignes électriques. Pas question de se déconcentrer une seule seconde. Il y a une ligne au pied du versant et il y en a une seconde plus importante tout en haut. Cette dernière longe la crête avant de redescendre dans un vallon. Pendant les tirs, les câbles seront d'autant plus difficile à apercevoir qu'il n'y a pas de responsables au sol pour guider les pilotes.

– Je sens que celui-là va nous poser des problèmes, murmure Marc au moment où il termine le tour du chantier.

Assis en place droite, Christian Le Flanchec approuve d'un mouvement de tête. Le Breton ne dit rien mais il s'applique à scruter le sol à la recherche des pièges.

– Il faut se focaliser sur les pylônes, explique Marc. C'est grâce à eux que tu peux deviner où sont les câbles.

Christian grimace un sourire.

– C'est pas aussi facile qu'on pourrait le penser quand on est au sol…

Tout en orbitant derrière son leader, Marc poursuit l'étude des conditions sur le terrain : le vent souffle de l'est. Il n'est pas très fort… Tout juste une dizaine de nœuds[5]. Le feu remonte doucement la pente. Il faudrait taper sur la tête en arrivant de face. Ça ferait un cap 090 pour le largage. Le problème, c'est que la ligne sur la crête est très gênante. En fait, elle est composée de trois lignes parallèles dont les câbles s'incurvent doucement sur le versant. Ce sera extrêmement difficile d'arriver directement face au feu tout en visualisant les câbles pendant la descente.

C'est à cet instant que Denys Maillot appelle à la radio pour proposer une technique d'approche.

– On va se présenter en longeant les câbles, précise-t-il. Il va falloir raser la ligne de très près. Le mieux, c'est de se placer sur celle qui est la plus à l'ouest. Comme ça, on pourra voir les autres câbles à droite. Quand on passera par le travers du feu, on fera un virage à droite et on se laisse descendre dessus.

Marc hoche la tête. Son leader a raison. En partant au ras de la ligne, ils visualiseront parfaitement leur position sur l'obstacle et pourront plonger dans le talweg. La seule difficulté sera de frôler les câbles sans prendre de risques inutiles. Ne pas trop monter. Si les avions sont trop hauts, le retardant va se disperser en une pluie fine totalement inefficace.

– Je te suis, annonce alors Marc.

En bon professionnel, Denys prend alors la tête de la patrouille. Marc l'observe attentivement. L'avion fait un large virage de mise en place par le sud. Sa trajectoire est bonne. Lorsqu'il arrive au-dessus des trois lignes de la crête, il se laisse descendre au-dessus des câbles les plus à l'ouest. De plus en plus bas… Au bout de quelques secondes, le ventre de l'avion est au

5. *18 km/h.*

ras des câbles. Trois mètres, peut-être quatre. Juste ce qu'il faut pour assurer la sécurité…

– Il est bon, hein, murmure Christian Le Flanchec.

En connaisseur, Marc approuve aussitôt.

– Très bon !

Puis, lorsque l'aile passe par le travers du feu, Denys engage un virage à droite. Dans le même temps, il réduit les gaz pour se laisser descendre dans le talweg. Le feu est maintenant devant lui. Quelques secondes plus tard, il est parfaitement en place à 15 mètres au-dessus des flammes. Les quatre portes de largages s'ouvrent et une énorme vague rouge déferle.

Le tir est parfait !

– À toi, annonce Denys en mettant directement le cap vers l'aéroport de Bastia.

– Bien reçu, j'y vais.

À son tour, Marc se présente par le sud pour se placer au-dessus des câbles. Sa check-list « avant largage » est terminée… Il a réduit sa vitesse à 120 nœuds[6]. Les volets sont sortis en position 1/3. Les portes sont armées. Puis il se laisse descendre sur la ligne. Quelques secondes plus tard, les câbles sont sous le ventre du Tracker. En place droite, Christian Le Flanchec serre les dents. Comment pourrait-il se sentir à l'aise alors qu'il est pratiquement assis sur une ligne de plusieurs milliers de volts. Marc surveille l'aile droite. Les câbles montent et descendent comme s'il se trouvait dans un train à grande vitesse. Le plus impressionnant, c'est de savoir qu'il y a d'autres câbles qui évoluent au même rythme juste sous le fuselage.

Le feu est maintenant dans les deux heures de l'avion…[7] Lorsqu'il sera à trois heures[8], il faudra virer et plonger dans la pente sans se poser de questions.

6. 222 km/h.
7. Positionnement en fonction des aiguilles d'une horloge. Le feu est devant et à droite du pare-brise.
8. Complètement à droite.

À cet instant, le cœur de Marc bat un peu plus vite. Il n'a pas peur. Il est seulement un peu tendu. Pas question de relâcher son attention une seule seconde. Surveiller la vitesse... Garder la trajectoire... Surtout stabiliser l'avion pour rester au ras des câbles. Ne pas monter pour rien. Encore moins descendre.

Il faut qu'il soit aussi bon que Denys.

Les flammes arrivent sur la droite de l'appareil. Elles sont par le travers de l'aile. C'est le moment

Marc incline le Tracker. Pas trop ! Juste ce qu'il faut pour se retrouver dans l'axe de tir qu'il a choisi. Puis il le redresse. Les flammes sont maintenant à 400 mètres devant le pare-brise. Les gaz sont réduits. Se laisser descendre. Encore... Le sol s'approche. On peut voir distinctement le granit des rochers qui défilent à quelques mètres. Des lambeaux de fumée viennent se diluer sur le pare-brise.

Le pouce gauche glisse doucement vers le bouton rouge.

En place droite, Christian Le Flanchec est figé. Il observe sans un mot en se disant que son pilote a du talent.

À l'instant même où les flammes passent sous le ventre de l'avion, Marc appuie sur le déclencheur.

Les deux portes s'ouvrent et une énorme vague rouge jaillit. Trois tonnes de retardant se déversent devant la ligne de flammes. L'avion se cabre. Marc le stabilise fermement.

– Bien joué, claironne aussitôt Christian.

Marc retient un sourire de satisfaction. Ce tir-là était particulièrement difficile et il l'a placé au bon endroit. C'est un joli coup, malheureusement il est insuffisant pour éteindre le feu. Il va falloir taper dessus un certain nombre de fois avant d'en venir à bout.

– À mon avis, on va être obligé d'en faire une dizaine comme celui-là, annonce-t-il.

Dans la même seconde, Marc contacte la tour de Bastia pour demander l'atterrissage. La piste est si proche que l'avion est pratiquement en position d'étape de base.

– Bastia, de Tracker 9, on a terminé.

– Vous êtes en vue Tracker 9... Autorisé à l'atterrissage derrière votre leader. Le vent est du 070 pour 10 nœuds.

Marc collationne l'autorisation et trois minutes plus tard, les pneus prennent contact avec le ciment de la 16. Tout va très vite. À cet instant, Denys est déjà en train de quitter le pélicandrome. Ses réservoirs sont remplis et il laisse la place à son ailier.

Marc ne coupe pas ses moteurs. Tout comme son leader, il ne lui faut pas plus de deux minutes pour charger les 3 300 kilos de retardant.

Cinq minutes après l'atterrissage, il est de nouveau en vol.

Contrairement à ses prévisions, le feu ne résiste pas très longtemps aux coups de boutoirs des Tracker. Les pilotes s'habituent vite à la présence des lignes haute tension. Leurs tirs deviennent encore plus précis. Comme le vent n'est pas fort, au quatrième largage, l'incendie n'est plus qu'une étendue noircie qui s'étend sur un hectare. C'est à peine s'il reste quelques flammèches isolées qui s'étouffent dans le retardant.

– Vous l'avez éteint drôlement vite, plaisante Christian d'un ton ravi.

Pour toute réponse, Marc tourne la tête sur la gauche. Il montre une tache qui rougeoie dans le lointain. À quatre kilomètres sur la même ligne électrique, un autre feu est en train de prendre de l'ampleur.

– On va refaire le plein et on va aller s'occuper de celui-là.

Le Flanchec hausse les épaules.

– Dans ce boulot, quand c'est fini, ça recommence !

Il est 10 h 15 lorsque Marc et Denys arrivent sur leur quatrième feu de la matinée. Par un hasard étonnant – à moins que ce ne soit pas un hasard – l'endroit ressemble étonnamment à celui du chantier précédent.

Le feu est parti en bas d'un versant juste sous une ligne électrique. C'est d'ailleurs toujours la même qui longe le relief !

Poussé par un léger vent d'est, les flammes se déplacent naturellement vers l'ouest en remontant vers le sommet de la colline. En haut, se trouve la triple ligne sur laquelle les avions ont déjà travaillé un peu plus loin.

Au moment où les Tracker arrivent sur les lieux, les flammes sont sensiblement à mi-pente.

– C'est marrant, c'est le même genre de feu que celui qu'on vient de faire, remarque Christian.

– Eh bien, on va le traiter de la même manière, réplique Marc en se plaçant derrière Denys.

Visiblement, c'est également ce que pense Denys. Sans échanger le moindre message à la radio, il s'est mis en place au sud pour appliquer la même technique d'approche sur les flammes. Il va longer la ligne au ras des câbles, puis effectuer un virage de 90 degrés à droite avant de plonger dans le talweg. Ce qui a marché là-bas devrait être efficace ici.

Et les Tracker commencent à travailler sur ce nouveau chantier... La seule différence vient du fait que celui-là est beaucoup plus étendu que le précédent. La superficie touchée doit déjà approcher les trois hectares. Marc se dit qu'ils ont éteint le feu précédent au bout de quatre largages, il leur en faudra certainement le double pour celui-là.

La première rotation se déroule normalement... Comme pour les tirs précédents, il faut un peu moins de 10 minutes aux Tracker pour faire l'aller-retour entre le feu et Bastia.

C'est au cours du troisième largage que les choses se passent mal...

Tout commence par un phénomène météo d'apparence anodine. Il est 10 h 40... C'est l'heure où les vents changent de direction. Depuis le lever du jour, une petite brise soufflait de l'est... Elle passe à l'ouest en quelques minutes. Mais ce changement ne se produit pas en altitude. Il commence sournoisement au ras du sol. Ce n'est d'abord qu'un léger souffle qui descend du sommet et se dirige vers la plaine. C'est plutôt positif dans la lutte contre le feu, car cela repousse doucement les flammes dans la partie déjà brûlée. Par contre, c'est dangereux pour les Tracker. Ce changement de vent est connu des pilotes sous le nom de *windshear* : un « cisaillement de vent »[9]. C'est un phénomène météo qui se produit généralement dans les basses couches. Il peut avoir des conséquences catastrophiques pour un avion de ligne en approche. Si l'équipage se laisse surprendre, le cisaillement de vent peut amener l'appareil au décrochage[10]. Au ras du sol, ça ne pardonne pas !

Marc ne se rend pas compte immédiatement de l'apparition d'un *windshear*. Dix minutes plus tôt, lorsqu'il s'est présenté sur le feu, le vent soufflait de face. La situation était saine.

Comme à son habitude, Denys Maillot attaque le premier. Il effectue son troisième largage. Son tir est bien placé. Tout se passe bien pour lui.

C'est maintenant au tour de Marc de se présenter. Il procède comme les fois précédentes. Dans un premier temps, il prépare son avion... Les volets sont sortis, les portes sont armées et la vitesse est réduite à 120 nœuds. Puis il vient se placer au-dessus de la ligne électrique. Comme les autres fois, les câbles montent et descendent au rythme des pylônes qui défilent sous son aile droite.

Le feu est maintenant par le travers.

Marc part en virage à droite. Il réduit les gaz et se laisse descendre de quelques dizaines de mètres... C'est à cet instant qu'il rencontre le cisaillement de vent : à 400 pieds du sol, le vent n'a pas changé, il souffle de l'est à une dizaine de nœud.

9. *Certains avions très modernes sont équipés de détecteurs de windshear. Une alarme avertit le pilote de la présence cisaillement de vent au ras du sol. L'équipage peut alors réagir en augmentant sensiblement la vitesse d'approche. Le Tracker T9 est un appareil dont la conception et l'avionique sont très anciennes, il n'est évidemment pas équipé de ce système.*

10. *Lorsque le vent est de face et qu'il change brusquement de direction pour passer derrière l'avion, il provoque une diminution soudaine de la vitesse de l'avion par rapport à l'air. Ce phénomène est alors à l'origine d'une perte de portance soudaine qui peut aller jusqu'au décrochage. Plus un avion a de l'inertie (donc plus il est lourd) et plus il est vulnérable aux cisaillements de vent. De très nombreux crashes ont pour origine un « windshear ».*

Malheureusement à 300 pieds, il souffle à la même vitesse mais dans le sens contraire. Il est en secteur arrière, cela fait 20 nœuds de différence. C'est considérable. La conséquence est immédiate. Dès que l'avion est dans le cisaillement, l'aiguille de l'indicateur de vitesse se met à battre puis elle régresse brusquement. La portance s'écroule...

Le Tracker s'enfonce.

Pendant une fraction de seconde, Marc sent son siège se dérober sous ses fesses. Il comprend aussitôt ce qui se passe.

– Merde !

Instinctivement, il pousse les manettes des gaz à fond et tire sur le manche. Mais rien n'y fait. Le Tracker perd quelques précieux mètres de hauteur. C'est le drame. Deux traits noirs défilent rapidement devant le pare-brise. Puis il y a un premier claquement sec... L'avion vient d'accrocher les deux câbles parefoudre qui courent entre les sommet des pylônes. Ce sont des filins d'acier d'une grande résistance. L'un d'eux est accroché par l'hélice gauche. Il s'enroule immédiatement autour du moyeu puis il est sectionné. La partie restante tombe sur la ligne provoquant un énorme arc électrique. Des étincelles jaillissent. Mais le pire est à venir... La seconde partie du câble se comporte comme un gigantesque fouet qui claque au-dessus de l'avion et vient s'enrouler autour de l'autre hélice.

Dans le cockpit, un second claquement retentit, encore plus violent que le premier !

La situation est surréaliste : le même câble est emmêlé à droite et à gauche dans les deux moteurs qui l'entraînent chacun de leur côté. Le câble se tend par dessus le fuselage. Il se comporte alors comme un gigantesque fil à couper le beurre qui s'enfonce dans la tôle.

Tout va très vite !

– P... on a pris la ligne dans les moteurs, prévient aussitôt Marc.

Il n'a pas le temps d'en dire plus. Un énorme craquement

retentit derrière lui. Puis c'est une succession de crissements stridents qui résonnent à travers toute la cellule.

– Qu'est-ce qui se...

Sous la traction conjuguée des 3 000 chevaux, le câble découpe la tôle du fuselage. En quelques secondes, il s'enfonce jusqu'à la moitié de la section de l'avion. Lorsqu'il est complètement tendu, les moteurs peinent... Puis le câble se brise.

Cette rupture provoque un nouveau claquement de fouet qui résonne dans tout le fuselage.

Sur le moment, Marc n'imagine pas les dégâts terribles que son avion vient de subir. Il sait seulement qu'il a accroché la ligne haute tension et que ça va très mal ! La seule chose qu'il remarque, c'est l'indicateur de position des volets qui est revenu tout seul à zéro ! Avant l'impact, ils étaient sortis en position 1/3. Un coup d'œil rapide vers l'arrière... Ce n'est pas un défaut d'indication, les volets sont réellement revenus au neutre sans que Marc touche à la palette.

Malgré le stress, le pilote réagit à une vitesse stupéfiante. L'avion est trop lourd. Il lui faut larguer sa charge de retardant. Au moment où il appuie sur le poussoir, il ne peut s'empêcher d'avoir une légère appréhension. Pourvu que le système électrique n'ait pas été endommagé.

Mais les trappes de largage s'ouvrent normalement et les 3 tonnes de liquide se déversent sur le terrain. Par un hasard étonnant, elles tombent exactement sur le feu...

Tout en poussant sur le manche pour stabiliser l'avion, Marc tâte les commandes. Elles semblent un peu lourdes. Les ailerons fonctionnent normalement mais le manche vibre bizarrement. En fait, c'est le Tracker tout entier qui est secoué par de méchantes vibrations.

Il faut dire qu'à cet instant, il se passe des choses plutôt inhabituelles du côté des moteurs. Les deux Wright se comportent comme des ventilateurs dans lesquels on aurait emmêlé une énorme pelote de ficelle. Et quelle ficelle ! C'est du câble composé de 19 brins d'acier tressé. Le métal hurle... Les hélices tournent encore mais ça coince de toutes parts. Enroulé autour du moyeu, le câble commence à chauffer. Il entaille le métal et s'incruste profondément. Ce n'est pas vraiment un traitement recommandé pour entretenir la mécanique.

Marc jette un coup d'œil rapide au tableau de bord et il a un coup au cœur. Les pressions d'huile sont à zéro.

– Ça va pas tenir très longtemps, prédit Christian d'une voix inquiète.

Le mécanicien connaît parfaitement les moteurs du Tracker. C'est la première fois qu'il est confronté à un problème de ce type mais il a déjà compris qu'il ne restait que très peu de temps avant que tout se désintègre. Dans le cockpit, les bruits aérodynamiques se mêlent à des successions de crissements stridents. Le navire ne va pas tarder à sombrer.

– On réduit la puissance, demande Marc ? Ça diminuera peut-être les vibrations ?

Christian hoche la tête négativement.

– À mon avis, tu touches à rien. Pour le moment, ils tournent encore. Il vaut mieux les laisser comme ça.

Tout en parlant, le mécanicien se retourne vers l'arrière pour évaluer les dommages. Et ce qu'il aperçoit lui fait froid dans le dos. Le toit du Tracker est ouvert sur toute la demi circonférence. La tôle a été découpée par une tronçonneuse géante. L'avion ressemble à une décapotable. On n'est pas dans le cas du Boeing 737 d'Hawaï mais c'est tout de même terriblement impressionnant[11]. Par endroits, les déchirures mesurent plus de 20 centimètres de largeur. Quant au panneau de secours, il a littéralement explosé répandant des morceaux de métal un peu partout dans la cabine.

Pourtant Christian Le Flanchec ne dit rien. Il se dit qu'il est inutile de détourner l'attention de Marc. Mieux vaut le laisser se

11. Lire « Les miraculés du ciel » du même auteur aux Editions Altipresse.

concentrer sur sa trajectoire. Il y a maintenant une quarantaine de secondes que l'avion a percuté la ligne et ça vibre de plus en plus.

Marc a viré légèrement par la gauche et il a mis le cap sur la piste de Bastia. Elle se trouve à moins de quatre kilomètres. C'est tout près et pourtant ça semble terriblement loin.

Il est temps de prévenir la tour :

– Tracker 09, on a un problème, on voudrait un atterrissage d'urgence.

La réponse du contrôleur est immédiate.

– Bien reçu 09. Prenez la piste 16 ou la 34 à votre convenance. Le vent est du 280 pour 10 noeuds.

– On va prendre la 16, prévient Marc.

Il y a un moment de silence sur la fréquence, puis le gars de la tour demande :

– Quel genre de problème ?

– Je crois qu'on a touché un obstacle.

– C'est grave ?

– On ne sait pas vraiment.

– Est-ce que vous souhaitez qu'on mette la sécurité en place ?

Marc n'a toujours aucune idée des dégâts subis par son avion pourtant son instinct lui souffle que c'est sérieux. Il réplique alors simplement :

– Affirmatif.

Aussitôt, le contrôleur appuie sur le gros poussoir rouge qui déclenche l'alarme dans l'aéroport. Les pompiers se ruent vers leurs véhicules et tous les services de secours se mettent en branle.

La vitesse du Tracker est stabilisée à 130 nœuds. La piste approche. Marc est calme. Le plus pénible, c'est de garder les mains sur le manche. Car les vibrations sont si fortes qu'elles en deviennent douloureuses. Et puis soudain, alors que l'avion n'est plus qu'à 500 pieds, elles augmentent encore. Sur le tableau de bord, les instruments deviennent illisibles. Les aiguilles battent violemment. De toute évidence, il faut faire vite car il n'y en a plus pour longtemps.

Marc jette un rapide coup d'œil vers l'arrière et il aperçoit brièvement une tache brillante. Le soleil… à travers le toit ! Il réalise alors à quel point son avion est touché. Cette fois, le pouls bat plus vite. L'homme est un ancien de l'armée de l'Air. Il a volé sur toutes sortes de machines. Les conditions étaient souvent difficiles. C'est pourtant la première fois que son avion ressemble à une baguette de pain à moitié coupée en deux.

C'est d'autant plus inquiétant que le Tracker est construit suivant une technologie très particulière. Tous les faisceaux électriques passent à l'intérieur du plafond : les câblages, les systèmes d'ouverture des portes de largage, les commandes des volets et des moteurs. Toutes les liaisons nerveuses de l'avion sont encastrées au-dessus de sa tête ! Elles ont certainement été coupées.

Marc décide d'essayer de sortir les volets. Sa main se déplace sur la palette et il la place en position 2/3. À sa grande surprise, ça marche ! Après être rentrés en force sous l'action du câble, ils ressortent à nouveau normalement. Par un miracle inexplicable, les systèmes essentiels de l'avion fonctionnent encore. C'est à n'y rien comprendre.

Les secondes passent. Ce sont des siècles pour les deux hommes. À tout instant, ils s'attendent à ce que l'avion devienne incontrôlable. Des images terribles défilent dans la tête. L'appareil plonge vers le sol. Il se désintègre en plein vol… Qu'est-ce qui va lâcher en premier ? Les moteurs ? Les commandes ? La cellule ?

À présent, la piste de Bastia n'est plus qu'à deux kilomètres… On commence à deviner les chiffres du QFU inscrit sur le seuil à la peinture blanche. À cet instant, l'avion de Denys Maillot est en très courte finale pour la piste 16. Il ne semble pas avoir entendu que son équipier avait des problèmes.

Marc continue à se battre avec sa machine.

– On va l'avoir cette piste, murmure-t-il pour lui-même. On va l'avoir !

Sous les ailes, il y a maintenant une grande lagune qui défile. C'est une sorte de marécage dégagé de tout obstacle. Si les moteurs s'arrêtent d'un coup, Marc se dit qu'il pourra toujours aller se « viander » au milieu de l'eau. Ce sera toujours mieux que de se crasher dans les reliefs.

– Bastia de Tracker 09, j'arrive en base droite pour la 16. Je me pose dans la foulée.

Ce jour-là, le contrôleur de Bastia est particulièrement efficace. Comprenant que c'est très chaud, il ne demande aucune explication qui pourrait déstabiliser le pilote ou lui faire perdre du temps. Les instructions sont brèves et claires :

– Atterrissez Tracker 09. Vent du 030 pour 10 nœuds.

Marc lève la main vers la manette du train d'atterrissage. Comme la plupart des commandes, celle-ci est située au plafond. Encore une fois, il se dit que le circuit électrique a certainement été coupé. Ça ne va pas fonctionner. Il pose la main sur le switch et le bascule en position « Down ».

Et à sa grande surprise, les roues sortent normalement. Décidemment, cet avion a quelque chose de surnaturel. Il est pratiquement coupé en deux et pourtant il accepte sans protester les derniers efforts qu'on lui demande.

Un Tracker, c'est vieux mais c'est solide !

La piste est maintenant droit devant le pare-brise. En se fiant à ses sensations, Marc stabilise la vitesse à 100 nœuds. Dernière check-list… Laisser descendre… Arrondir en essayant d'ignorer les hurlements du vent dans la cabine.

L'atterrissage est presque normal.

Freinage… Dès que la vitesse est contrôlée, Marc ne peut s'empêcher de se retourner pour évaluer les dégâts. Et là, il a un véritable coup au cœur… Il n'imaginait pas que c'était à ce point.

Le Tracker dégage la piste par la première bretelle à droite et il s'arrête au milieu du taxiway. Sans attendre, Marc saisit les manettes de mélange pour couper les moteurs. De toutes les façons, ils sont en train de rendre l'âme. Ce serait trop stupide qu'ils prennent feu maintenant.

– Je crois qu'on a eu de la chance, souffle Christian.

Marc termine de couper les contacts magnétos. Puis il sourit.

– Je le crois aussi.

Les pompiers sont sur place en quelques secondes. Pour l'équipage, il n'est pas question d'évacuer l'avion par le toit car la trappe de sortie a été complètement déchiquetée. Les occupants du Tracker doivent utiliser l'Emergency exit au-dessus de leur tête.

Avec des gestes précis, ils font glisser le panneau de plexiglas et s'extraient du cockpit.

Quelques instants, plus tard les deux hommes sont dehors. L'air marin paraît soudain incroyablement doux. C'est bon d'être vivant. Claque sur l'épaule... On se serre la main... Les secouristes félicitent le pilote.

Et puis tout le monde examine l'avion. Et là, c'est la stupeur. Car la moitié supérieure du fuselage est littéralement coupée en deux. La déchirure descend jusqu'au niveau du siège du pilote. Les hélices sont tailladées et tordues... Les moyeux sont cisaillés à la limite de la rupture... Comment une machine aussi abîmée a-t-elle pu revenir au sol ?

En examinant son avion, Marc ne peut s'empêcher d'éprouver une vilaine peur rétrospective.

Le Tracker numéro 9 a été réparé dans les usines de l'Aérospatiale de Marignane...

Il a été remis en vol l'été suivant. Puis il a été envoyé au Canada pour le moderniser. Ses vieux moteurs à pistons ont été remplacés par des turbopropulseurs Pratt & Whitney aux performances supérieures. C'est à présent une nouvelle machine mieux équipée avec des instruments de bord plus récents. Il a également changé d'identité. Il porte le numéro 24. Pourtant l'appareil est facilement reconnaissable. Si vous allez un jour sur le parking de Marignane, vous ne pourrez pas le manquer car il garde toujours les cicatrices de son accident. Des plaques de tôles ont été rivetées tout autour du fuselage pour le renforcer. Elles sont parfaitement visibles et même un néophyte peut reconnaître au premier coup d'œil l'ancien Tracker numéro 9.

Marc Foyer vole toujours à la Sécurité civile. Il est aujourd'hui commandant de bord sur Canadair. Il fait partie des rares bombardiers d'eau auxquels on peut attribuer le titre de pilote « de ligne ».

CANADAIR EN PANNE SUR L'ÉTANG

En général, le travail des Canadair est difficile et dangereux. Il arrive pourtant parfois des aventures moins pénibles et plus inattendues. C'est le cas de celle-ci.

Aéroport de Marseille Marignane
16 mai 1995

Il est 11 heures du matin.

Olivier Lechevalier est aux commandes du Canadair 215 numéro 29, un ancien modèle équipé de moteurs à pistons. Il vient de décoller pour un vol d'entraînement au cours duquel, il va écoper sur l'étang de Vaine. C'est à moins de deux kilomètres de l'aéroport de Marignane.

Après chaque écopage, il larguera immédiatement son eau puis reviendra quelques instants plus tard au même endroit pour recommencer l'exercice. Cela ressemble à des « tours de pistes » sur l'eau[1]. Ces entraînements peuvent également se faire dans la baie de La Ciotat ou parfois même encore plus loin mais aujourd'hui, le programme prévoit que les Canadair restent sur l'étang de Vaine, tout près de leur base...

Au cours de ces exercices, Olivier Lechevalier doit commencer par simuler toutes sortes de pannes dans différentes conditions : avant V1, après V1, etc. Enfin, pour finir la mission, après son dernier écopage, il se rendra directement au « Pilon ». C'est un site réservé où il pourra larguer son eau sur un plateau circulaire servant de cible[2]. Un excellent exercice pour s'entraîner à mettre dans « le mille ». L'endroit se trouve dans le massif de l'Étoile au nord de Marseille, dans un secteur très isolé. Il est entouré de collines élevées et de lignes hautes tensions. Tout autour, ce ne sont que des rochers avec une garrigue très rase dans laquelle il n'y a jamais aucun promeneur[3].

Olivier Lechevalier est commandant de bord sur Canadair depuis quatre ans[4]. Pour cet entraînement, il est accompagné de son mécanicien navigant : André Martin.

L'avion vient tout juste de décoller de la piste 32 et il se prépare à effectuer son premier écopage. L'approche au-dessus de l'étang de Vaine est classique. Olivier a déjà pris de l'eau plusieurs centaines de fois à cet endroit. Quelques secondes après avoir quitté la piste de Marignane, il effectue un virage à droite. Puis un second à gauche et il se laisse descendre dans la zone de l'hydrobase tout près de l'aéroport[5].

La check-list est effectuée. Les écopes sont sorties. Tout se

1. *Ces exercices sont les mêmes que ceux effectués par Eric Renoult dans le quatrième récit de cet ouvrage : « Crash en mer ».*
2. *La cible s'appelle la « Table du Roi ». En cas de problème, l'endroit sert également de zone de délestage. Il arrive en en effet que les avions rentrent à Marseille avec les soutes pleines d'eau. L'atterrissage n'étant pas possible dans ces conditions, il leur faut impérativement larguer l'eau pour alléger l'appareil.*
3. *Tous les chemins d'accès au sol sont balisés par des écriteaux avertissant les promeneurs qu'ils approchent d'une zone d'exercice où viennent s'entraîner les avions de la Sécurité civile.*
4. *Olivier Lechevalier est commandant de bord sur Canadair depuis le 8 avril 1991. Il a été « lâché » sur un feu le 9 septembre 1992.*
5. *Voir le premier récit « Envoyez les Pélicans ».*

déroule normalement. L'hydravion glisse sur la surface et en quelques secondes, il récupère cinq tonnes et demie d'eau.

– Allez, on remet les boules en avant, annonce Olivier en repoussant à fond les manettes des gaz[6].

– OK, c'est reparti, réplique André en assistant son commandant de bord pendant la manœuvre.

Le Canadair redécolle et, dès qu'il arrive à 100 pieds[7], Olivier demande à son copilote d'armer les portes et il appuie sur le bouton de largage pour rejeter l'eau dans l'étang. C'est à ce moment-là qu'une sonnerie stridente retentit dans le cockpit.

– Qu'est-ce que c'est ce bordel, demande André ?

Dans le même temps, une lampe rouge se met clignoter sur le tableau de bord : il y a le feu sur un moteur.

– On a une alarme sur le moteur droit, c'est en zone 2, prévient Olivier...

André Martin ne peut retenir un ricanement.

– Ça commence bien !

Confronté à un problème de ce genre, l'équipage a trois possibilités. Il peut se contenter d'actionner l'interrupteur « coupe-feu »[8]. Dans ce cas, les arrivées d'essence, d'huile et d'hydraulique sont fermées et l'hélice passe en drapeau. C'est le moyen le plus simple d'éteindre un feu sans causer trop de dégâts. Dans le cas où cette procédure est utilisée, les extincteurs du moteur sont armés mais ils ne se déclenchent pas. Si le feu persiste, l'équipage peut alors percuter un premier extincteur qui envoie de la poudre sous les capots[9]. En général, cela suffit pour venir à bout de l'incendie mais il se peut que ce soit encore insuffisant. Il est alors possible d'utiliser un second extincteur[10].

6. *Sur Canadair 215, les manettes des moteurs étaient surmontées par des boules de couleurs différentes : grise pour les gaz, jaune pour les hélices et rouge pour le mélange.*
7. *Environ 30 mètres.*
8. *Sur Canadair 215, le terme exact est : « cut zone 2 ».*
9. *Référencé Bottle 1 dans le manuel de vol.*
10. *Référencé Bottle 2 dans le manuel de vol.*

Avant de faire quoi que ce soit, Olivier se tourne vers André.

– T'en penses quoi ?

Aussi étrange que cela puisse paraître, cette alarme ne semble pas provoquer une grosse frayeur chez le mécanicien. Celui-ci connaît parfaitement les moteurs du Canadair. Ils sont d'une grande fiabilité et les feux sont rarissimes… Il commence donc par examiner attentivement le tableau de bord. Certes, la pression d'huile est en butée dans la zone rouge mais la température d'huile reste dans le vert.

– C'est bizarre… Les indications ne sont pas cohérentes.

Loin de se précipiter, André décide de travailler « à l'ancienne ». Dans un premier temps, il se contente de tapoter du doigt sur la vitre des instruments pour voir s'ils fonctionnent correctement. Puis il regarde vers l'extérieur en direction du moteur incriminé.

Finalement, au bout de quelques secondes, le verdict tombe :

– C'est sûrement un mauvais contact. Il n'y a pas la moindre trace de fumée du côté du moteur.

– T'es sûr ?

André grimace.

– On ne peut pas être certain à 100% mais à première vue, on n'a pas le feu.

Olivier réfléchit. C'est vrai que le moteur tourne rond. Il ne vibre pas. La pression d'admission est normale. Le fuel flow également. Quant au régime, il reste parfaitement stable.

– Pourtant on a une lampe feu, murmure-t-il.

– Je crois que c'est une fausse alerte, réplique André.

À l'époque, Olivier est un jeune commandant de bord. Il n'a pas une grosse expérience de l'avion. Il lui est difficile de prendre une décision qui contredit l'avis d'un mécanicien expérimenté. Ce dernier a certainement raison. Il est probable que c'est une panne d'indication sans conséquence… Mais si c'était un feu réel ? Il y a tout de même une lampe feu qui clignote devant leurs yeux. Et puis, cette sonnerie d'alarme qu'il a fallu couper pour ne pas devenir sourd ! Difficile d'agir comme si rien ne s'était passé.

– Tu sais, on est en entraînement, décide-t-il soudain… Faisons comme si on avait vraiment un feu. Ça ne coûte rien.

En place droite, André hausse les épaules.

– Ça dépend de quel point de vue on se place. Si on applique la procédure, on va percuter les extincteurs.

– Évidemment.

– Ça va nous mettre de la merde partout dans le moteur.

Olivier sait que son mécanicien a raison, la procédure n'est pas anodine. Le moteur va être noyé dans de la poudre blanche. Les mécanos devront passer plusieurs heures cette nuit pour tout nettoyer. Cela fera beaucoup de travail pour une fausse alerte !

Du coup, il hésite de nouveau... Le moteur tourne toujours comme une horloge. Pas le moindre à-coups.

Finalement, il choisit une solution intermédiaire.

– On est en entraînement, répète-t-il.

André regarde son patron avec des yeux étonnés.

– Ben oui…

– Alors on s'entraîne ! On fait comme si… On se pose tout de suite et on passe le moteur en drapeau avec le coupe-feu… Après verra ce que ça donne et on décidera si on percute les extincteurs ou non. Comme ça on ne fera pas travailler les types pour rien.

Cette fois, André approuve.

– D'accord, lance-t-il visiblement satisfait.

Olivier réduit donc les gaz. Il effectue la check-list « avant amerrissage ». Puis il jette un coup d'œil rapide à l'extérieur pour vérifier qu'il n'y a personne sur l'eau. Et il amerrit.

Alors que l'avion est en train de glisser sur l'étang, le pilote lance la procédure d'arrêt d'urgence du moteur.

– On y va pour le coupe-feu sur le droit, ordonne-t-il.

– C'est parti !

André actionne alors l'interrupteur qui ferme l'arrivée d'essence, d'huile et d'hydraulique et il arme les extincteurs sur le moteur incriminé. En même temps, il ramène la manette du mélange à fond en arrière. L'hélice s'arrête en drapeau. Puis il coupe les magnétos.

Les conséquences sont immédiates : la lampe feu s'éteint sur le tableau de bord et les paramètres du moteur reviennent à la normale.

Très logiquement, Olivier pense alors que son mécanicien était dans le vrai.

– T'avais raison, murmure-t-il.

André sourit, magnanime.

– Tu sais, j'ai l'habitude de ce genre de pannes.

À cet instant, l'avion est en train de ralentir. Dans quelques secondes, il s'immobilisera. Et puis soudain, il y a un « plouf » sourd.

Le mécanicien tourne aussitôt la tête vers la droite et il ne peut retenir un juron.

– Merde !

Le feu vient de se déclarer sur le moteur… Tout va très vite. En quelques secondes, une fumée noire se dégage de tous les interstices et les flammes commencent à lécher les capots moteurs.

– Percute l'extincteur, ordonne aussitôt Olivier !

Sans perdre de temps, André presse sur « discharge bottle 1 » pour envoyer de la poudre sous pression dans la zone concernée. Il y a un claquement suivi d'un sifflement aigu. Aussitôt, un nuage blanc se dégage autour du capot moteur. Les flammes semblent hésiter quelques instants puis elles disparaissent.

– Qu'est-ce que ça donne ?

André se penche sur la droite.

– C'est bon.

– On percute le deuxième ?

Le mécanicien examine l'aile puis il secoue la tête.

– Non, c'est pas la peine. Je crois que c'est éteint.

Olivier ne cherche pas de confirmation au tableau de bord. De toute évidence, plus aucune alarme incendie fonctionne sur le moteur droit. Le plus important, c'est que le feu a été circonscrit immédiatement.

– Bon... eh bien, je crois que notre entraînement est terminé pour aujourd'hui, souffle Olivier. Il ne nous reste plus qu'à rentrer à la maison !

Tout ces événements se sont passés très vite. À cet instant, le Canadair est seulement en train de terminer sa course sur l'eau. La vague d'étrave diminue et il s'arrête. Le premier geste de l'équipage est alors de couper le second moteur. Manette de richesse sur étouffoir. Magnéto sur off...

Le mécanicien termine la check-list de coupure moteur puis c'est brutalement le silence dans le cockpit.

L'hydravion est maintenant immobile au milieu de l'étang de Vaine. Il oscille sous l'effet du clapot qui vient frapper doucement contre la coque. Le ciel est bleu. Un Airbus d'Air France décolle à destination de Paris. Il passe pratiquement à la verticale du Canadair.

– Pour un peu on se croirait en vacances, plaisante Olivier.

Juste devant le pare-brise, c'est la raffinerie de Berre-l'Etang. Derrière, à moins de deux kilomètres, il y a la zone de Rognac. Un peu à l'ouest, c'est l'aéroport de Marignane. Juste à côté, se trouve un plan incliné qui rejoint les pistes[11] et qui permet aux hydravions de sortir de l'eau. C'est par là qu'il va falloir remonter pour rentrer à la base.

Olivier va très vite comprendre qu'il n'est pas en vacances. C'est maintenant que l'aventure commence vraiment !

– On fait quoi maintenant, demande André ?

Le commandant de bord passe sur la fréquence de la tour de Marignane.

11. Le terme exact pour le plan incliné est « slip ».

– Eh bien on va demander de l'assistance par radio et ils vont venir nous chercher.

Car l'avion a beau être à proximité de sa base, il ne peut pas rentrer par ses propres moyens. Bien sûr, il lui reste le moteur gauche qui fonctionne normalement mais Olivier ne peut pas l'utiliser. Si on le remet en route, l'avion va tourner en rond puisque la traction sera dissymétrique. Il n'y a donc rien d'autre à faire qu'attendre les secours.

– Marignane de Pélican 29, re-bonjour monsieur.

– Re-bonjour 29, allez-y.

– Heu... Pélican 29... Je vous signale qu'on est posé sur l'étang de Vaine et qu'on ne peut pas repartir.

– Vous êtes en panne ?

– Affirmatif, monsieur. On a eu un problème moteur et nous avons été obligés de couper les deux moteurs.

La voix du contrôleur se fait compréhensive.

– Vous n'avez pas de chance, Pélican 29. Mais ne vous inquiétez pas, on fait ce qu'il faut pour vous envoyer de l'assistance.

Olivier contacte ensuite « Redan », les opérations de la Sécurité civile pour mettre ses chefs au courant du problème. La réponse est pratiquement la même... Le nécessaire va être fait immédiatement pour le dépanner.

– Eh bien voilà, plaisante Olivier. Ils sont au courant. Ça ne devrait pas prendre beaucoup de temps.

À cet instant, le pilote imagine qu'il sera de retour à sa base d'ici environ une demi-heure.

Le premier souci qui se présente à l'équipage, c'est le vent... Il est 11 h 30. Comme souvent en fin de matinée, le Mistral commence à se manifester. Il n'est pas encore très fort mais c'est tout de même suffisant pour déplacer un hydravion dont les surfaces de prise au vent sont importantes.

– On est en train de dériver, remarque Olivier. Il faut qu'on jette l'ancre tout de suite sinon on va se faire drosser sur les rochers de la piste principale[12]. En attendant, il faut sortir le train, on dérivera moins vite[13].

– OK, je m'occupe de l'ancre, réplique aussitôt André.

Le mécanicien descend donc dans la cavité situé sous la console centrale[14]. Il y trouve là une ancre, une gaffe et un bout qui doit être accroché à la pantoire[15] située sur le nez de l'appareil. Et il commence à préparer tout ce dispositif. Ce n'est pas une mince affaire. L'ancre est lourde et encombrante. Le réduit sous le cockpit est très étroit. Il y fait sombre… Et André n'a pas effectué ces gestes depuis une éternité. Car, chez les Canadair, si les entraînements en vol sont fréquents, les manœuvres « à l'eau » le sont beaucoup moins. Il est en effet rarissime qu'un avion soit mis au mouillage dans un port. Pour éviter la corrosion, les appareils sont laissés très peu de temps dans l'eau. Et du coup, rares sont les navigants qui sont aguerris au mouillage de l'ancre.

Dans le demi obscurité, André parvient pourtant à déverrouiller l'écoutille qui se trouve dans le nez de l'avion. Celle-ci s'ouvre vers l'intérieur à l'aide d'une large poignée. Elle est en métal avec un petit hublot en plexiglas juste au centre. Le problème est que les charnières sont situées en bas. Généralement, quand on tire sur le système, on prend l'écoutille sur la tête.

Et bien évidemment, c'est ce qui se produit.

– P… de système ! Si je tenais le gars qui a conçu ce truc, jure André !

– Tu y arrives, interroge Olivier depuis le cockpit ?

– Ouais, ça vient… Ça vient !

En fait, le mécanicien transpire pour arriver à ses fins. Il lui faut maintenant passer l'ancre par le trou. Le temps presse. Avec le vent, le Canadair dérive vers le sud.

12. *Environ un tiers de la piste de Marignane a été construite sur l'étang de Berre grâce à des enrochements artificiels.*
13. *Sur Canadair, le train d'atterrissage peut être sorti dans l'eau.*
14. *Voir récit « Le mécanicien tombe dans le trou ».*
15. *Filin qui porte un anneau se trouvant à l'extérieur de l'avion.*

Olivier s'inquiète, il n'a aucune envie de se retrouver en première page des journaux avec un titre stupide du genre : « Un Canadair en panne s'échoue sur une plage près de Marseille ».

– Qu'est-ce que ça donne, demande-t-il à nouveau depuis le cockpit ?

– C'est pas facile, ça fait longtemps que j'ai pas fait ça...

– Grouille-toi. On est en train de se rapprocher du bord... C'est des rochers là-bas !

– Je fais ce que je peux !

Stress, manque d'entraînement, nervosité, de longues minutes passent. Lorsque enfin, André s'apprête à jeter l'ancre, il réalise à la dernière seconde qu'il a oublié un léger détail. L'ancre n'est pas reliée à l'avion. Pour un peu, elle était perdue... Il lui faut d'abord attacher le bout à la pantoire. Encore du temps de gaspillé. Et le Canadair continue à dériver. Il n'est plus maintenant qu'à quelques centaines de mètres de la piste principale qui barre l'Etang.

Enfin, Olivier entend avec soulagement le plouf d'un objet lourd qui tombe dans l'eau.

– C'est fait ?

– Oui, c'est bon.

Quelques instants plus tard, l'ancre croche le fond de l'étang et l'hydravion se bloque sur place. Il se met dans le lit du vent, le nez face au nord. Et l'équipage reprend l'attente.

Le problème, c'est que personne ne vient...

À l'époque, la Sécurité civile a confié à la société Eurocopter le marché de maintenance et de dépannage de ses avions. Cette société est parfaitement équipée en outillage et en véhicules de tous types. Elle peut aller réparer un Canadair à l'autre bout de la France. Tout serait donc parfait sauf que d'habitude, les avions tombent en panne sur le parking des aéroports ! Personne n'a imaginé qu'il faudrait un jour sortir un avion au milieu d'un lac.

Il faut donc d'abord trouver un bateau. Par chance, il y a la vedette « Provence 3 » amarrée sur le quai de la SSIS[16]. Elle est en alerte lorsque les Canadair s'entraînent sur Vaine et elle est immédiatement disponible.

Mais il y a plus ennuyeux... Les techniciens réalisent qu'ils ne possèdent pas d'élingue[17] adaptée à l'avion. On examine les manuels techniques à la hâte. Le Canadair pèse pratiquement 20 tonnes à pleine charge. Impossible de bricoler des cordes qu'on accrocherait n'importe où... Pas question par exemple de le tracter par la roulette de nez. Le remorquage doit être fait dans les règles de l'art sous peine d'abîmer l'appareil. C'est assez compliqué. Il faut d'abord que le train d'atterrissage de l'avion soit sorti dans l'eau. Puis des plongeurs doivent dégager des bouchons sur les axes des roues pour pouvoir fixer l'élingue sur le train principal. La longueur et la forme des câbles doivent être bien précises.

Or, c'est justement cette élingue de remorquage qui n'est pas disponible.

Après avoir longuement réfléchi, les mécaniciens décident qu'ils n'ont pas d'autre solution que d'en fabriquer une à partir d'un modèle destiné à un autre type d'appareil. C'est la galère !

Tout le monde chez Eurocopter se sent concerné. C'est un travail complexe et long qui doit être effectué dans un atelier spécialisé.

Pendant ce temps-là, l'équipage patiente au milieu de l'étang.

Midi...

– Ils nous ont peut-être oubliés, plaisante Olivier.

André prend les choses en souriant.

– On peut rentrer à la nage ? Après tout, c'est pas très loin. Il ne doit pas y avoir plus d'un kilomètre.

16. *Service Sécurité Incendie et Sauvetage*
17. *Câble de remorquage d'une longueur déterminée et équipé de systèmes de fixation adaptés à l'avion. L'élingue utilisée pour le Canadair est en forme de « Y ». Sa longueur est étudiée de telle sorte qu'elle ne touche pas le nez de l'avion pendant le remorquage.*

Et puis soudain, on entend le ronflement d'un moteur. Une embarcation s'approche. Olivier reconnaît aussitôt la silhouette familière de la « Provence », la vedette utilisée par le BMPM[18] en cas de crash.

– À mon avis, tu n'auras pas besoin de rentrer à la nage, voila les secours qui arrivent. Je savais que ça irait vite !

– J'espère qu'ils nous apportent quelque chose à manger, plaisante André... Je commence à avoir faim.

Quelques instants plus tard, l'embarcation s'arrête à une dizaine de mètres du Canadair. Son capitaine préfère rester à bonne distance pour ne pas risquer d'abîmer la coque de l'hydravion. Les contacts se font par radio.

– Tout va bien, les gars ?

– Pas de problème. C'est vous qui allez nous remorquer ?

– En fait, il faut attendre un peu. On n'a pas encore l'élingue. Mais elle devrait pas tarder.

– Il y en a pour longtemps ?

– Non, ça va aller vite. Ils viennent justement de nous appeler pour qu'on retourne chercher des mécaniciens. Il veulent examiner votre train d'atterrissage. Si vous avez besoin de quelque chose, appelez-nous. On fera le maximum.

Après ces quelques mots d'encouragement, la vedette reprend le chemin du port. Et de nouveau l'équipage se retrouve seul à observer les eaux de l'étang. Le temps passe... À intervalles réguliers, Olivier appelle les opérations pour avoir des nouvelles mais l'agent de service ne sait rien sur l'avancement des travaux. La réponse est toujours la même.

– Pélican 29, on nous dit de ne pas vous inquiéter. Ils sont en train de s'occuper de vous.

– Bien reçu, alors on attend.

À 12 h 40, le « Provence » revient. Comme prévu, elle amène des techniciens à son bord. L'équipe d'Eurocopter qui confec-

18. Bataillon des Marins Pompiers de Marseille.

tionne l'élingue veut en savoir plus sur la manière dont celle-ci se fixe sur le train d'atterrissage du Canadair.

– Ça commence à bouger, se réjouit Olivier en voyant la vedette se rapprocher.

Malheureusement, sa joie est de courte durée. Au moment où le « Provence » est sur le point d'accoster du côté gauche du Canadair, il y a un drôle de bruit. Une sorte de claquement sonore. Puis le pont arrière du bateau est soudain entourée d'un gros nuage blanc.

– Qu'est-ce qui leur arrive, interroge Olivier ?

André pousse un soupir de découragement.

– À mon avis, ils viennent de péter une durite sur un moteur. C'est pas encore maintenant que les mécanos vont pouvoir commencer à travailler...

Le mécanicien a vu juste. Une durite de refroidissement vient d'exploser sur un échangeur thermique. Dans le compartiment moteur, la vapeur gicle sous pression. Par chance, il n'y a pas de blessés.

– On a un moteur en panne, explique le capitaine du bateau. Désolé mais on ne peut pas rester. On est obligé de rentrer au port à petite vitesse... heu... sur un seul moteur.

Sur le coup, Olivier ne peut retenir une remarque amère.

– C'est marrant, j'en connais certains à qui il est arrivé pratiquement la même chose. Et ils attendent toujours qu'on vienne les dépanner.

– Désolé monsieur, mais on n'y peut rien.

– Vous en avez pour longtemps ?

– On revient le plus vite possible... Dès que c'est réparé.

– Vous au moins, vous pouvez avancer sur un moteur, rétorque André qui commence à sentir la lassitude l'envahir !

Le « Provence » s'éloigne donc très lentement. En théorie, ce bateau de 8 mètres de long, peut filer à 25 nœuds[19]. Aujourd'hui,

19. La Provence est équipée de deux moteurs Perkins diesel de 150 cv chacun.

avec son moteur en panne, elle atteint tout juste 5 nœuds. Le soleil est bien haut dans le ciel maintenant.

Olivier regarde sa montre. Il est 13 heures. Cela fait maintenant près de deux heures qu'ils sont plantés au milieu de l'étang. Malgré son optimisme naturel, le pilote a un mauvais pressentiment. Et si c'était un de ces jours maudits où tout va mal ?

Le temps passe... Amarré à son ancre, le Canadair se balance toujours au gré du clapot. Les navigants ont ouvert les pare-brise latéraux et ils observent les flots en sifflotant. Peu à peu, des mouettes commencent à tourner autour de l'hydravion espérant glaner quelques nourritures. Il y en a même qui viennent se poser sur les hélices.

Ça ne fait pas vraiment plaisir à André qui est particulièrement pointilleux sur la propreté des avions.

– Elles vont chier sur les capots ronchonne-t-il.

– Ça nous fait de la compagnie, réplique Olivier. Parce que pour le moment, je vois personne venir à notre secours.

En réalité, les mouettes ne sont pas les seules à être interessées par les problèmes du Canadair. À mesure que le temps passe, quelques curieux se rassemblent sur le rivage entre les Cadestaux et les Salins. Des véhicules s'arrêtent sur le bas-côtés. D'où ils se trouvent, Olivier et André aperçoivent même des spectateurs s'installer sur des chaises pliantes. Certains disposent de jumelles. On se presse pour venir voir l'hydravion en panne sur l'étang. C'est le spectacle de l'après-midi.

– Si seulement, ils pouvaient nous amener quelque chose à bouffer, grimace Olivier... Je commence à avoir des crampes d'estomac.

Vers 13 h 15, les choses semblent enfin bouger. Un zodiac arrive. Il amène trois plongeurs avec du matériel. La bateau pneumatique vient se coller à la porte de l'hydravion et les discussions techniques s'engagent aussitôt :

– On va examiner comment ça se présente sous l'eau, explique le chef du groupe.

–Vous avez déjà fixé une élingue sur un train d'atterrissage ?

– Pas vraiment. C'est la première fois qu'on fait ce genre de boulot. C'est pour ça qu'on est venu voir.

– Allez-y, encourage Olivier. Mais l'élingue, vous l'avez ?

L'homme écarte les mains d'un air impuissant.

– Non, pas encore. Ils sont toujours en train de la fabriquer dans les ateliers. Mais on nous a dit qu'elle serait prête rapidement...

Et puis un autre bateau arrive sur les lieux. Il y en a bientôt un troisième... À mesure que le temps passe, il y en a de plus en plus. Ils amènent des mécaniciens mais également des pompiers de Rognac, des marins pompiers, des techniciens... On voit également arriver un bateau de plaisance qui s'introduit sans complexe dans la zone interdite. Les curieux s'approchent discrètement, histoire de savoir ce qui se passe. On essaie de les écarter mais ils restent à proximité. Il y a même un véliplanchiste qui vient proposer son aide. En fait, comme toujours, le Canadair attire la sympathie du public et chacun voudrait bien se rendre utile pour le dépanner. Peu à peu, il règne sur l'étang une agitation désordonnée typiquement méditerranéenne. Chacun propose une solution miracle.

– Il suffit de glisser la corde dans la jambe du train avant, propose quelqu'un ! Ensuite, on pourra le tirer avec notre bateau.

– Ça ne marchera jamais, objecte un mécanicien. Cet avion pèse au moins 20 tonnes. On peut pas remorquer ça n'importe comment !

– La rive n'est pas très loin, il faut seulement aller doucement.

– Il n'y a qu'à s'y mettre avec plusieurs bateaux avec chacun une corde.

Il suffit... Y'a qu'à... Les suggestions fusent de toutes parts. Le seul qui n'est pas d'accord pour tenter quelque chose, c'est Olivier ! Du haut de son cockpit, il surveille son avion pour empêcher qu'on fasse n'importe quoi. Pas question qu'on le tracte dans ces conditions... La jambe du train avant n'est pas conçue pour supporter un remorquage dans l'eau. Elle ne résistera pas.

– Vous êtes d'accord pour qu'on fasse un essai malgré tout, demande un mécanicien ?

– Sûrement pas, réplique Olivier fermement. On n'essaye rien du tout. On fait ce qui est prévu dans le manuel.

Malheureusement, du haut du poste de pilotage, le pilote ne peut pas voir tout ce qui se passe sur l'eau. Tout autour, certains n'en font qu'à leur tête. Un mécanicien réussit à attacher une corde sur la jambe avant. Sans même prévenir l'équipage, quelqu'un fait signe à un bateau de commencer le remorquage.

Lorsque Olivier se rend compte que son avion commence à bouger, il bondit à la fenêtre du cockpit.

– Hé, vous êtes fous.

– Vous inquiétez pas, ça va marcher.

– Mais c'est pas possible. Il y a l'ancre !

Il n'a pas le temps d'en dire davantage. Le nez de l'avion se bloque soudain sur place. En se tendant, le bout de l'ancre est passé sous l'avion.

Olivier a du mal à dissimuler sa colère.

– C'est n'importe quoi ! Personne ne doit toucher à cet appareil sans m'en parler. C'est quand même moi le commandant de ce bateau même s'il a des ailes !

Malheureusement, il est trop tard. L'ancre est maintenant coincée au fond de l'eau. Pire, le bout est passé dans le train d'atterrissage. Pendant de longues minutes, il faut le tirer à l'opposé pour tenter de libérer l'appareil.

Pendant ce temps, la foule se fait plus dense sur le rivage. La rumeur s'est propagée qu'un Canadair avait des ennuis sur l'étang de Berre et ceux qui viennent assister au spectacle sont de plus en plus nombreux.

Finalement, après bien des efforts, l'hydravion parvient à être libéré. Il serait d'ailleurs plus exact de dire qu'il est libéré de l'ancre. Car, à force de pousser et de tirer dans tous les sens, le bout finit par lâcher et l'ancre est restée définitivement au fond de l'eau.

Du coup, l'hydravion recommence à dériver rapidement vers le rivage. Nouvelle panique. À la hâte, on récupère une ancre de fortune sur un bateau. Cette fois, on l'attache à l'anneau arrière de l'avion.

14 heures

Les plongeurs commencent leur travail sous l'eau. Ils voudraient que tout soit prêt lorsque l'élingue arrivera. Mais c'est un véritable casse-tête pour eux car ils ne parviennent pas à dévisser les bouchons des axes. Ceux-ci ont été montés très serrés. Il faudrait des outils mieux adaptées. Ils sont dans la situation d'un automobiliste qui ne parvient pas à dévisser les écrous de sa roue crevée. Sauf que, dans le cas présent, la roue se trouve sous l'eau.

Les minutes passent. Le clapot se fait plus fort... Les hommes se fatiguent. Ils n'avancent pas.

D'autres bateaux arrivent sur les lieux. Ils transportent à leur bord différents responsables de Marignane. Parmi ceux-ci se trouve Marcel Moalic, le chef de secteur Canadair qui commence à s'inquiéter pour l'hydravion. Il n'est pas le seul à se faire du souci. Le commandant de la base, le capitaine de vaisseau Pidello suit l'affaire de près. Il veut qu'on le tienne au courant de ce qui se passe. Pour le moment, malheureusement, il n'y a rien à lui dire...

– Vous allez réussir à le sortir de là, demande Moalic visiblement soucieux de la tournure que prennent les événements ?

– Les gars font le maximum, explique Olivier mais c'est la première fois qu'ils sont confrontés à un problème de ce genre.

– Soyez prudents, exige le chef. Ce serait trop bête d'esquinter un avion en faisant n'importe quoi.

Vers 14 heures 20 le « Provence » revient à faible vitesse sur les lieux. Les techniciens de la SSIS n'ont pas réussi à réparer leur système de refroidissement. La vedette ne navigue plus que sur un seul moteur. Il faudra s'en contenter pour effectuer la navette avec le rivage pour ramener le matériel et le personnel.

Et justement, Olivier et André aimeraient bien qu'on ramène quelque chose pour eux ! Cela fait plus de trois heures que le Canadair est planté sur l'étang. Pour l'équipage, le temps commence à être long. Il y a la fatigue, le stress et puis surtout la faim. Aucun des deux hommes n'a mangé quoi que ce soit depuis ce matin. On a beau être un navigant passionné par son métier, on a quand même besoin régulièrement de calories.

– Vous pourriez pas nous trouver un sandwich et une bouteille d'eau, demande Olivier à l'un des responsables de la société.

L'homme regarde sa montre et fait la grimace.

– Vous savez à cette heure-là, je crois pas que ça va être possible. Vous pouvez pas attendre qu'on ramène l'avion à terre ?

Olivier sent soudain l'énervement le gagner. Au rythme où les choses évoluent, ils ne sont pas certains de manger aujourd'hui.

– Ecoutez, ça fait des heures qu'on poireaute ici, réplique-t-il agacé. Alors débrouillez-vous. Ça ne doit pas être très compliqué de trouver quelque chose à manger au bar de l'aéroport !

L'homme n'insiste pas. Il a compris que ce n'était pas le bon moment pour rentrer en conflit avec le pilote. Sans un mot, il embarque sur le « Provence » et demande qu'on le ramène à terre.

En voyant la vedette s'éloigner une nouvelle fois, André secoue la tête d'un air blasé.

– Je te parie qu'il va nous ramener deux sandwiches rassis et qu'il oubliera les boissons.

– Il va même peut-être tout simplement oublier de revenir lui-même, ricane Olivier d'un air sceptique.

Sur ce point, les deux hommes se trompent. Une demi-heure plus tard, le « Provence » revient et l'homme est à bord. Il n'a pas trouvé de sandwiches mais il apporte une demi-douzaine de plateaux repas récupérés au service catering de l'aéroport.

– Je crois que vous allez aimer, sourit-il en interpellant les navigants depuis le bastingage.

Lorsqu'ils découvrent les plateaux, les deux navigants croient rêver…

– C'est Noël aujourd'hui ?

On est très loin d'un menu de classe économique. Les plateaux sont garnis avec des queues de langouste mayonnaise, du foie gras et des œufs d'esturgeons. Le tout est accompagné des amuse-gueules indispensables à ce genre de nourriture : toasts, citrons et pains de seigle. Il y a même les rince-doigts.

– Mais où vous avez trouvé ça ?

L'homme éclate de rire.

– Cette bouffe étaient destinée à une « liaison » transportant un ministre vers Paris. Le vol a été annulé au dernier moment… Les plateaux sont restés. On s'est dit que ça pourrait vous convenir.

Puis il rajoute avec un clin d'œil :

– Pour des pilotes de Canadair, on peut bien faire un effort !

En découvrant le festin, André se tourne vers Olivier.

– Toi, tu devrais gueuler plus souvent !

Les deux navigants commencent à attaquer leur festin lorsqu'ils réalisent tout à coup que les plongeurs n'ont rien avalé non plus. Les pauvres sont dans l'eau depuis très longtemps. Avec le travail qu'ils accomplissent, ces gars-là ont besoin de beaucoup de calories.

– On va leur dire de venir casser la croûte avec nous, propose Olivier.

Malheureusement, les trois hommes n'ont pas le temps de sortir de l'eau. Ils sont toujours accaparés par leurs problèmes sur les bouchons d'axes.

– On peut pas laisser ces types-là bosser le ventre vide, explique Olivier. On va se débrouiller.

Rapidement, les navigants apportent les plateaux repas à la porte arrière du Canadair. Celle-ci se trouve au ras de la surface de l'étang. Puis ils font signe aux plongeurs de s'approcher.

– Venez casser la croûte les gars, ordonne Olivier.

Les plongeurs se présentent alors un à un. Sans sortir de l'eau, ils soulèvent leur masque et ingurgitent rapidement les queues de langoustes qu'on leur glisse dans la bouche.

– T'as pas l'impression de nourrir des otaries, plaisante André en empilant les plateaux qui se vident rapidement.

– Ils ont besoin d'être en forme, explique Olivier. Le principal, c'est qu'on réussisse à sortir l'avion de cet endroit avant la nuit. À la vitesse où on avance, j'ai l'impression que c'est pas gagné.

À 15 h 35, le « Provence » revient sur les lieux pour la énième fois. À son bord se trouve un mécanicien d'Eurocopter qui amène des outils mieux adaptés à la tâche des plongeurs. Malgré leurs efforts et les queues de langoustes, ceux-ci n'ont pas encore réussi à enlever les bouchons des moyeux de roues. Avec ces nouveaux outils, le travail devrait être plus facile.

Malheureusement la série noire continue… Alors que le mécanicien apporte les outils au bastingage, toutes les clefs tombent à l'eau. Il y a un plouf sinistre et tout disparaît.

– C'est pas vrai, proteste Olivier. On va jamais y arriver !

– Vous pouvez allez les chercher, interroge André ?

Le plongeur secoue son masque.

– Impossible. Il y a plus d'un mètre de vase dans le fond… Ça nous prendrait des heures pour les retrouver. Ce sera beaucoup plus rapide d'aller en chercher d'autres.

Quelques instants plus tard, le « Provence » retourne vers le rivage. Toujours à très faible vitesse !

– Je me demande ce qui va encore nous arriver, se plaint André, en observant le sillage de la vedette qui s'éloigne vers la côte.

Olivier se prend la tête dans les mains. Il n'est pas prêt d'oublier cette journée.

– Ce genre de poisse, on sait quand ça commence, mais on ne sait jamais quand ça finit, murmure-t-il.

Vers 15 h 50, le « Provence » revient. Elle rapporte une nouvelle caisse pleine d'outils. Cette fois, on réussit à les donner aux plongeurs sans rien faire tomber à l'eau. Et là, miracle, ceux-ci parviennent à dévisser les bouchons des roues en quelques instants.

Leur succès est aussitôt saluée par un cri de victoire général. On applaudit.

–Vous êtes des chefs, s'exclame Olivier.

Tout le monde est admiratif devant le travail réalisé par ces hommes. Ils sont restés plusieurs heures à moitié en immersion. Le vent et le clapot les ont malmenés toute l'après-midi et ils ont réussi. Même si chacun sait que l'opération n'est pas terminée, le moral remonte. Il ne reste plus qu'à fixer l'élingue... enfin, dès qu'elle arrivera. Et apparemment, cela ne devrait plus tarder. On entend un message à la radio. L'équipe à terre est en train de terminer le travail.

16 heures 15

La vedette effectue un nouvel aller-retour et cette fois, elle rapporte l'objet tant convoité. Les participants exultent. Cris de joie et nouveaux applaudissements...

– On n'y croyait plus, soupire André lorsqu'il aperçoit l'élingue enroulée sur le pont arrière du « Provence ».

C'est un câble d'acier de 15 mètres de longueur qui doit peser une soixantaine de kilos. Il est monté en forme de « Y ». Sur deux extrémités on a adapté un système qui viendra se fixer sur chaque jambe du train d'atterrissage principal. L'ensemble est d'aspect plutôt banal. Difficile d'imaginer qu'il a fallu autant de temps pour confectionner cette chose. Accroché à l'élingue se trouve une bouée destinée à la maintenir à flot.

– Dis-moi, elle est pas un peu trop petite cette bouée, remarque Olivier d'un air soupçonneux.

André hausse les épaules. Il affiche un sourire radieux.

– On s'en fout. L'élingue est attachée sur les trois côtés ! Pourquoi veux-tu qu'elle coule ?

Olivier se dit que son mécanicien a raison. Deux extrémités de l'élingue seront reliées à l'avion et la troisième sera attachée au bateau qui va remorquer. Il n'y a aucune raison de s'en faire. Tout le monde respire. Cette fois, la série noire semble terminée. Maintenant que les bouchons d'axes sont enlevés, la fixation du câble n'est qu'une formalité. Dans quelques minutes, tout sera prêt. Il suffira de remorquer.

– Grouillez-vous ordonne le responsable du dispositif. On a perdu suffisamment de temps comme ça !

Olivier regarde sa montre. Il est 16 h 30... Dans le pire des cas, ils seront sur le plan incliné dans une demi-heure.

Les plongeurs sont dans l'eau... Ils attendent qu'on leur passe la première branche du « Y » qui sera fixée sur le train gauche. À faible vitesse, la vedette vient alors se mettre en place en marche arrière à côté de la coque du Canadair. Elle recule lentement en se glissant entre le moteur et le ballonnet gauche. Alors qu'elle est encore en mouvement, un mécanicien laisse descendre l'élingue dans l'eau. Pas vraiment habile de laisser filer en câble pendant que le bateau est en marche arrière mais personne ne semble y prendre garde.

Une voix guide l'homme à la barre.

– On y est presque. Recule encore un peu... Doucement...

– Encore un peu !

– Encore !

Le bateau recule toujours. Le mécanicien laisse filer l'élingue.

Et bien évidemment, à force de chercher les problèmes, ils arrivent... On entend soudain un raclement strident juste sous la poupe. Quelqu'un crie :

– Mais qu'est-ce qui se...

– Attention !

Le câble vient de se prendre dans l'hélice.

Immédiatement, c'est l'affolement sur le pont. Tout le monde se met à crier et à donner des conseils à l'intention de celui qui tient l'élingue.

– Ça va tout arracher !

– Putain mais lâche tout… Lâche tout !

Complètement paniqué, le préposé à l'élingue obéit et sans réfléchir, il laisse partir le câble d'acier. Bien évidemment, celui-ci étant relié à une bouée de taille ridicule, l'ensemble coule aussitôt.

Silence consterné !

Quelques bulles remontent doucement à la surface. C'est tout ce qui reste de l'élingue tant attendue !

Cette fois, Olivier explose.

– Bon sang mais, c'est pas vrai. On s'en sortira jamais.

Que faire ? Cette élingue est unique. Chacun a compris qu'elle était absolument indispensable pour ramener l'avion à terre. Retourner dans les ateliers pour en confectionner une autre ? Ça va prendre plusieurs heures ! On ne sait même pas si il y a assez de câble pour en faire une autre.

– Qu'est-ce qu'on va faire, soupire André, au bord du découragement ?

Le responsable des plongeurs s'avance d'un air fatigué.

– Je vais envoyer mes hommes la récupérer. Mais ça va être difficile !

Les trois plongeurs se concertent pour mettre au point une technique de recherche car ils ne sont pas certains de pouvoir la retrouver. Le fond de l'étang est recouvert de vase et on ne voit absolument rien. Finalement, les hommes se rendent compte qu'ils ne sont pas assez nombreux pour faire un ratissage systématique.

– Il faut appeler du renfort, demande le responsable.

On appelle donc d'autres plongeurs par radio. De toutes les façons, il aurait fallu le faire car ceux qui ont travaillé toute l'après-midi arrivent en limite réglementaire de temps de plongée.

– On peut plus plonger mais ne vous inquiétez pas, on va expliquer tous les problèmes à nos collègues, explique le responsable du groupe.

Perchées sur les hélices du Canadair, les mouettes continuent à rire comme si elles comprenaient ce qui se passe.

Le « Provence » retourne donc chercher la nouvelle équipe. Cela prend du temps. Cette fois, le moral est au plus bas. On croyait que c'était fini ! Ça continue.

16 h 50

Le « Provence » revient... Ils sont maintenant une demi-douzaine d'hommes grenouilles qui s'apprêtent à repartir sous l'eau. En utilisant une technique de recherche militaire à l'aide du zodiac, ils vont ratisser le fond du lac.

Il leur faut plus d'une heure pour retrouver l'élingue.

Il est 17 h 55 lorsque le câble est enfin sorti de l'eau. Personne ne pousse plus le moindre cri de joie en le voyant apparaître. On fait simplement très attention à ne pas le laisser échapper une nouvelle fois. Chacun a compris qu'il fallait compter avec la poisse du jour et on s'attend au pire.

– Qu'est-ce qui va encore se passer, se demande Olivier alors que les plongeurs commencent à fixer l'élingue sur les deux jambes du train d'atterrissage ?

Il ne se passe rien de particulier, sauf qu'on croyait que ce serait facile de mettre le câble en place. Et ça ne l'est pas... Avec la fin de l'après-midi, le clapot se fait plus fort. Quant au Mistral, il approche à présent les 30 nœuds. Des vagues viennent claquer durement sur la coque de l'hydravion gênant considérablement le travail des plongeurs. Les hommes n'en peuvent plus. Des gestes simples qui pourraient être effectués en deux minutes prennent plus d'un quart d'heure tant les conditions sont pénibles.

À 18 h 10, tout est en place. La vedette peut enfin commencer à remorquer le Canadair en direction du plan incliné. Le câble commence à se tendre. Tout le monde croise les doigts. Olivier suit les opérations depuis le cockpit.

– J'espère que cette fois, on va y arriver, murmure-t-il en priant.

– Vous êtes prêts, crie une voix ?

– Allez, vas-y.

L'unique moteur du « Provence » rugit...

Et ça ne marche pas ! Car le Mistral est trop fort. Dès que l'on tente de faire pivoter le nez de l'hydravion pour le mettre dans la direction du plan incliné, il se remet face au vent. Le problème est simple. On doit ramener l'appareil vers le sud mais « l'effet girouette » le ramène instantanément vers le nord. C'est-à-dire dans la direction opposée où il doit aller. Dans le meilleur des cas, on réussit tout juste à mettre le Canadair à 90 degrés de la direction qu'on veut lui faire prendre. Le véritable problème, ce n'est pas la puissance du bateau. C'est le vent qui vient frapper l'immense dérive. Impossible de faire tourner l'appareil sur place pour lui faire prendre la direction du plan incliné.

À cet instant, les hommes réalisent à quel point ils sont faibles devant les forces de la nature. Le moteur de la vedette hurle. L'élingue se tend par à-coups. Par instants, elle sonne comme une gigantesque corde de piano. On craint qu'elle ne se rompe. Les fixations semblent si fragiles que les plongeurs doivent rester dans l'eau pour vérifier qu'elles se maintiennent en place.

Le moral est au plus bas. Les hommes sont épuisés.

Pour finir, on décide d'amarrer un bateau pneumatique à l'arrière du Canadair. C'est un bon moyen de garder le Canadair dans l'axe du déplacement souhaité. L'hydravion commence à s'aligner mais c'est pas encore suffisant. À la moindre rafale, il revient dans le lit du vent.

Quelqu'un a alors l'idée de demander au zodiac de se placer perpendiculairement au fuselage et de pousser carrément sur l'arrière de l'hydravion. Et cette fois, ça fonctionne ! À très faible vitesse, le Canadair commence à avancer vers le rivage. C'est un étrange attelage mais les hommes voient le plan incliné se rapprocher avec soulagement.

Les derniers instants sont les plus durs. Il faut se battre mètre par mètre pour atteindre le but. Jusqu'à la dernière seconde, le Canadair veut passer en girouette. Par moments, le nez du canot pneumatique glisse sur la coque et la queue file aussitôt dans le lit du vent. Il faut alors tout arrêter pour prendre le temps de remettre le dispositif en place.

Et puis la vedette arrive à dix mètres du plan incliné. Chacun pense que les jeux sont faits.

Pas encore !

À la dernière seconde, l'avion se déporte complètement vers l'est et manque de percuter la jetée qui protège le lieu. Il faut déployer des efforts considérables pour réussir à maîtriser ce taureau de combat qui refuse de rentrer dans son box.

Finalement, le « Miura » est amené au bord du plan incliné aux environs de 19 heures. Il ne reste plus qu'à attacher l'élingue au Tracma[20] qui attend en haut du plan incliné. À 19 h 15, le Canadair sort enfin de l'eau et il est amené sur le parking.

Il aura fallu plus de huit heures pour parcourir un kilomètre. En général, on fait mieux comme moyenne avec un avion.

Les deux navigants rentrent de leur journée complètement fourbus. Ils ont battu un record étonnant. Ils sont restés tout ce temps dans leur machine pour effectuer tout juste un quart d'heure de vol !

Olivier Lechevalier est toujours commandant de bord à la Sécurité civile. Il vole aujourd'hui sur Canadair CL-415.

20. Tracteur spécial utilisé pour le remorquage des avions sur les aéroports.

André Martin n'est plus mécanicien navigant. Il est maintenant copilote sur Canadair et il lui arrive souvent de voler avec Olivier. Aucun des deux hommes n'a oublié cette journée de poisse inimaginable !

Depuis ce jour, plus aucun Canadair n'est tombé en panne sur l'étang de Vaine. De toutes les façons, il y a aujourd'hui tout un stock d'élingues de remorquage en magasin.

Juste au cas où !

L'EAU EST CHÈRE AUJOURD'HUI

Tension nerveuse, stress, fatigue, sont autant de facteurs qui ne facilitent pas le travail des bombardiers d'eau. Il faut souvent avoir des nerfs d'acier pour faire face à toutes les situations. Quand, de surcroît un des membres de l'équipage est un jeune navigant en cours de formation, il peut arriver que le moral du novice en prenne un coup !

Corse du nord
21 septembre 1990

François Lallement est aux commandes du Canadair CL 215 numéro 40. Il est en train de travailler sur des feux dans les environs de Speloncato à l'est de Calvi. Comme c'est souvent le cas sur l'île de Beauté, plusieurs incendies se sont allumés simultanément sans que l'on en comprenne bien l'origine. Personne ne s'en étonne, c'est la routine !

Ce jour-là, le mécanicien navigant à bord s'appelle James

Griset. C'est un jeune homme de 29 ans dont la carrière est particulièrement intéressante car il fait partie de ceux qui ont gravi un à un tous les échelons de la Sécurité civile. L'homme a commencé comme simple mécanicien au sol avec un bleu de travail et une caisse à outil. Puis, au fil des années, à force de ténacité et de volonté, il a progressé jusqu'à réussir les examens théoriques pour devenir navigant.

À l'époque de ce récit, James est en train de passer sa qualification d'Officier Mécanicien Navigant « bombardier d'eau » sur Canadair CL-215. Il veut être celui qui est assis à la droite du commandant de bord. Quelques temps plus tôt, il a passé avec succès les épreuves écrites et pratiques d'OMN dans le centre d'examen de Nîmes et il lui reste maintenant à réussir les épreuves en vol pour être bombardier d'eau.

La mission d'aujourd'hui est exceptionnelle pour lui. C'est son premier vol d'entraînement pour la qualification en mission feu... En fait, c'est même pratiquement la première fois que James est réellement aux commandes de l'hydravion. Jusqu'ici, lorsqu'il s'installait en place droite, c'était au sol pour étudier les différentes procédures. Même s'il lui était déjà arrivé de partir en vol, c'était en tant que simple observateur pour regarder les équipages travailler. Maintenant, c'est différent ! C'est lui qui est assis à la place droite.

Ils sont trois dans le cockpit :

- à gauche, il y a François, le commandant de bord.

- à droite, James Griset, le stagiaire.

- au milieu, assis pratiquement entre les deux hommes, se trouve un officier mécanicien instructeur chargé de la formation de James. L'homme s'appelle Robert Mercier. Particulièrement rigoureux et exigeant, c'est un navigant qui n'a pas la réputation d'être laxiste[1]. Il est là pour donner des conseils et ratrapper les erreurs. Aucune ne lui échappe... À tout instant, il griffonne sur

1. Robert Mercier est aujourd'hui pilote de Canadair CL-415.

une planchette de vol pour noter les points qu'il faudra reprendre plus tard au moment du débriefing.

James est donc dans la situation d'un étudiant qui subit un premier entraînement en vue d'un examen vital pour sa carrière. Ce n'est pas facile pour lui. La tension nerveuse rend chaque geste plus difficile. Les réflexes ne sont pas encore en place.

Il faut réfléchir avant d'agir. Ne pas faire n'importe quoi ! La présence de l'instructeur derrière est sécurisante mais elle est également stressante.

C'est d'autant plus difficile aujourd'hui que les conditions météo sont mauvaises.

Le vent est très fort et la mer est agitée.

Vers 15 h 30, l'équipage est en train de travailler sur un feu à l'est de Belgodère.

Les flammes sont parties dans le creux d'un vallon et elles remontent à présent le long d'une colline boisée isolée. Le Canadair s'apprête à effectuer son troisième largage sur le site lorsque le CASC[2] appelle :

– Pélican 40, vous me recevez ?

François a l'habitude de travailler avec les gens du CASC. Une étrange intonation dans la voix du contrôleur lui dit que ce dernier ne le dérange pas pour rien. Il se passe quelque chose de grave.

Sa réponse est immédiate.

– Je vous reçois « fort et clair » Bengale 4, allez-y.

– Pélican 40, vous quittez immédiatement la Corse du nord et vous mettez le cap vers le sud en direction de Porto Vecchio.

– Dans quel coin exactement ?

– C'est sur la plage de Palombaggia. Il y a un feu important qui est parti du côté de Santa Giulia…

François ne peut retenir une exclamation :

2. Centre de coordination avancée de la Sécurité civile : antenne de Valabre en Corse.

– À côté du Club Med ?[3]

– Affirmatif.

– Quel dommage que ça brûle là-bas !

Si François semble désolé, c'est que Palombaggia est une des plus belles plages de Corse. Située juste en face des îles Cerbicale, c'est peut-être même un des plus beaux endroits du monde. Une véritable carte postale qui n'a rien à envier aux Caraïbes ou aux Bahamas ! Des eaux transparentes... du sable presque blanc... la plage est bordée de pins qui ont poussé jusque au bord de l'eau. Pour les touristes, c'est un lieu de villégiature d'autant plus agréable qu'il est généralement à l'abri du vent. Même lorsque ça souffle très fort dans le golfe de Porto Vecchio, la longue plage de Palombaggia reste abritée. Il n'est pas rare de voir la mer moutonner sous les rafales à une centaine de mètres du rivage sans ressentir le moindre souffle d'air sur la plage. Un vrai paradis !

– Bien reçu... On y va, réplique François.

– Vous avez une estimée ?

Le commandant jette un coup d'œil à son chronomètre. Porto Vecchio se trouve à près de 130 kilomètres de leur position.

– Eh bien, avec ce vent, on y sera dans une vingtaine de minutes, réplique-t-il.

Puis il se tourne vers son jeune mécanicien navigant.

– On annule notre largage sur ce feu-là. On va garder la flotte pour là-bas. Ça nous permettra de gagner du temps à l'arrivée.

Abandonnant le feu de Belgodère, le Canadair met donc le cap vers le sud-est pour traverser la Corse en diagonale.

Pour rejoindre Porto Vecchio, François Lallement va pratiquement suivre la route la plus directe. Dans un premier temps, il va s'engager dans la vallée du Golo jusqu'à Ponte Lecchia et passer par le travers de Corte. Cela lui permettra permet d'éviter le

3. *Quelques temps après ces événements, le Club Med de Santa Giulia a été fermé à la suite de racket de la part de certaines organisations terroristes (une enquête menée par le juge Philippe Courroye est actuellement en cours).*

Mont Cinto qui culmine à 2 710 mètres[4]. Puis il regagnera la côte orientale en direction de la base militaire de Solenzara. Ensuite, ce sera un cap plein sud pour longer le rivage jusqu'à la baie de Porto Vecchio. D'après les indications du CASC, le feu se trouve à une quinzaine de kilomètres au sud de la ville.

Alors que l'hydravion passe tout juste par le travers du Mont Cinto, Robert Mercier pointe soudain le doigt vers le pare-brise.

– Bon sang, regardez là-bas !

De fait, juste devant l'avion, s'étend une énorme fumée noire qui bourgeonne dans le sud.

– J'ai l'impression qu'on va pas s'amuser, murmure François.

Si les hommes sont aussi surpris, c'est qu'à cet instant, ils sont encore à plus de 100 kilomètres de l'incendie et la fumée paraît déjà gigantesque.

– Dans ce coin-là, ce sont des forêts de pins, explique François.

Robert Mercier approuve.

– Oui, c'est du résineux partout. Quand ça commence à brûler, on sait pas jusqu'où ça peut aller.

À 16 h 05, le Canadair arrive par le travers du village de Palavesa à 10 kilomètres au nord de Porto Vecchio. Le spectacle que l'équipage découvre alors est terriblement impressionnant. Le feu a pris dans l'immense forêt de pins qui s'étend au sud de l'agglomération. Les flammes font parfois plus de quinze mètres de hauteur. Il y a du vent et l'incendie semble progresser très vite. D'après le CASC, cela fait une quarantaine de minutes que tout a démarré et la surface détruite fait déjà plus de deux kilomètres de largeur.

– J'aime pas ça du tout, lance François alors qu'il dépasse la presqu'île de Picoviagia.

Dans un premier temps, il effectue un passage pour tenter de comprendre ce qui se passe au sol. Il y a déjà plusieurs groupes

4. C'est le sommet culminant de la Corse.

d'attaque sur place mais, de toute évidence, c'est la panique un peu partout. Sur la départementale 859, une longue file de voitures s'est formée. Les touristes évacuent la zone en masse. Et ça se passe mal ! Plusieurs dizaines de conducteurs ont tenté de doubler n'importe comment. Les deux files sont maintenant bloquées et les camions des pompiers ne peuvent plus progresser vers le lieu du drame.

Lorsque François prend contact avec le responsable au sol, il comprend immédiatement que les choses sont loin d'être sous contrôle. L'homme est essoufflé et il doit crier pour se faire entendre au milieu d'un tohu-bohu de klaxon et de cris :

– On est content de vous voir arriver Pélican 40. Vous allez pouvoir nous donner un coup de main.

– Vous savez, nous ne sommes qu'un seul avion, regrette François. Ça fait pas beaucoup.

– C'est mieux que rien…

– Comment ça se passe pour vous ?

– C'est la merde la plus noire. J'ai des véhicules coincés sur la route de Precoggio et il y a d'autres qui tentent de rejoindre le flanc gauche mais la plupart des accès sont bloqués. Même la Nationale 198 est saturée. C'est le bordel ! Les gens font n'importe quoi ! Mes camions sont en train de passer par des chemins forestiers mais ils ont du mal à progresser. J'ai même un groupe d'attaque qui tente de faire le tour par la presqu'île[5].

– On est déjà chargé en eau, explique François. Par où vous voulez qu'on commence ?

Il y a un moment de silence sur la fréquence comme si le Corse semblait surpris par la question. Finalement, il réplique :

– Le mieux serait de taper sur la tête. Ça permettra à mes gars de rejoindre le flanc gauche en sécurité. Parce que ça craint vraiment. Nos véhicules sont complètement dans la fumée.

François incline son avion pour mieux voir ce qui se passe au

5. La presqu'île de Piccovaggia se trouve au nord de la plage.

sol. Le pompier a raison, il faut larguer sur la tête. C'est le seul moyen pour ralentir la progression du feu. Le vent souffle du nord-est et il pousse les flammes vers la route nationale. Si elles l'atteignent, ce sera une catastrophe.

– Bien reçu, on va faire comme ça !

– Vous allez larguer du moussant ?

– Négatif, les arbres sont trop hauts. Ça ne marcherait pas. On va tirer de l'eau, aujourd'hui ce sera plus efficace.

François effectue un large virage autour du feu pour étudier comment il va s'y prendre. Taper sur la tête du monstre ne sera pas facile... La fumée est tellement dense que par endroits, le sol disparaît totalement sous une nappe de brouillard noir.

– Vous n'avez personne dans ce secteur-là, demande-t-il ?

– Négatif, Pélican 40. De toutes les façons, mes hommes sont à l'abri dans leurs camions. Ils ne risquent rien.

– C'est pas une raison, rétorque aussitôt François. Quand on largue, ça peut faire des gros dégâts même sur un véhicule.

– Je n'ai personne là-bas, vous pouvez y aller, confirme alors le responsable des pompiers.

– Alors, on va attaquer dans deux minutes !

Tout en parlant, François engage un virage vers le sud. Il lui faut maintenant aller[6] se placer sur son axe de tir. Dans ce coin-là, le vent souffle du 060 et doit dépasser les 40 nœuds. Par moments, il provoque des remous si durs que l'équipage a l'impression d'être dans un 4x4 roulant sur une piste défoncée. L'avion se débat comme un fauve en furie. Un peu surpris, James s'accroche à sa poignée de maintien. C'est la première fois qu'il découvre véritablement à quel point le milieu est hostile. Tout est dur : le vol à très basse altitude, la turbulence, la fumée et la chaleur torride qui règne dans la cabine sont autant d'éléments difficiles à supporter pour un débutant. À plusieurs reprises, son manuel de procédure glisse du tableau de bord et se retrouve par terre.

6. *Environ 70 kilomètres à l'heure.*

– Ça cogne bien aujourd'hui, sourit François imperturbable.

Robert Mercier pose la main sur l'épaule de son stagiaire.

– Il faudra t'y habituer, lâche-t-il !

La séance d'initiation est dure pour le nouveau venu ! Non seulement, les conditions de travail sont difficiles mais il est tendu par la charge de travail. Il sait qu'on le surveille. Son cerveau tourne à toute vitesse : réagir au quart de seconde aux ordres du commandant... Ne pas se laisser troubler par ce qui se passe dehors... Oublier la turbulence... Ne pas penser à cette fumée qui s'épaissit à chaque seconde...

François s'éloigne maintenant vers le sud-ouest en direction du village de Bocca di l'Oru. Juste à côté, il y a la petite baie de Santa Giulia. C'est là que se trouve le Club Med dont on devine la piscine à travers la fumée. Puis il vire par la gauche pour survoler la route côtière, ou plutôt ce qu'il parvient encore à en voir. Car toute la zone est noyée sous un véritable nuage gris.

Cette fois l'avion est sur l'axe. Pour le largage, ce sera un cap 350. Dans un premier temps, le pilote évite de descendre en dessous de 300 pieds[7]. La fumée est trop dense. Impossible de tenter quoi que ce soit si la visibilité devient trop faible. Il y a des collines un peu partout. Certaines culminent à plus de 1 000 pieds[8].

– Prépare-toi à larguer en secours si jamais je te le demande, ordonne François à l'attention de James.

Le jeune mécano ravale la boule dure qui lui bloque la gorge.

– Je suis prêt, heu... dès que tu le demandes.

Avec précaution, le commandant stabilise les ailes au ras de la fumée et quelques secondes plus tard, il réduit la vitesse à 100 nœuds. Sous l'avion, c'est l'enfer qui défile ! Les flammes sont partout... À mesure que l'appareil survole le brasier, l'ambiance change dans le cockpit : des volutes de fumée commen-

7. Environ 100 mètres.
8. Environ 300 mètres.

cent à tourner dans la lumière puis une méchante odeur de bois brûlé se répand sournoisement. Quant à la température, elle monte de quelques degrés car l'air brûlant du brasier pénètre dans la cabine.

– Bon sang, on voit rien du tout, proteste Mercier en poussant sur ses fesses pour mieux distinguer ce qui se passe devant l'avion.

François approuve d'une voix calme.

– Ça, c'est sûr que j'ai déjà travaillé dans des conditions plus faciles.

– Il faudrait au moins huit Canadair pour maîtriser un feu comme ça, ronchonne l'instructeur. Qu'est-ce qu'on peut faire tout seul dans ce bordel ? C'est une goutte d'eau sur un haut fourneau.

En place droite, James Griset ne dit rien. Il n'a pas assez d'expérience pour donner son avis. En outre, il n'a qu'une idée en tête : s'appliquer pour éviter les reproches de son instructeur. Surtout ne pas faire la moindre gaffe. Etre précis et rapide. Ils arme les portes à la seconde même où on lui demande. Il règle le mélange des moteurs au millimètre pour avoir la puissance optimum... Il surveille les températures des culasses. Aujourd'hui, elles ont tendance à flirter avec la zone rouge.

La sueur perle sur le front de l'élève.

Le Canadair arrive à présent sur la tête du feu.

– Prépare-toi à larguer en secours, si ça se passe mal, répète François.

James réplique doucement :

– Je suis prêt !

En place gauche, le commandant de bord se concentre pour placer son tir exactement sur la tête du feu.

Puis l'objectif arrive au niveau du pare-brise. Il disparaît sous le ventre de l'avion et François largue son eau. Au même moment, le Canadair est pris dans un violent rouleau de turbulence. L'aile droite est brutalement soulevée. François maîtrise l'appareil sans dire un mot puis, dans la foulée, il se retourne vers la gauche pour voir s'il a visé juste.

Peine perdue !

– Avec toute cette fumée, je ne sais même pas si j'ai tapé au bon endroit, se plaint-il.

S'il y avait plusieurs avions sur le chantier, les autres pilotes pourraient fournir des informations. Cela permettrait de corriger le prochain tir. Malheureusement aujourd'hui, François est seul sur cet énorme feu et il ne peut se fier qu'à son instinct. Il lui semble avoir touché la cible mais il n'en a pas la certitude... Bien évidemment, il peut toujours demander au commandant des pompiers au sol, malheureusement l'homme n'en sait pas davantage.

– Désolé, Pélican 40... La fumée est trop épaisse, explique-t-il, je vois rien du tout.

Le pilote n'insiste pas. Il sait parfaitement que les conditions au sol sont pénibles. Un peu partout, les pins s'embrassent comme des allumettes. Il y a des sautes de feu gigantesques sur les lisières. Les gars sont dans un brouillard âcre qui brûle les poumons et pique les yeux.

– On va chercher de l'eau et on revient !

– Faites vite, demande le Corse, mes gars ont les fesses qui brûlent.

Rapidement, François met le cap vers le sud.

– On fait le maximum, réplique-t-il. Mais ça va prendre au moins une vingtaine de minutes.

Apparemment les explications de François ne calment pas l'impatience du pompier.

– 20 minutes ! C'est drôlement long, proteste-t-il... Pourquoi vous n'écopez pas au bord de la plage ?

François grimace un sourire. Le gars ne connaît pas grand chose aux Canadair.

– Non, c'est pas possible, on est obligé d'aller dans le sud.

Le pilote n'en dit pas plus... Ce serait trop long d'expliquer qu'il est impossible d'aller prendre de l'eau au large de Palombaggia. La houle y fait plus de quatre mètres. Il suffit de regarder les crêtes blanches qui jaillissent partout pour comprendre. La mer présente un aspect moutonneux révélateur. Si le Canadair se posait dans les vagues, il se désintègrerait aussitôt.

– On vous rappelle quand on aura fini d'écoper, lance finalement François pour clore la conversation.

Puis il se tourne vers James et explique sur un ton pédagogique.

– Il faut qu'on trouve une baie abritée. Si on tente de se poser là-dedans, on va tout exploser, murmure-t-il.

– Tu vas aller où, demande Robert ?

– Je vais tenter le golfe de Santa Manza. En général, là-bas, c'est bien abrité. Le problème, c'est que vu l'orientation de la houle, il faudra qu'on écope dans la largeur de la baie.

L'instructeur grimace.

– Ça va pas être de la tarte...

À grande vitesse, François survole la petite baie de Santa Giulia puis c'est de la pointe de Rondinara. Enfin, quatre minutes plus tard, il arrive à la verticale du golfe de Santa Manza. François connaît bien les lieux. Il y vient régulièrement prendre de l'eau lorsqu'il travaille dans la région de Porto Vecchio. C'est un endroit sauvage à l'extrême pointe de la Corse. La plupart du temps, même par gros temps, la mer y est calme car le vent souffle presque toujours de l'ouest.

Malheureusement, aujourd'hui n'est pas un jour comme les autres...

Dès que François arrive en vue de Santa Manza, il comprend que ce n'est pas gagné : ça moutonne à l'intérieur de la baie. Les longues risées qui courent à la surface de l'eau montrent que le vent y souffle très fort. Et la houle rentre dans la baie. Même si elle est un peu moins forte qu'au large, on est encore loin des conditions idéales pour un écopage.

Cela n'empêche pas François de poursuivre calmement ses explications à l'intention de son stagiaire.

– Regarde, il doit y avoir dans les 30 nœuds sur l'eau. Quand on va passer par le travers du relief, on va se faire secouer très fort. Et on aura certainement un peu de mal à descendre dans l'eau.

James hoche la tête. Pour lui, ça va être difficile de travailler dans ces conditions mais il n'a pas peur. Son commandant lui inspire une confiance totale. Ce qui l'inquiète surtout, c'est de ne pas être à la hauteur de sa tâche.

– Putain de météo, ronchonne Robert. On n'a vraiment pas de pot...

À mesure que l'hydravion approche de la baie, François continue d'expliquer comment il va s'y prendre. À ses yeux, il est important que son stagiaire comprenne parfaitement ce qui va se passer. C'est le seul moyen d'être vraiment efficace :

– On devrait pouvoir y écoper si on se présente par le nord-ouest. On se laissera descendre derrière la colline, juste au-dessus de cette petite lagune, explique-t-il. Il faudra seulement faire gaffe à ne pas commencer l'écopage avant la limite des 300 m[9].

Robert Mercier grimace un sourire.

– Avec des vagues pareilles, ça m'étonnerait qu'il y ait beaucoup de baigneurs dans l'eau aujourd'hui.

– On va quand même éviter de dépasser la limite, insiste François.

En place droite, James écarquille les yeux en voyant cette mer crénelée d'écume. Comment son commandant va-t-il pouvoir se poser sur cette surface incroyablement instable. Car plus on s'approche et plus il se rend compte à quel point les flots sont déchaînés. D'ailleurs, il n'y a le moindre bateau dans le golfe. Aujourd'hui, ils sont tous à l'abri.

9. *Pour des raisons de sécurité vis à vis des baigneurs, les Canadair n'écopent pas à moins de 300 mètres des côtes.*

Robert semble un peu hésitant.

– T'es sûr qu'on va pouvoir prendre de l'eau là-dedans, interroge-t-il ?

François hoche la tête.

– Oui, ça va aller. De toutes les façons, on va pas laisser ces gens brûler sans rien faire.

Avant de descendre vers l'eau, François décide de faire un dernier examen de la situation. Pour cela, il tourne quelques instants entre le village de Gurgazu et la pointe de Capicciola. Il lui faut avoir tous les paramètres en tête : comprendre comment le vent évolue sur les reliefs, repérer la vitesse de la houle et évaluer son amplitude. Le clapot[10] joue également un rôle non négligeable. Il faut savoir dans quel sens il évolue.

– On va se faire secouer quand on va passer derrière la colline, répète François. Ce sera dur mais ensuite, ça devrait aller.

Assis en place droite, James écoute sans rien dire. Dans sa tête, il répète à l'avance les gestes qu'il va devoir exécuter lorsque l'avion sera dans l'eau.

Au bout d'une minute, François rappelle les éléments :

– On va écoper dans le travers de la baie, dit-il. Avec la dérive, ça va nous faire un cap aux environs du 160. En cas de pépin, on remettra les gaz et on virera à gauche vers le nord. Surtout pas vers le sud parce qu'on pourrait se faire piéger dans les reliefs.

– D'accord, murmure James en préparant sa check-list. Les écopes sont rentrées… On les sort ?

François secoue la tête.

– Négatif, on va toucher avec les écopes rentrées. On les sortira une fois dans l'eau si tout se passe bien.

Quelques secondes plus tard, François vient placer son Canadair au bord de la colline à l'ouest. Comme il l'avait prévu,

10. *La houle est une ondulation résultant d'un vent éloigné ou ancien. Le clapot est une ondulation moins importante résultant du vent actuel. Houle et clapot peuvent être croisés et rendre l'amerrissage encore plus complexe.*

à mesure qu'il perd de l'altitude, la turbulence dynamique se fait de plus en plus violente. À 500 pieds, l'avion est pris dans un série de remous si durs que les trois hommes accusent le coup. Malgré sa ceinture, Robert Mercier est littéralement bousculé sur son siège et sa tête va heurter un interrupteur sur la cloison juste à côté.

– Merde, hurle-t-il !

François arrête aussitôt la descente et il se retourne pour examiner l'instructeur. Quelques gouttes de sang perlent au niveau de son arcade sourcilière.

– Ça va ?

– Oui, ça va aller !

En fait, Robert semble surtout furieux de s'être fait piéger. D'un geste rageur, il resserre sa ceinture encore plus fort et fait signe à François de continuer son approche sur l'eau.

– T'occupe pas de moi, explique-t-il, c'est qu'une égratignure.

– T'es sûr ?

– Certain !

François fait alors un 360 serré pour se remettre sur son axe et il reprend la descente. Le but est de venir placer l'avion parallèlement à la houle en visant la pointe de Capicciola. À mesure que la surface de l'eau approche, l'équipage évalue mieux la hauteur des ondulations. Même si elles sont moins fortes qu'au large, elles font tout de même près de deux mètres. C'est la limite admissible pour écoper.

James serre les dents. Plus l'hydravion descend et plus il réalise que ce sont de véritables montagnes d'eau qui se déplacent vers la côte.

François soigne son cap pour rester dans le sens de la houle. Si l'avion se présentait face aux vagues, le choc serait si violent que la coque n'y résisterait pas. Il faut donc se poser dans le creux d'une ondulation tout en suivant le déplacement de la vague. Mais il y a une difficulté supplémentaire : le vent n'est pas orienté dans le bon sens. Il souffle du nord-est et le pilote se présente au cap 160. Cela signifie qu'il est exactement de travers. Le pilote doit donc jouer subtilement entre le vent et la houle afin de toucher l'eau sans rien casser. Pas facile !

– J'ai rarement vu des conditions météo aussi merdiques, lance Robert au moment où le Canadair approche de l'eau.

– Moi, je savais même pas que ça pouvait exister, murmure James.

François ne dit rien. Il se concentre sur la tenue de son avion. Quelles que soient les turbulences, il reste imperturbable. Sous ses ailes, c'est la tempête. La mer est littéralement blanche d'écume. De longues crêtes se forment au sommet des vagues avant d'être emportées par le souffle.

Par moments, le vent tourne soudainement. Il passe plein arrière gauche puis il bascule brutalement et revient sur la gauche de l'appareil.

– C'est vraiment un temps de chien, murmure Robert en resserrant une nouvelle fois sa ceinture.

Les turbulences font monter et descendre le Canadair comme si c'était un avion léger. En outre, chaque passage de houle provoque un coussin d'air qui le déstabilise un peu plus.

Imperturbable, François descend vers l'eau. Il arrondit. Mais ça ne marche pas... Une grosse vague déboule de la gauche juste sous le ventre de l'hydravion. Le pilote remet un peu de gaz pour tenir le palier et éviter le monstre, puis il réduit de nouveau la puissance. Après plusieurs tentatives de stabilisation, l'appareil prend enfin contact avec la mer. Le choc est dur. Les bruits sur la coque sont violents comme si l'avion écopait sur des trous de bombes[11].

François doit pratiquement crier dans l'interphone pour se faire comprendre :

– Les écopes !

11. C'est l'expression consacrée par les équipages lorsque l'écopage se fait sur une mer agitée.

James bascule aussitôt le switch et annonce :

– Écopes sorties.

En surfant littéralement de vague en vague, le Canadair commence alors à récupérer de l'eau. Mais le rendement de l'écopage est moins bon que d'habitude. Cela prend du temps car l'avion rebondit malgré lui sur les flots. Ça cogne très fort. Les chocs sur la coque sont inquiétants. Les yeux rivés sur les jauges, James suit le remplissage des réservoirs. Il faut faire vite car la pointe de Capicciola arrive. Elle est juste devant. À mesure que l'avion s'alourdit, François repousse les manettes de gaz. Aussitôt, le jeune mécanicien ajuste la pression d'amission des moteurs et règle le régime de rotation des hélices. Robert suit chacun de ses gestes. Du fait des conditions exceptionnelles, la moindre erreur peut se transformer en catastrophe.

Quelques secondes plus tard, le Canadair reprend l'air. François vire à gauche pour éviter le relief. Au passage, les collines de Gurgazu déclenchent des turbulences incroyables mais personne n'y prend garde. Le plus dur est fait !

Quelques secondes plus tard, l'altimètre indique 1 000 pieds et les secousses se calment un peu.

L'instructeur sourit :

– Dis-donc, l'eau est très chère, aujourd'hui.

C'est la formule consacrée chez les navigants ! Ils l'utilisent chaque fois qu'un écopage est difficile. Car il ne faut pas s'y tromper. Aller chercher de l'eau dans ces conditions présente des risques. Le plus banal est de tordre un ballonnet de bout d'aile ou même de déformer la coque au moment de l'impact. Il peut également arriver de perdre une hélice ou pire encore de percuter une grosse vague qui vous enverrait par le fond dans un avion disloqué.

– J'imaginais même pas que ça pouvait être comme ça, répète James entre deux réglages moteur.

François sourit :

– Et encore, t'as encore rien vu, mon petit gars… J'ai comme l'impression qu'on n'est pas au bout de nos peines. À mon avis, le vent va monter encore en fin d'après-midi.

James ne répond pas mais les prévisions de son pilote ne le rassurent pas vraiment. Pour une première séance d'entraînement, il aurait préféré quelque chose de plus tranquille.

– Applique-toi et fais ton boulot sans t'occuper du reste, plaisante Robert derrière lui.

À présent que le Canadair est chargé en eau, François remet le cap en direction de Palombaggia. Il faut faire vite car, là-bas, les choses se passent mal. Chaque minute, le feu prend plus d'ampleur. Partout, c'est le sauve-qui-peut. Plusieurs résidences sont en train d'être évacuées à la hâte. Dans le camping de Porra, les vacanciers se ruent vers leurs voitures pour s'éloigner au plus vite de la zone dangereuse. La fumée envahit les collines. Sur les routes, c'est l'asphyxie. Au moindre ralentissement, les automobilistes klaxonnent de manière hystérique. Le problème, c'est que les voies d'accès à Palombaggia sont étroites et sinueuses. Partout, ce ne sont que des embouteillages inextricables. L'angoisse est sur tous les visages des automobilistes.

Il y a pire… Le feu est si proche de la plage que des paillotes installées sur le rivage s'enflamment. Certains touristes sont bloqués sur le sable. Ils n'ont d'autre solution que de se réfugier dans l'eau et de nager vers le large. Ils ne doivent leur salut qu'à la présence de bateaux qui viennent les chercher.

Pour l'équipage du Canadair, les conditions de visibilité deviennent rapidement très difficiles. La fumée est si épaisse qu'on n'arrive pas à apercevoir les vacanciers qui fuient à travers la forêt. Comme si cela ne suffisait pas, le vent n'est pas stable. Il change de direction en passant autour des reliefs, renvoyant la fumée dans toutes les directions.

Dans ces conditions, les pompiers sont complètement débordés.

– Il faudrait continuer à larguer votre eau sur la tête du feu, propose le responsable au sol. Mais faites gaffe, j'ai encore des véhicules qui transitent à travers les bois. Ils ne devraient pas tarder à arriver sur l'autre flanc.

François réplique aussitôt.

– Je crois qu'on les a aperçus tout à l'heure pendant notre passage. Dites-leur de s'arrêter et de ne plus bouger jusqu'à ce qu'on ait largué.

– Bien reçu, Pélican 40, je leur transmets le message.

Quelques secondes plus tard, le Canadair déboule à 100 pieds au-dessus des pins en flammes. Lorsque François arrive sur l'objectif, il appuie sur le bouton rouge. Les trappes s'ouvrent et les cinq tonnes et demie d'eau se transforment en une immense gerbe blanche qui s'écrase sur le feu.

– Est-ce que c'est tombé au bon endroit, demande aussitôt le pilote au pompier au sol ?

Malheureusement, l'homme est toujours aussi aveugle.

– Désolé mais j'en ai aucune idée. D'où je suis, je ne vois rien du tout... Il y a trop de fumée.

– Tans pis, on va chercher de l'eau et on revient.

– Ne traînez pas les gars !

Quelques minutes plus tard, le Canadair est de retour dans la baie de Santa Manza.

Et la surprise est mauvaise !

Il ne s'est passé qu'une vingtaine de minutes depuis le dernier écopage mais les conditions se sont considérablement dégradées. La mer est encore plus blanche. Par endroits, les traces d'écume strient la houle sur plusieurs centaines de mètres. Les prévisions de François étaient justes. Il est maintenant 16 h 25 et la force du vent a augmenté. Il doit atteindre 50 nœuds dans les basses couches[12].

Avant de tenter quoi que ce soit, François examine l'état de la mer. Cette fois, il va être vraiment difficile de concilier la houle et le vent :

12. 90 kilomètres à l'heure.

– Avec ces vents tournants, je ne sais plus comment y aller, murmure-t-il.

Derrière lui, Robert Mercier commente à haute voix.

– C'est vraiment une journée dingue !

François se concentre. Il cherche comment s'adapter à cette nouvelle donne. Après réflexion, il décide qu'il est préférable de prendre de l'eau dans le sens contraire de la première fois.

– Je vais me placer face au nord-est, explique-t-il. Le vent semble avoir tourné dans cette direction. De toutes les façons, on l'aura de travers pendant l'écopage.

– T'es sûr, demande Robert ?

François grimace.

– Comment veux-tu que je sois sûr. Le vent est complètement fou. Il tourne dans tous les directions. J'essaie simplement de m'adapter.

Tous les sens en éveil, le pilote vient se placer entre la pointe de Capicciola et le village de Gurgazu. Il y a un petit vallon entre les deux collines dans lequel il parvient à se glisser. La turbulence y est très violente mais cela lui permet de trouver un axe de descente vers la baie.

Puis une autre difficulté surgit : à mesure que l'hydravion approche de la mer, le pare-brise se couvre d'embruns. C'est d'abord une fine bruine qui brouille la visibilité puis ce sont carrément des grosses gouttes d'eau salée qui viennent s'écraser sur le verre. On ne voit plus rien dehors.

– Envoie les essuie-glaces, demande François.

James s'exécute aussitôt et les balais commencent à nettoyer la vitre avec un crissement sonore. Mais la visibilité s'améliore à peine.

François réagit aussitôt.

– À grande vitesse !

– On se croirait à Londres en hiver, souffle Robert.

Alors que le Canadair n'est plus qu'à une dizaine de mètres d'altitude, la turbulence redouble. En frappant, le piton rocheux, le vent génère des rouleaux d'une force extrême. François doit se battre avec les commandes pour stabiliser l'avion tout en visant le creux de la houle. Avec le vent de travers, le nez est carrément tourné vers le large. Il y a plus de 40 degrés de dérive.

– Écopes prêtes à sortir, annonce James.

Les essuie-glaces continuent à fonctionner à toute vitesse.

À chaque rafale de vent, les hélices hurlent. Sur le tableau de bord, les aiguilles des compte-tours battent de manière inquiétante. La charge de travail de James est énorme. Il doit ajuster en permanence les pressions d'admission… Les hélices sont à la limite de la survitesse… Les embruns giclent sur le pare-brise. On n'y voit toujours rien dehors…. Le jeune mécanicien a l'impression d'être derrière le hublot d'une gigantesque machine à laver. La turbulence est si violente que son casque radio lui tombe en permanence sur le front. À plusieurs reprises, il le perd même carrément. Puis, c'est son manuel de procédure qui se retrouve une nouvelle fois à ses pieds. Ses papiers s'éparpillent sous son siège… L'enfer.

Etrangement, malgré les conditions météo épouvantables, James n'a pas peur. Son commandant lui inspire une confiance totale car il reste calme en toute circonstance. Même si un pli soucieux se forme par instants sur son front, il ne semble jamais vraiment inquiet.

Pour James, dans un premier temps, ça se passe plutôt bien. Il ne fait aucune erreur. Tous les ordres sont exécutés dans la seconde. Il n'oublie rien. Les check-lists sont impeccables. Malheureusement, cette réussite a une conséquence inattendue : elle exige un tel effort de concentration que le jeune homme s'épuise rapidement.

C'est au moment où l'écopage se termine qu'un événement surprenant se produit.

Le Canadair est chargé en eau… Il vire à droite vers le nord pour rejoindre Palombaggia lorsque James est soudain victime d'un coup de fatigue terrible. Son cœur se met à battre très fort.

Ses cheveux sont trempés de sueur comme s'il venait de courir un marathon. Un tremblement imperceptible secoue sa main droite. De toute évidence, le jeune homme manque d'entraînement pour suivre un tel rythme.

– J'en peux plus, murmure-t-il, tout à coup.

– Qu'est-ce qui t'arrive, demande Robert ?

– Je suis complètement crevé...

L'instructeur le regarde durement.

– Et alors ?

Le jeune stagiaire reste un moment silencieux puis sa voix s'étrangle.

– Il faut me remplacer, je risque de faire une connerie.

– T'es sûr, demande Robert, visiblement déçu de voir que son poulain n'est pas aussi résistant qu'il le souhaiterait.

James hoche la tête. Il a le souffle court.

– J'ai peur de faire une erreur !

– D'accord !

Aussitôt l'instructeur se tourne vers le commandant de bord. Ce dernier est le seul à pouvoir prendre la décision de permuter un membre d'équipage en vol.

– Qu'est-ce que tu en penses ?

François se tourne vers James d'un air incrédule.

– T'es vraiment crevé, demande-t-il ?

James soupire.

– Affirmatif, je tiens plus.

– D'accord, alors, on va chercher une zone sans turbulence et Robert va prendre ta place.

Quelques instants plus tard, le Canadair se stabilise à 4 000 pieds. L'air y est plus calme.

– Allez-y, permutez, ordonne François.

L'instructeur prend alors la place de l'élève en place droite et ce dernier s'installe au milieu.

Et le vol continue au même rythme. Écopages... Largages... Les rotations reprennent avec leurs cocktails de galère : fumée, flammes, tempête, turbulence... À mesure que le temps passe, les conditions empirent encore. Chaque fois que le Canadair prend de l'eau, les hommes plongent dans un tourbillon d'écume. Toujours cette sensation d'être dans une gigantesque machine à laver !

Assis sur le jump-seat[13], James observe ses aînés en train de travailler. Il sait maintenant à quel point c'est dur.

Pourtant, tout se passe bien. Les ordres de François sont précis. Robert réagit au quart de seconde. Les procédures se font rapidement et sans la moindre hésitation. Et cette efficacité pervers sur le stagiaire : elle le démoralise. À mesure que les écopages se poursuivent à Santa Manza, il se conforte dans l'idée que les deux gars aux commandes sont excellents mais que lui n'y arrivera jamais. C'est trop difficile !

Son moral part en chute libre.

Vers 17 h 50, les jauges de carburant indiquent que les réservoirs sont vides. Il est temps de rentrer.

– On retourne à Ajaccio, annonce alors François. Je crois qu'on ne pourra plus rien faire pour aujourd'hui.

Le Canadair reprend de l'altitude et le calme revient. Dans un premier temps, James reste étonnamment silencieux. Assis entre les deux navigants, il ne bouge plus... Les idées tournent à toute vitesse dans sa tête. Puis alors que la côte ouest est en vue, il craque.

– Je sais pas si je vais continuer, murmure-t-il d'une voix cassée.

François le regarde stupéfait. Il n'imaginait pas que son mécanicien ait été aussi affecté par cette expérience.

– Qu'est-ce tu racontes ?

– Je ne suis pas fait pour ce boulot. C'est trop dur pour moi !

La réplique de François tombe un peu brutalement.

– Écoute, mon garçon, c'est pas le moment de te poser des

13. *Strapontin central.*

questions stupides. On en discutera quand on sera au sol tout à l'heure. Pour l'instant tu te reposes et tu regardes le paysage.

Mais James a envie de savoir. Il ne peut rester pas sur cette impression d'échec déplorable. Une question le taraude : est-lui qui est mauvais ou ce métier qui est particulièrement dur ?

– Dis-moi, pour les écopages... est-ce que c'est toujours comme ça ?

François se retourne et le regarde d'un air sérieux.

– T'es fou... Aujourd'hui, c'était plutôt calme par rapport à d'habitude !

James ouvre des yeux affolés. Il est tellement fatigué qu'il ne comprend pas la plaisanterie.

– Hein... C'est vrai ?

Devant l'air catastrophé de son stagiaire, François décide de ne pas le faire marcher inutilement.

– Mais non, je blague. Aujourd'hui, c'était vraiment des conditions épouvantables.

Une heure plus tard, l'hydravion est stationné sur le parking d'Ajaccio. À pas lents, James rejoint la salle des opérations des Canadair lorsqu'il croise son ami Yves Domingo.

– En ben dis donc, qu'est-ce qui t'arrive ? T'as l'air crevé?

– Tu parles. Aujourd'hui, j'étais tellement tendu en vol que j'ai usé mes chaussures par l'intérieur !

– Raconte !

– Il n'y a rien à dire... Je crois que j'ai pas été bon, murmure le stagiaire en rangeant sa sacoche de vol.

– Qu'est-ce qui s'est passé ?

– Je me demande si je suis vraiment fait pour ce boulot...

Le jeune homme n'a pas le temps d'en dire davantage, François Lallement et Robert Mercier viennent d'entrer à leur tour dans la pièce et ils ont entendu la dernière réflexion de leur stagiaire. Ils l'arrêtent aussitôt.

– Griset, s'il te plaît, arrête de dire des conneries. C'est pas toi qui est mauvais, c'est ce métier qui est dur. Si tu crois que t'es rentré dans cette boîte pour faire du vol touristique, tu t'es trompé d'adresse. Allez, tu viens par ici, on va parler de ton vol…

Devant le ton ferme de ses chefs, le jeune stagiaire ne répond pas et les suit en salle de débriefing. Et là, à sa grande surprise, on corrige ses erreurs sans rien oublier mais on l'encourage également… Les deux hommes ne sont pas là pour le casser. Leurs instructions sont formelles, le lendemain, il repartira en vol avec eux. Et il occupera de nouveau la place droite.

Malgré son abattement, James griset n'a pas abandonné. À force de travail, il a réussi sa qualification et est devenu officier mécanicien navigant bombardier d'eau. Il a même fait beaucoup mieux. Quelques années plus tard, lorsque les nouveaux Canadair CL-415 ont été livrés, il a passé avec succès les épreuves du brevet de pilote professionnel. Il est aujourd'hui un copilote très compétent qui vole toujours au sein de la Sécurité civile.

Si vous lui l'interrogez aujourd'hui, il vous répondra qu'il exerce l'un des plus beaux métiers du monde !

Ce jour-là, le feu de Palombaggia a fait de très gros dégâts. Avec près de 600 hectares brûlés, il a été l'un des plus destructeurs de la région.

HÉLICE EN SURVITESSE AU DÉCOLLAGE

Aéroport de Marseille Marignane
14 juillet 1990

La voix du contrôleur résonne dans les écouteurs de l'équipage :

– Les Pélicans, vous pouvez vous aligner piste 14. Le vent est du 120 degrés pour 12 nœuds.

Il est 15 heures... C'est le premier décollage de l'après-midi. Une noria de six Canadair quitte le point d'attente pour pénétrer sur la piste. Ce sont des anciens modèles CL 215 qui partent travailler sur un feu. Aujourd'hui, les conditions météo sont inhabituelles sur la Provence : il n'y a pas de Mistral et un vent léger souffle du sud-est. De ce fait, exceptionnellement, les avions vont décoller sur la piste 14 avec la chaîne de l'Estaque juste en face. Cette situation obligera les pilotes à faire un léger détour pour aller chercher de l'eau. Après le décollage, ils vireront à gauche puis passeront en branche « vent arrière » pour aller écoper dans l'étang de Vaine.

Bien que ce soit le jour de la fête nationale aujourd'hui, les hommes de la Sécurité civile ne chôment pas. En début d'après-midi, l'absence de Mistral avait fait croire que la journée serait tranquille. Malheureusement, des adolescents ont eu la mauvaise idée de jouer avec des fusées de feu d'artifice en bordure d'une forêt près de Saint-Jean du Bruel. Et tout a très vite dégénéré. En quelques minutes, le feu s'est répandu aux broussailles et il a pris de l'extension en direction des Cévennes.

– Les Pélicans, on voudrait le décollage...

– Roger, les Pélicans, vous pouvez décoller piste 14, le vent est inchangé : 120 pour 12 nœuds.

Le leader vient placer son Canadair sur la partie gauche de la piste, les cinq autres appareils se mettent en échelon refusé de part et d'autre de la ligne centrale. Toute la formation reste sur la piste pendant quelques secondes, le temps de terminer les derniers réglages... Puis le leader met les gaz.

Toutes les dix secondes, les pilotes lâchent alors les freins derrière lui.

C'est maintenant le tour du quatrième avion de prendre l'air. Ce jour-là, il est piloté par André Dammann. Son mécanicien navigant s'appelle André Martin. Les deux hommes se connaissent bien. Ils travaillent souvent ensemble et ont appris à s'apprécier mutuellement. Après l'aventure étonnante qui va survenir, ils s'estimeront encore davantage.

Les mains sur les commandes, André suit des yeux le décollage du Canadair qui le précède. Ses roues viennent tout juste de quitter la piste... l'avion marque un léger palier d'accélération puis il commence à monter.

– On y va, annonce alors André.

Le mécanicien pose les mains sur les manettes des gaz et commence à les pousser en avant.

– C'est parti.

Le régime des moteurs s'accélère. Les compte-tours montent doucement vers la zone verte.

André ne relâche pas les freins.

Sous la traction des deux Pratt & Whitney, l'avion commence à vibrer. Le hurlement des hélices devient grave. Sur le tableau de bord, les compte-tours montent vers la valeur maximum autorisée : 2 800 tours par minute. La pression d'admission atteint 53 pouces et demi. Tout est normal. La totalité de la puissance est maintenant disponible.

André Dammann appuie alors sur le bouton du chronomètre et il lâche les freins.

L'avion accélère. Tout est normal. Un coup d'œil sur l'indicateur de vitesse : 40… 60… 80 nœuds… Lorsque l'aiguille indique 90 nœuds[1], André tire sur le manche et le Canadair décolle.

Le pilote ne quitte pas des yeux les trois avions qui le précèdent. Il voit le leader entamer un virage vers la gauche pour passer dans la branche vent arrière. C'est la procédure prévue pour un décollage en piste 14. Les autres appareils le suivent à 300 mètres. Dans les écouteurs, André entend ses collègues qui communiquent pour gérer leur trajectoire.

– Je suis juste derrière toi, annonce le numéro 3. Ne coupe pas trop ton virage.

Le numéro 2 acquiesce aussitôt :

– D'accord, tu me dis quand je peux y aller.

La réponse arrive quelques secondes plus tard :

– C'est bon, tu peux virer…

À cet instant, l'avion d'André n'est encore qu'à 200 pieds du sol[2]. Sa vitesse est en accélération. Elle atteint 110 nœuds[3]. Tout va bien, le Canadair peut continuer sa montée vers 500 pieds. Lorsqu'il atteindra cette hauteur, il virera à gauche pour suivre

1. 167 km/h.
2. Environ 30 mètres.
3. 203 km/h.

la même trajectoire que les avions qui le précèdent. Une fois au cap 320, il lui suffira de continuer tout droit pour récupérer de l'eau. Depuis cette position, l'étang de Vaine se trouve à un peu plus de cinq kilomètres vers le nord-ouest.

Au cours de la branche vent arrière, les pilotes ont deux possibilités : ils peuvent choisir de rester à basse hauteur aux environs de 200 pieds. C'est très bas mais dans ce cas-là, ils évitent soigneusement de survoler les zones habitées. Il serait stupide de déranger les riverains sans raison particulière. Ils peuvent également s'éloigner un peu plus loin vers l'autoroute mais les habitations y étant plus nombreuses. Ils montent alors à 500 pieds pour faire moins de bruit. Aujourd'hui, c'est cette dernière solution qui a été choisie.

Les secondes passent... L'avion prend de la hauteur. André Dammann est parfaitement à l'aise dans son cockpit. Il n'y a pas la moindre turbulence, le vent est modéré et les moteurs tournent rond. Commandant de bord sur Canadair depuis près de dix ans, André totalise plus d'un millier d'heures aux commandes de cette machine mythique. Il la connaît sur le bout des doigts. Il est pourtant loin d'imaginer que ce jour-là, elle s'apprête à lui jouer un très méchant tour.

C'est au moment où l'altimètre indique 500 pieds que le compte-tours du moteur droit passe brutalement dans la zone rouge. En une seconde, le paisible ronronnement de la mécanique se transforme en un hurlement profond. Le bruit résonne dans toutes les tôles de la cellule. On dirait le feulement d'une F1 poussée à fond.

André tourne aussitôt la tête vers le panneau moteur.

– Qu'est-ce qui se passe ?

– On a une survitesse sur le moteur droit, annonce aussitôt Martin.

La voix du mécanicien est plutôt calme. L'homme semble même étrangement détaché de ce qui arrive, comme s'il n'était qu'un spectateur commentant un film à la télé. En fait, ce genre de panne a fait l'objet de tellement d'entraînements chez les navigants qu'ils n'éprouvent plus aucune crainte lorsque le problème survient. D'autant qu'une survitesse sur une hélice est un incident assez banal qui peut se contrôler aisément.

À cet instant, aucun d'eux ne soupçonne que la panne va se révéler beaucoup plus complexe qu'elle n'y paraît.

– Elle est de combien la survitesse, interroge André ?

– On a… heu… 3 500 tours !

– Hein ?

André jette un rapide coup d'œil vers le compte-tours. C'est effectivement une survitesse inhabituelle… Avec 700 tours d'excédent, l'aiguille est largement au-delà de la zone rouge. Il est rarissime d'être victime d'un surrégime aussi important…

– C'est peut-être même pire que ça, prévient Martin…

– Plus que çà ?

– Affirmatif… On sait pas jusqu'où ça va… L'aiguille du compte-tours est en butée. C'est peut-être 3 600 tours, 3 800 ou 4 000, j'en sais rien !

– On doit avoir un sacré problème de régulateur, annonce André !

D'une voix toujours aussi tranquille, Martin réplique.

– Oui, c'est sûrement ça,

Le régulateur est un mécanisme qui permet de contrôler le nombre de tours d'une hélice. C'est une sorte de boîte de vitesse automatique qui maintient le régime constant quelle que soit la puissance délivrée par un moteur. Lorsque ce système tombe en panne, l'hélice peut s'emballer et se mettre à tourner à une vitesse très supérieure à ce que le moteur peut supporter. Or, le Pratt & Whitney R-2800 est limité à 2 800 tours par minute. Tout dépassement de régime, même très minime, conduit inévitablement à des ruptures mécaniques graves[4] car l'hélice est une

4. Le manuel de vol considère qu'une survitesse de seulement 100 tours peut provoquer des dégâts importants.

tripale Hamilton Standard[5] qui pèse plus d'une tonne. Poussée à 3 500 tours, les extrémités des pales sont en vitesse supersonique, ce qui provoque des centaines d'ondes de choc par seconde. C'est l'origine de ce grondement profond qui peut s'entendre à plusieurs kilomètres. Si l'hélice rentre en vibration, c'est une catastrophe car elle accumule une énergie considérable. En quelques secondes, le moyeu va se rompre comme du verre et l'hélice désemparée risque de percuter le fuselage[6]. L'impact peut détruire l'appareil en plein vol.

Bien évidemment, les équipage sont parfaitement entraînés pour effectuer rapidement les bons gestes afin de résoudre ce problème. Il existe une procédure précise qu'André Damann va appliquer à la lettre.

Il ne lui faut que quelques instants pour réagir :

– Check-list survitesse...

Aussitôt, le mécanicien saisit son manuel plastifié et il commence à lire les différents items.

– Cabrer et réduire les gaz...

André fait ce qui vient d'être demandé. Il saisit la manette de gaz du moteur droit et il la ramène en position plein réduit. Le simple fait de réduire les gaz doit normalement provoquer un ralentissement de l'hélice. Dans le même temps, il tire sur le manche pour mettre l'avion en montée et diminuer la vitesse. C'est elle qui est à l'origine du problème. D'après le manuel, la conjonction de ces deux actions va donner des résultats. Dans un premier temps, la vitesse chute rapidement. Elle était à 120 nœuds[7], elle descend à 100 nœuds[8]. Malheureusement, il n'y a aucun effet sur l'hélice. Aussi étonnant que cela puisse

5. Les hélices du Canadair CL-215 sont des Hamilton Standard Hydromatic à vitesse constante.

6. Ce genre d'accident est survenu à plusieurs reprises sur des moteurs en étoile de ce type. Un Super Constellation a ainsi ramené une de ses hélices accrochée dans la cabine. Cet accident très spectaculaire n'a fait aucune victime. Il s'est déroulé le 19 septembre 1959.

7. 220 km/h.

8. 182 km/h.

paraître, le surrégime continue de plus belle. Intrigué, le mécanicien examine le compte-tours puis il annonce :

– Survitesse non contrôlée...

– Merde !

André jette un coup d'œil rapide au panneau central. Effectivement, l'aiguille est toujours bien au-delà de la zone rouge. Quant au moteur, on l'entend toujours hurler dans ses derniers retranchements. Nul doute qu'à ce rythme, il ne va pas résister bien longtemps.

Martin passe donc au second point de la procédure.

– Manette d'hélice sur plein grand pas...

André saisit alors la manette bleue et il la ramène à fond en arrière. Par ce simple geste, il augmente considérablement le pas de l'hélice. C'est un peu comme si un conducteur enclenchait la cinquième à 20 km/h pour stopper son moteur emballé : le régime du moteur ralentirait aussitôt. Il se pourrait même qu'il cale...

Malheureusement, cette seconde mesure est tout aussi inefficace que la première. Rien ne se produit !

Visiblement déçu, Martin annonce :

– Survitesse non contrôlée.

Cette fois l'équipage commence à se poser des questions. Malgré les gaz réduits et l'hélice au grand pas, le compte-tours affiche toujours plus de 3 500 tours.

Il ne reste donc plus qu'à utiliser les grands moyens. André connaît parfaitement la dernière phase de la procédure. Celle-là doit forcément réussir puisqu'elle consiste tout simplement à couper le moteur en vol.

Lisant toujours sa check-list, Martin annonce :

– Passer l'hélice en drapeau.

La voix est toujours aussi paisible. L'homme s'exprime comme s'il s'agissait d'un incident banal. Pourtant, l'équipage a d'ores et déjà compris que la situation est en train de s'aggraver sournoisement. Les choses sont un peu plus compliquées qu'ils ne l'avaient imaginé. Cela fait maintenant une quarantaine de secondes que l'hélice tourne en surrégime. C'est énorme ! Il suffit qu'elle commence à vibrer pour être arrachée comme une brindille dans la tempête.

Tout en surveillant ses instruments, Martin effectue les différentes actions préconisées. Il note la valeur de la survitesse puis tente d'estimer depuis combien de temps elle dure... Enfin, il retient la valeur de la pression d'admission. Tout cela lui quelques secondes pendant lesquelles André part en virage à droite pour libérer le passage aux deux Canadair qui le suivent. Du fait de sa vitesse très faible, il craint de les gêner.

Lorsqu'il a terminé, il jette un regard vers Martin pour vérifier que ce dernier est prêt pour la suite puis il ordonne :

– On coupe le moteur à l'étouffoir.

Martin obéit aussitôt. Il saisit la manette rouge et la ramène fermement en arrière. De cette manière, le carburant est fermé au niveau du moteur. Il est impossible qu'il ne s'arrête pas.

– Manette sur étouffoir, confirme-t-il alors.

Puis il prend la manette d'hélice et la place en position « Feather »[9] et il annonce.

– Hélice en drapeau.

Et cette fois, le moteur consent à s'arrêter. Le terrible hurlement cesse enfin...

À partir de cet instant, on pourrait penser que les ennuis de l'équipage sont terminés. Bien sûr, le moteur droit ne fonctionne plus mais le gauche tourne normalement et André Damann sait parfaitement piloter dans ces conditions. Voler sur un seul moteur est une formalités pour lui. Comme tous ses collègues, il s'y entraîne régulièrement. Il suffit de contrer la dissymétrie du vol et le Canadair peut rentrer à Marignane sans difficulté.

Dans un premier temps, tout semble normal. Malheureusement, la suite l'est beaucoup moins...

9. Feather : position Drapeau. Traduction littérale : plume.

– Merde, l'hélice ne passe pas en drapeau, prévient Martin…

– C'est pas possible !

Instinctivement, André saisit la manette et il la tire plus fort en arrière. Rien ne se passe. Elle est complètement en butée et l'hélice refuse effectivement de passer en drapeau. Si tout se déroulait normalement, les pales devrait se mettre dans le lit du vent pour offrir un minimum de résistance et elle devrait s'arrêter.

Ce n'est pas ce qui se passe !

Elle continue à tourner en moulinet sous l'effet du vent relatif, entraînant le moteur avec elle. Et cette fois, les conséquences de cette nouvelle panne sont dramatiques ! Au lieu d'être comme une plume dans le vent, l'hélice est un disque plein qui absorbe une énergie considérable et joue le rôle d'un aéro-frein.

Du coup, la vitesse du Canadair s'écroule. Il ne faut que quelques secondes pour que l'indicateur de vitesse atteigne 90 nœuds et il continue à régresser.

La situation vient brutalement de basculer. Un incident banal s'est transformé en une panne extrêmement grave.

– On ralentit, annonce André.

Malgré le moteur gauche poussé pleine puissance, la vitesse chute toujours.

80 nœuds…

Quelques secondes plus tard, l'avertisseur de décrochage retentit. C'est un klaxon lugubre qui fait froid dans le dos des deux hommes.

70 nœuds…

Le Canadair commence à vibrer. À mesure que la vitesse décroît, les filets d'air ont du mal à adhérer à la surface des ailes. Celles-ci sont entourées de tourbillons qui rendent l'avion instable. Il faut faire vite. En dessous de 64 nœuds[10], l'avion

10. 118 km/h.

cessera d'être une machine volante. Ce ne sera plus qu'un énorme morceau de ferraille qui plongera vers le sol sans que l'équipage puisse rien faire pour le contrôler.

Pour empêcher le décrochage, André n'a qu'une solution : pousser doucement sur le manche. La vitesse revient imperceptiblement. Elle se stabilise à 70 nœuds. Malheureusement ce n'est pas sans conséquence : l'aiguille de l'altimètre commence à tourner vers le bas… Très rapidement, l'avion est à 470 pieds… 450 pieds… 430 pieds…

Instinctivement, André tente de repousser la manette du moteur gauche plus en avant mais cela ne sert à rien. Les gaz sont déjà à fond.

– Cette fois, on a un vrai problème, prévient-il.

Car perdre de la hauteur pour garder de la vitesse n'est pas une solution d'avenir. Rapidement, le sol se rapproche. Et il est plutôt « mal pavé ». Sous les ailes, c'est un véritable écheveau de routes, d'autoroutes et de voies ferrées. Il y a même un canal[11]. Pas vraiment l'endroit idéal pour tenter un atterrissage en campagne.

Dans le cockpit, le tension monte. Pour ne pas décrocher, André continue à pousser sur le manche.

420 pieds…

Il réfléchit à toute vitesse. À cet instant, le Canadair est face au sud-est. Que faire ? Devant, ce sont les collines de l'Estaque. Sur la droite, c'est le petit village de Gignac… À gauche, il y a les Pennes-Mirabeau.

C'est bouché partout…

À cet instant, les cinq autres Canadair ont suivi leur trajectoire normale en virant par la gauche. Trop tard pour prendre ce chemin… André décide de continuer son virage par la droite. Il va tenter de rejoindre l'étang en passant par l'ouest de l'aéroport. De ce côté-là, l'eau se trouve à six kilomètres. Si l'avion

11. Le canal de Marseille au Rhône passe au sud de l'aéroport de Marignane.

volait à sa vitesse de croisière normale, il lui faudrait un peu moins d'une minute pour y arriver. Aujourd'hui, l'étang semble au bout du monde.

390 pieds…

Alors qu'il continue à perdre de la hauteur, André décide de prévenir les contrôleurs de ce qui se passe :

– Marignane, Pélican 25, nous avons un problème moteur. On se dirige vers l'étang.

Pas de réponse. Pour une raison incompréhensible, la tour ne reçoit pas le message. Il faudrait renouveler l'appel, mais tout va trop vite… André n'a pas le temps. La priorité est de gérer la trajectoire.

350 pieds…

Le sol approche. André doit prendre une décision immédiatement. Mais laquelle ? Doit-il tenter un atterrissage en catastrophe droit devant ? Au milieu d'une rue ? Le long du canal ? Doit-il effectuer un nouveau virage rapide pour essayer de trouver un endroit dégagé ? Malheureusement, il ne peut pas incliner l'appareil car sa vitesse est trop faible. Toute inclinaison importante va augmenter la vitesse de décrochage. Avec un seul moteur en fonctionnement, le gros avion risque tout simplement de partir en vrille. André commence donc à virer doucement à plat par la droite. Surtout ne pas incliner. Les navigants appellent cela un virage « en table de bistrot ».

300 pieds…

Et puis soudain, le pilote comprend que ses efforts ne serviront à rien. L'avion est trop bas. Il ne peut plus rien faire. Il se tourne alors vers Martin et prononce des mots qu'il n'oubliera jamais.

– Désolé mon vieux… On va se crasher !

Martin ne répond pas. Il sait que son commandant a raison. La fin de l'histoire semble inéluctable. Les pensées affluent dans la tête. Des flashes s'imposent : le visage des enfants, celui de l'épouse, des copains qui ne vous ont toujours été fidèles. Il y a tant de choses qu'on aurait voulu dire à ses proches avant de partir.

200 pieds…

André commence à distinguer certains détails dans les rues. Les panneaux sur l'autoroute deviennent parfaitement lisibles. C'est bientôt la fin. Dans quelques secondes, l'avion va se planter quelque part dans les environs du Rove. Les réservoirs sont pleins de carburant. Tout cela va finir dans une énorme boule de feu. L'équipage n'a aucune chance de s'en sortir… André n'a pas vraiment peur. La seule chose qui lui paraît odieuse, c'est de penser à ces dizaines d'innocents qui risquent de mourir au moment de l'impact : les passants, les automobilistes, les enfants qui jouent dans la rue. Un pilote de Canadair, ça sauve des vies… Ça ne les prend pas !

100 pieds…

Le cerveau du pilote tourne à toute vitesse. Ça ne peut pas finir de cette manière. Trouver un coin inhabité pour ne pas faire de victimes. Vite… L'avion est au ras des toits. Les antennes de télévision sont toute proches.

Même si tout indique qu'il n'y a plus rien à faire, l'instinct de survie est là. Il y a seulement trois minutes, tout allait bien. Dans la tête, une voix hurle qu'on peut encore tenter quelque chose. La vie ne peut pas s'arrêter aussi brutalement.

Et puis soudain, André a une idée folle… Et s'il relançait le moteur défaillant ? Cela lui permettrait peut-être de parcourir les six kilomètres qui le séparent de l'étang de Berre. Bien sûr, c'est contraire à la procédure qui impose qu'un moteur qui a été arrêté ne doit en aucun cas être remis en route.

Mais qu'importe la procédure à présent. Dans trente secondes, il n'y aura plus de procédure, plus de moteur, plus d'avion et plus d'équipage.

50 pieds…

André réfléchit à peine.

– Tu remets en route le droit, ordonne-t-il.

Martin ne discute pas. Il a compris... S'il existe une toute petite chance de survie, c'est là qu'elle se trouve.

– Je relance le droit, réplique-t-il d'une voix toujours aussi calme.

Par chance, la remise en route est quasi instantanée. Le geste est simple à effectuer. Il suffit d'ouvrir le carburant en repoussant la manette d'étouffoir à fond en avant. Rien d'autre !

L'hélice tournant en moulinet, le moteur repart en quelques secondes. Bien évidemment, le problème n'étant pas réglé, il repart en survitesse. Pratiquement instantanément, l'aiguille du compte-tour repasse dans la zone rouge à plus de 3 500 tours.

Et le hurlement recommence de plus belle.

– On est de nouveau en survitesse, annonce Martin.

André hausse les épaules :

– Tant pis, on vole.

Car dans la même seconde, le Canadair reprend de la vitesse et l'altimètre remonte doucement.

70 pieds...

100 pieds...[12]

Le problème, c'est que cette solution n'est qu'un pis aller.

À cet instant, l'équipage se trouve devant un dilemme : soit il continue à utiliser le moteur en panne pour tenir l'altitude et, dans ce cas-là, il a toutes les chances de voir l'hélice se détacher et détruire l'avion qui se crashe sur l'agglomération. Soit, il l'arrête de nouveau et il recommence à descendre dans la zone urbaine de Gignac : crash sur l'agglomération. En gros, cela revient à choisir entre deux manières de mourir.

Tout à coup, le hurlement du moteur augmente. Des vibrations inquiétantes commencent à secouer la cellule.

Le souffle court, André ordonne :

– Tu l'étouffes à nouveau... tout de suite.

– Je le coupe, réplique Martin en tirant l'étouffoir.

12. 21 mètres... 30 mètres...

Aussitôt, le carburant cesse d'arriver dans les cylindres. La puissance disparaît. Et comme la première fois, l'hélice refuse de passer en drapeau. Son disque plein agit de nouveau comme un gigantesque aérofrein. Le Canadair ralentit et il recommence à descendre. De nouveau, les maisons se rapprochent. Les toits... les antennes... les gens...Des têtes se lèvent en voyant l'ombre impressionnante qui survole l'agglomération dans un bruit d'enfer.

Il faut de nouveau réagir.

– Remet en route, lance André.

Et le mécanicien repousse la manette d'étouffoir. Le gros moteur en étoile repart dans la foulée, propulsant son hélice à des valeurs folles. Dans la même seconde, le hurlement des pales retentit. Au sol, les gens se précipitent à leurs fenêtres pour tenter de comprendre ce qui se passe. L'avion remonte. De nouveau, ce sont quelques précieuses secondes de vie gagnées.

André en profite pour prendre le cap 340 en direction de l'étang de Vaine. Le virage est délicat. L'hélice recommence à vibrer. Elle risque de se détacher. Ne pas prendre trop d'inclinaison. Le pilote serre les dents. Il se trouve à présent en position de vent arrière par rapport à la piste. Juste en dessous, c'est le village de Manane bordé par les marais.

Les vibrations recommencent... La mécanique est littéralement torturée par le surrégime. Il faut arrêter à nouveau le moteur. Et le petit jeu de cache-cache avec la mort recommence.

Le Canadair passe à quelques mètres au-dessus des toits. Les antennes de télévision sont toutes proches. André recommence à tirer sur le manche pour éviter de les accrocher. L'aiguille de l'altimètre frôle le zéro.

À cet instant précis, Bernard Colin sort juste de chez lui. Sa maison est située à moins de trois kilomètres au sud de la base. Il lève la tête en entendant le hurlement du moteur lancé à fond. Puis une ombre passe juste au-dessus de sa tête. L'avion est si bas qu'il peut apercevoir les moindres détails sous le fuselage.

– Mais il est malade ce type !

André Colin est lui-même commandant de bord de Canadair. Il a beaucoup volé pendant la semaine précédente et il est en récupération. En voyant cet appareil aussi bas, il ne peut retenir un mouvement de colère.

– Qui est cet abruti qui...

Puis, il entend le moteur qui repart dans un hurlement de pales et les réflexes professionnels fonctionnent immédiatement. Aucun pilote de Canadair ne ferait ce genre de choses pour s'amuser. Si ce type se balade au ras du sol, c'est qu'il a un vrai problème.

Le cœur battant, Bernard Colin se précipite vers sa voiture et il fonce vers la base.

Pendant ce temps-là, les deux hommes dans le cockpit se battent littéralement avec leur machine. Remettre en route... Couper... La moindre erreur va leur coûter la vie. Les gestes sont précis. Pas la moindre trace d'affolement.

Malgré les difficultés, André tente de prendre un peu de recul sur les événements qui l'assaillent. Il lui faut élargir son champ de vision. Ne pas se focaliser uniquement sur l'indicateur de vitesse qui monte et descend au fil des secondes. Il faut tout surveiller, regarder dehors, choisir les trajectoires. Anticiper le crash qui risque de survenir. Avoir toujours en tête un endroit pour se planter sans faire de victimes au sol. Ne pas tuer des innocents, c'est la principale obsession d'André. Mourir d'accord mais ne pas faire les gros titres des journaux comme celui qui n'a pas fait tout ce qu'il devait.

L'étang de Vaine est maintenant à cinq kilomètres droit devant. André fait un rapide calcul... à 90 nœuds, il va lui falloir environ deux minutes pour y arriver.

Une éternité !

Pendant ce temps, le mécanicien continue à se battre avec la mécanique. Quinze secondes de fonctionnement... Quinze secondes d'arrêt... Quinze secondes de fonctionnement...

– Pourvu que l'hélice tienne, murmure André alors que le moteur se met à hurler une nouvelle fois.

Martin grimace :

– Il faut qu'elle tienne !

À chaque fois que le moteur s'arrête ou repart, les deux hommes ne savent pas s'ils doivent trembler ou pousser un soupir de soulagement. Puis, peu à peu, l'espoir revient. C'est la synergie entre les deux navigants qui fait leur force. Chacun a compris que c'est grâce à l'autre qu'il va survivre.

L'étang de Berre est sur la gauche... Celui de Vaine est droit devant. L'objectif approche lentement.

Etrange navigation que celle de cet avion qui monte et descend au ras des toits jusqu'à la limite du décrochage. Les secondes passent. En ce moment, n'importe quel petit avion d'aéroclub irait plus vite que le Canadair.

Martin croise les doigts.

– Allez... encore un effort !

– On va y arriver, encourage André.

Puis enfin, l'appareil passe à la verticale du rivage. Droit devant, c'est l'eau. Ils sont sauvés !

La suite est presque une formalité. Le commandant réduit les gaz sur le moteur gauche. Martin coupe une dernière fois le droit et l'avion revient en vol symétrique. Il ne reste plus qu'à patienter en se laissant descendre vers l'étang. Etant donné le peu de hauteur, l'équipage n'a pas à attendre bien longtemps.

La coque touche l'étang...

André respire. Depuis qu'il est à la Sécurité civile, il s'est posé plusieurs centaines de fois à cet endroit. Pourtant, c'est la première fois qu'il ressent un tel bonheur en entendant son avion prendre contact avec l'eau.

– C'était chaud, hein, murmure Martin ?

André pose une main chaleureuse sur l'épaule de son mécano.

– Je crois qu'on vient de l'échapper belle.

Quelques secondes plus tard, le Canadair s'arrête sur l'eau. Comme il n'y a pas beaucoup de vent, il reste sur place en se balançant doucement.

– Qu'est-ce qu'on fait, maintenant, demande Martin ? On ne va pas pouvoir rentrer par nos propres moyens.

Le commandant sourit d'un air rassurant.

– T'inquiète pas. On va remettre les deux en route et on va rentrer au rivage sans aucune difficulté !

La suite du récit est en effet particulièrement étonnante... André Dammann redémarre le moteur droit et la mécanique tourne comme une horloge ! En effet, le surrégime est causé par le vent relatif. L'avion étant maintenant à très faible vitesse, il n'y a plus aucun problème. Pas toujours facile à comprendre pour un non initié mais c'est ainsi... Une fois au sol, le moteur en panne fonctionne parfaitement.

En utilisant ses deux moteurs, André rejoint donc le plan incliné qui remonte sur les pistes de l'aéroport. Lorsqu'il y arrive, il décide de contacter la tour. Car, étrangement, personne au contrôle ne semble être au courant du drame qui a failli se produire.

– Marignane de Pélican 25, on a eu un problème technique, on vient de sortir de l'étang par le slip. Nous voudrions rejoindre la Sécurité civile.

– Bien reçu Pélican 25... Roulez par le taxiway Charlie et rappelez une fois au parking.

André accuse réception puis il suit les instructions. À vitesse normale, il passe devant les bâtiments de l'aérogare sans que ses moteurs présentent le moindre symptôme. Pas de trace de fumée, aucune fuite d'huile... Celui de droite tourne aussi bien que celui de gauche. Sur le tableau de bord, tous les instruments sont dans le vert !

Le Canadair rentre donc chez lui par ses propres moyens. Et personne ne lui porte la moindre attention.

Du haut de sa tour, le contrôleur se dit que cet avion vient d'avoir un léger problème technique mais que c'est sûrement sans gravité puisqu'il roule normalement.

Une fois arrivé devant les bâtiments de la Sécurité civile, André serre le frein de parking. Puis il demande à Martin :

– Check-list pour arrêt moteur.

– On y va !

Parfaitement tranquille, Martin égrène alors les différents items de la procédure. Puis il coupe les deux moteurs. Après tant d'émotions, c'est soudain le silence dans le cockpit...

Dès que l'équipage ouvre la porte, le chef mécanicien pose la question qui intéresse tout le monde au sol.

– Qu'est-ce qui vous est arrivé ?

– On a eu une grosse survitesse sur le moteur droit, réplique André. Et on n'a pas réussi à la contrôler.

Alors que le technicien pénètre dans l'avion, André décrit sommairement les symptômes de la panne. Dans un premier temps, il n'a pas envie de raconter sa mésaventure en détail. Inutile de décrire le vol au ras des toits, les antennes droit devant, la certitude que la mort approche... Tout ça, on en parlera plus tard. Le plus important pour l'instant, c'est de trouver rapidement l'origine du problème.

Lorsqu'il a fini de parler, le technicien affiche un étrange sourire puis il murmure :

– Ah bon ?

– Ben oui, c'est ce qu'on a eu...

– Ah bon ?

André se frotte le front d'un air las. De toute évidence, son interlocuteur ne le croit pas. Il suffit de le regarder pour lire dans ses pensées. Le gars a vu l'avion arriver au parking. Les deux moteurs étaient en marche et tout semblait fonctionner normalement. Il n'y avait pas la moindre trace de surrégime. Ces deux types sont des hurluberlus qui ont fait une erreur quelque part et ils ont inventé une panne bidon, histoire de rentrer plus rapidement.

– D'accord, je vais voir ça, lance le chef mécanicien en s'asseyant aux commandes.

Et il met en route !

Comme il n'y a pas de vent relatif, le moteur droit tourne parfaitement. Même à 2 800 tours, il ne manifeste pas le moindre symptôme.

Lorsqu'il redescend quelques minutes plus tard, le technicien a du mal à dissimuler son scepticisme :

– C'est une montre suisse votre moteur, sourit-il. Je ne vois pas ce qu'on peut lui reprocher...

André soupire.

– Vous avez essayé de le passer en drapeau ?

– Non, mais je vois pas pourquoi je l'aurais fait puisque tout va bien.

Le pilote insiste.

– Vous auriez dû le faire !

En ronchonnant, le technicien remonte dans le cockpit. Non seulement ce pilote a fait une erreur mais il ne veut pas reconnaître ses torts.

L'équipage attend. Légèrement inquiet, André ne peut s'empêcher de croiser les doigts.

Martin est juste à côté et il pense exactement à la même chose :

– Si jamais ce mec réussit à passer l'hélice en drapeau, nous on passe pour des cons, murmure-t-il.

Une seconde fois, le mécano presse sur l'interrupteur du démarreur... Le moteur part au quart de tour... Comme la première fois, il tourne sans à-coups. Pendant quelques instants, le mécano le laisse au ralenti, goûtant au plaisir du ronronnement feutré de la mécanique. Pas la moindre trace de vibration. Puis il saisit la manette d'hélice et la passe sur « Feather ». Si tout fonctionne bien, l'hélice doit ralentir et faire entendre le claquement caractéristique du passage en drapeau.

Par chance, rien ne se passe !

André ne fait aucune remarque mais il ne peut retenir un soupir de soulagement.

– Ah quand même, lance Martin, visiblement soulagé de ne pas passer pour un imbécile.

Le mécanicien fait deux tentatives supplémentaires qui donnent aussi peu de résultat. Il vérifie soigneusement tous les paramètres et finit par couper le moteur.

– Je crois que vous avez une grosse panne, conclut-il.

Après un moment de silence, il rajoute.

– Je dois avouer que j'ai un peu douté de vous.

– Figurez-vous qu'on avait remarqué, plaisante André.

Puis, prenant le mécanicien par le bras, il rajoute :

– On va se changer et ensuite, je vous raconterai ce qui nous est arrivé en vol.

Pendant que l'équipage se dirige vers les vestiaires, les capots du Canadair sont démontés... Dans un premier temps, on ne trouve rien. On constate simplement que la mise en drapeau ne fonctionne pas mais personne ne comprend la cause de cette panne.

Jacques Ragus, le directeur technique des Canadair, décide alors de faire procéder à un examen endoscopique des organes vitaux du moteur. Il faudra un certain temps pour découvrir l'origine du problème : un morceau de métal était coincé dans le régulateur de l'hélice. Le système fonctionnait normalement sur la mise en grand pas mais le « tiroir » utilisé pour la mise en drapeau était inopérant.

Ce jour-là, André Dammann et son mécanicien ont eu beaucoup de chance. Il s'en est fallu d'un rien pour que leur carrière aéronautique ne s'achève définitivement. Lorsque plus tard, on demandera à André combien de temps à duré l'incident, celui-ci l'estimera à environ 8 à 10 minutes. En, fait l'écoute des enregistrements radio montrera que tout n'a duré que... 4 minutes.

Dans certains cas, le temps paraît incroyablement long.

PETIT FEU EN CORSE

Quelle que soit sa taille, un feu, doit toujours être considéré comme un danger potentiel pour les personnes et les biens. Aucun ne peut être négligé car les risques d'extension sont toujours là. Sachant cela, il peut pourtant arriver que des petits malins aient envie d'en tirer profit, parfois de manière inattendue !

Août 1997... 14 h 30

Olivier survole la Corse du sud... Son copilote est Jacques. Exceptionnellement, son Canadair CL-415 a été mis en vol à titre préventif car les prévisions météo sont extrêmement mauvaises sur l'ensemble de la Méditerranée. On s'attend à du vent très violent dans le milieu de l'après-midi. Il faut que le bombardier d'eau soit prêt à intervenir à la moindre fumée.

C'est un « guet armé ».

Depuis une heure, Olivier patrouille dans le sud-ouest du côté de Viggianello. À part la turbulence qui commence doucement à se manifester, il n'y a rien à signaler. L'équipage est en train de scruter le sol à la recherche de traces suspectes lorsque la radio grésille dans les écouteurs. C'est le CASC qui appelle :

– Pélican 38 de Bengale 4, Vous allez tout de suite à Solenzara. Nous avons un feu qui vient de démarrer au nord de la base.

Olivier ne regarde même pas sa carte. À force de parcourir la Corse dans tous les sens il en connaît la géographie sur le bout des doigts... Solenzara se trouve de l'autre côté de l'île. C'est à une quarantaine de kilomètres sur la côte est.

– Bien reçu Bengale. On y va tout de suite, réplique-t-il en affichant directement un cap 060.

Il lui faudra environ 7 minutes pour parcourir cette distance. Le Canadair va d'abord faire une verticale de Cargiaca puis franchir le relief avant de redescendre vers la mer.

Alors qu'il passe par le travers du mont Incudine[1], Olivier ne peut s'empêcher de tourner les yeux vers la montagne sur sa gauche. Le paysage est d'une beauté à couper le souffle... Les deux homme travaillent en Corse tout l'été et pourtant, ils ne sont pas blasés. Sur les flancs du relief, un sillon blanc serpente tout au long du versant. C'est le GR 20, un sentier de randonnée mythique parcouru régulièrement par les passionnés de la nature. La beauté sauvage à l'état brut... Pour les pilotes qui volent à 5 500 pieds, le tableau est encore plus sublime car ils aperçoivent la Méditerranée qui scintille en arrière plan.

Jacques s'extasie.

– Ceux qui passent leurs vacances ici ont vraiment de la chance...

Olivier hausse les épaules.

– Sauf quand ça brûle !

Le copilote n'a pas le temps de répondre, une voix résonne dans la VHF. C'est le CASC qui rappelle :

1. Sommet qui culmine à 2138 m.

– Pélican 38, je vous signale un autre feu au nord du Rio Magno. C'est à l'est d'Aléria. On vous donnera des précisions dans un moment mais on dirait que ça démarre très fort.

Aussitôt, Olivier cherche à en savoir plus. Que faire lorsqu'on se voit confier deux chantiers en même temps ?

– Est-ce qu'on doit laisser tomber le feu Solenzara ?

Le contrôleur ne peut s'empêcher de marquer son étonnement.

– Négatif 38... Négatif ! Vous allez d'abord à Solenzara. Dès que vous aurez fini, vous foncerez à Aléria.

– Roger, on met la priorité sur « Zara »[2], réplique le pilote en gardant le cap.

Les deux hommes sourient. Il fallait s'y attendre... Solenzara est un secteur particulièrement sensible. C'est là que se trouve la plus grande base militaire de la Corse. L'armée de l'Air y stationne régulièrement toutes sortes d'avions de combat qui s'entraînent en Méditerranée. Pour des raisons bien compréhensibles, personne n'aime voir un incendie s'approcher des installations stratégiques.

– Vous avez une estimée ?

– On sera sur place dans 4 minutes, réplique Olivier. Vous avez des infos sur la position du feu ?

La question semble surprendre le contrôleur.

– Pourquoi ? Vous n'avez pas la fumée en visuel ?

Olivier scrute l'horizon devant l'avion pour tenter de localiser le chantier mais il n'y a aucune trace nulle part.

– Négatif, on ne voit rien.

Une pause puis le gars du CASC reprend.

– Je n'ai pas d'informations sur l'importance de ce feu. Je viens seulement d'apprendre qu'il se trouve pratiquement sur la côte entre la marine de Solaro et Solenzara.

– Compris, on y va direct.

2. Abréviation familière pour désigner Solenzara.

L'équipage se concentre sur le pilotage du Canadair. Quelques secondes plus tard, le CASC rappelle une nouvelle fois.

– J'ai quelques infos supplémentaires pour vous Pélican 38.

– Allez-y…

– Eh bien, d'après le chef des pompiers sur place, c'est un feu plutôt délicat. Le vent est en train de monter là-bas, il dit qu'il faut faire vite parce que ça peut prendre des proportions très importantes. Appelez-le, il vous dira ce qu'il en est…

– Bien reçu, on vous avise dès qu'on a la fumée en vue.

Le Canadair poursuit sa route vers le nord-est à près de 400 kilomètres à l'heure. Le sol défile à toute vitesse sous les ailes de l'avion. Alors qu'il arrive à une trentaine de kilomètres de la base aérienne, Olivier décide de prendre contact avec le chef des pompiers qui dirige les opérations au sol. C'est un capitaine du nom d'Ange C. Selon la procédure habituelle, son indicatif radio est « COS » suivi du lieu de l'incendie[3].

– Cos Solenzara, ici Pélican 38, bonjour.

Pas de réponse !

– Cos Solenzara de Pélican 38, vous me recevez ?

Jacques se tourne vers Olivier. Il a du mal à cacher son étonnement. En général, les pompiers attendent l'arrivée des Canadair avec tellement d'impatience qu'ils répondent dans la seconde même où on les appelle.

– On dirait qu'ils n'ont pas vraiment besoin de nous dans le coin, plaisante Jacques.

– Il a peut-être des problèmes de radio ?

Finalement, Olivier doit répéter son appel à trois reprises avant d'obtenir enfin une réponse.

– Cos Solenzara, vous me recevez ?

– Heu, bonjour, Pélican 38. Je vous reçois très bien…

3. *Pour tous les contacts radio ultérieurs, le feu conserve toujours le nom de l'endroit où il est parti et ce, même s'il prend de l'extension, se déplace et change de commune.*

Jacques ne peut retenir un sourire. Le nouveau venu s'exprime avec un accent local particulièrement prononcé. Il roule allégrement les « r », la voix est chantante et le rythme d'élocution est plutôt lent... L'intonation trahit une certaine nonchalance caractéristique de la région.

– On vous reçoit 5 sur 5 également, réplique Olivier. Nous arrivons avec un Canadair chargé à l'eau et on sera chez vous dans moins de 4 minutes.

– Bien reçu, Pélican, on vous attend.

– Heu... Vous pouvez nous confirmer la position de votre feu parce qu'on n'a pas le visuel sur la fumée ?

Il y a soudain quelques craquements sur la fréquence comme si le pompier avait des difficultés à utiliser sa VHF.

– Est-ce que vous avez reçu mon message, demande aussitôt Olivier, un peu surpris ?

– Oui, oui, je vous reçois très bien...

– Je vous confirme que nous n'avons aucune fumée en vue. Quelle est votre position ?

Nouveau temps de silence puis la réponse arrive enfin :

– Heu... mon feu se trouve au sud de la base aérienne. C'est à côté d'un petit lotissement en bordure de la nationale 198. Au nord de la ville... En fait, ça brûle entre la route et la mer...

Olivier hoche la tête. Sans même regarder sa carte, il a compris le topo.

– C'est du côté de Marine Solaro. C'est ça, hein ?

– Oui... oui... c'est ça, réplique le pompier. Ne traînez pas... parce que ça peut s'étendre... très rapidement.

– D'accord, ne vous inquiétez pas, on arrive. On va s'occuper de votre problème.

Quatre minutes plus tard, le Canadair arrive à la verticale des premières maisons de Solenzara. Aussitôt, Olivier vire à gauche pour longer le rivage, survolant au passage la Marine de Scaffa Rossa. La route nationale est à sa gauche. Elle longe le relief pour remonter jusqu'au nord de l'île. Juste devant, il y le petit cours d'eau du Chiola qui s'étire doucement jusqu'à la mer. Puis, c'est la marine de Solaro. Un peu plus loin, on aperçoit la grande piste de la base aérienne. Impossible de manquer les trois kilomètres de béton pratiquement parallèles au rivage.

Si le capitaine C. a dit vrai, le feu doit se trouver à mi-chemin entre la base et la Marine.

– Tu vois quelque chose, demande Olivier alors que le Canadair déboule plein pot le long de la côte ?

Le copilote se colle le front au pare-brise.

– Ben... je cherche... Mais pour l'instant, je vois rien.

Puis soudain, Olivier incline l'avion vers la gauche.

– Je l'ai là... Juste au sud de la départementale.

Le pilote montre du doigt une petite fumée qui s'incline doucement vers l'est. Comme annoncé, le feu est parti à mi-chemin entre la route et la mer. Apparemment, c'est un endroit très abrité du vent car les flammes n'ont pas l'air très actives. Jusqu'ici, elles n'ont touché qu'un demi hectare. Rien de bien méchant.

Olivier examine rapidement la topographie des lieux. Tout est plat dans les environs et les obstacles sont pratiquement inexistants. Il y a plusieurs véhicules de pompiers sur le terrain. Ils semblent tous garés sur la lisière nord. On voit des hommes en train de dérouler des tuyaux. Un peu plus au nord, quelques spectateurs se rassemblent sur les bords de la départementale pour assister au spectacle. Comme d'habitude, un embouteillage est en train de se former à cause des véhicules qui stationnent pratiquement au milieu de la route.

Contrairement à ce qu'affirmait le capitaine quelques minutes plus tôt, c'est un feu qui ne présente pas beaucoup de risques. Il y a deux raisons à cela : d'une part, le vent est faible à cet endroit, une dizaine de nœuds tout au plus. En outre, les flammes avancent en direction de la mer. Dans un moment, elles atteindront la plage et il n'y aura plus rien d'autre à brûler que du sable et de l'eau.

Jacques hoche la tête d'un air entendu. Il a fait la même analyse que son commandant de bord :

– Ça m'étonnerait qu'on soit obligé de rester plusieurs heures dans le coin, ricane-t-il.

Olivier serre son virage pour rester auprès du site puis il réplique.

– Tu vas pas te plaindre… Pour une fois qu'on ne va pas transpirer !

– Je me plains pas. Mais je comprends pas pourquoi ce mec a dit qu'il avait la trouille que son feu dégénère.

– C'est peut-être la première fois qu'il est en opérations. Il manque d'expérience !

Quoi qu'il en soit, Olivier n'est pas du genre à bâcler son travail, même pour un petit feu. Il veut faire un largage soigné. Pour prendre toutes les précautions, il effectue une large reconnaissance au-dessus de la marine. Comme il le pensait, le lotissement n'est absolument pas menacé. Les flammes vont passer suffisamment loin des maisons puis elles vont s'en éloigner doucement vers la mer.

Aucun risque pour les personnes ou les biens. Même si le vent tournait brusquement, le feu ne pourrait pas revenir dans la partie brûlée.

Rassuré, le pilote décide d'aller jeter un rapide coup d'œil au-dessus de la Méditerranée afin de voir son axe de largage.

– Je vais tirer sur un cap 300, annonce-t-il. Ça devrait être bon.

Au passage, le Canadair survole la plage qui borde la base aérienne. Comme d'habitude, il n'y a personne. En fait, pour des raisons de sécurité militaire, c'est une zone strictement interdite d'accès.

– Au moins, on ne risque pas d'avoir des touristes bloqués par les flammes sur la plage, explique Olivier.

Tout en mettant de l'ordre dans sa sacoche de vol, Jacques prépare les fiches de ses check-lists.

– De toute manière, avec un feu pareil, il n'y aura personne bloqué nulle part, lance-t-il.

L'équipage travaille vite. En quelques secondes, les deux hommes sont prêts. Il est temps à présent d'appeler le CASC pour leur faire un bref compte-rendu de ce qui se passe au sol.

– Bengale 4 de Pélican 38, on vient d'arriver à la verticale du feu de Zara. Rien de grave… Ça devrait aller très vite. On va faire un largage, peut-être deux par sécurité et on pourra foncer vers le feu d'Aléria.

– Bien reçu Pélican 38… Rappelez-moi dès que vous aurez terminé.

Alors qu'il survole pour la seconde fois le feu, Olivier se dit que le mieux serait d'effectuer un largage sur la lisière sud. Ce serait la solution idéale pour assener un coup fatal sur les flammes. Ça ne devrait pas être trop difficile. De toutes les façons, même s'il ne faisait rien, elles s'éteindraient d'elles-mêmes dans une heure au maximum.

Pour l'équipage, il est temps de préparer l'avion :

– Check-list « largage », demande Olivier…

Pendant que le copilote sort ses fiches, Olivier se dit que sa première idée est la bonne. S'il tape au bon endroit, il peut souffler le feu en un seul passage. Pour lui, c'est presque un challenge que de réussir un coup pareil.

– Je vais essayer de gagner le gros lot, annonce-t-il en montrant le point choisi.

Jacques lève le pouce d'un air encourageant.

– Ouais… Tu dois pouvoir y arriver.

Quelques secondes plus tard, le Canadair est prêt. Il ne reste plus qu'à retourner sur le début de l'axe, à s'aligner et à larguer. Pourtant, Olivier ne fait rien… Comme d'habitude, ce n'est pas lui qui décide du lieu du tir. C'est le pompier au sol. Il lui faut donc attendre les ordres. Mais il ne se fait pas de souci. Même si le type est un novice, il va lui demander de taper sur la lisière sud.

– Cos Solenzara ici Pélican 38, on est prêt à larguer… Où est-ce que vous voulez qu'on largue ?

Silence…

– Cos Solenzara, vous me recevez ?

– Heu oui, Pélican, je vous reçois bien.

– Alors qu'est-ce vous voulez qu'on fasse ?

– Eh ben, en fait…

– Oui ?

– En fait…

Olivier grimace. Son interlocuteur est long à la détente. Il parle très lentement comme s'il avait du mal à se décider. Ses hésitations sont étonnantes car l'objectif primordial est clair : il faut taper là où ça brûle le plus tout en assurant la sécurité des hommes sur le terrain. Il suffit de vérifier par radio qu'ils ne sont pas dans le secteur où l'avion va larguer. Il n'y a pas besoin de trois heures pour prendre une décision.

Pourtant, rien ne vient !

Du coup, Olivier décide de faire une « suggestion » amicale.

– À mon avis, on pourrait faire un largage sur la lisière sud.

– …

– Vous êtes d'accord ?

– …

– Si on tape à cet endroit, on peut le neutraliser d'un seul coup !

Comme le pompier ne répond toujours pas, Olivier en rajoute lourdement.

– De toutes les façons, votre feu n'en a pas pour très long-temps. Je vais faire un passage et ce sera suffisant.

– Vous êtes sûr, finit par lâcher le capitaine ?

La voix du pompier est étrange… Il ne semble pas vraiment soulagé d'apprendre que son feu n'est pas dangereux. Après un nouveau temps de silence, il reprend sur un ton au travers duquel on perçoit une certaine angoisse.

– Négatif Pélican, c'est pas possible…

– Qu'est-ce qui n'est pas possible, interroge aussitôt Olivier ?

– Vous ne pouvez pas larguer maintenant !

– Ah bon… Pourquoi ?

– Eh ben… Heu… Il faut attendre… J'ai encore des gens au contact du feu. Il y a des gros risques de les toucher.

Immédiatement, Olivier tourne les yeux vers la lisière sud. Malheureusement, il a le soleil dans les yeux. La visibilité n'est pas bonne. Impossible de savoir avec précision ce qui se passe au sol. Pourtant il y a une minute lors du repérage, le secteur semblait désert.

Peut-être a-t-il mal vu ?

Quoi qu'il en soit, il obéit au pompier. Effectuer un largage sur une zone occupée serait criminel. Il entame donc un large virage de retardement vers la Méditerranée et se met en attente. Le régime des moteurs est réduit afin de diminuer la consommation de carburant… La vitesse régresse à 110 nœuds[4].

– Je comprends pas ce que mec est en train de fabriquer, murmure Olivier en plissant les yeux vers le rivage.

Jacques semble tout aussi étonné…

– C'est bizarre… Il a pas l'air vraiment pressé qu'on lui donne un coup de main, lance-t-il d'un air dubitatif.

Pendant quelques secondes, une idée saugrenue traverse l'esprit d'Olivier : le gars agit comme s'il voulait retarder le largage. Puis il se dit que c'est stupide. Pourquoi agirait-il ainsi ? Ça n'a pas de sens.

Pourtant les minutes passent et l'homme ne rappelle pas. Du coup, Olivier est obligé de reprendre le contact :

– Vous avez prévenus vos hommes qu'on allait larguer ?

– Affirmatif… mais il y en a plusieurs que je n'arrive pas à joindre. Il faut attendre. Ne vous inquiétez pas, je vous rappellerai aussitôt que tout le monde aura dégagé…

Le Canadair continue donc son attente au-dessus de la

4. 200 km/h.

Méditerranée. Il décrit des cercles... Peu à peu, la turbulence commence à se manifester. Le chronomètre tourne.

– Bon sang mais qu'est-ce qui se passe, demande soudain Jacques ?

Olivier écarte les mains en signe d'ignorance.

– Aucune idée... Il dit qu'il a des gens sur la lisière et qu'il est en train de les faire dégager.

– Putain, on va quand même pas passer la journée ici, s'énerve le copilote !

Cela fait maintenant sept minutes que le Canadair décrit des 360 dans le ciel. Pour un bombardier d'eau, c'est une éternité. Et le pompier ne rappelle toujours pas ! Du coup, Olivier saisit une nouvelle fois son micro pour manifester son étonnement.

– Dites-moi... On va tourner longtemps comme ça ?

Nouveau temps mort avant que la réponse arrive.

– Désolé messieurs mais il me faut un certain temps pour contacter tous mes gars. Je veux pas prendre de risques.

– C'est très bien d'être prudent, confirme Olivier mais pour votre information, nous avons un autre feu du côté d'Aléria. Ça brûle là-bas... Et on est en train de prendre du retard.

Cette fois, la voix du pilote est plus dure. Il a du mal à dissimuler son agacement. Pourtant cela ne semble pas troubler le capitaine C. qui ne donne toujours pas l'autorisation de largage attendue. En fait, l'argument « sécuritaire » est incontournable. Qui pourrait lui reprocher de ne pas faire le maximum pour éviter un accident ?

– Vous patientez encore un peu, ordonne-t-il d'une voix toujours aussi tranquille...

Et de nouveau, les minutes passent.

– C'est pas possible, il se fout de notre gueule, proteste Olivier en sentant la colère le gagner.

Jacques prend l'accent local et il lâche

– Il est pas pressé !

Finalement, Olivier n'y tient plus.

– Cos Solenzara, vous me recevez ?

– Je vous reçois très bien, Pélican 38...

– On ne peut pas continuer comme ça. On a un autre feu au nord. On va aller travailler là-bas.

Cette fois, le coup semble faire mouche. Pour la première fois, le capitaine C. ne met à parler plus vite.

– Eh, mais vous êtes fous. Vous ne pouvez pas partir comme ça. Vous avez des ordres pour travailler ici. Vous restez sur mon feu.

Mais Olivier ne veut plus rien savoir. Il n'a aucune idée de ce que ce qui se passe au sol mais il commence à se demander si cela a un quelconque rapport avec le feu. Personne n'a jamais maintenu un Canadair en attente pendant un quart d'heure lorsqu'il y a un feu qui brûle.

– Vous restez sur mon feu, insiste le capitaine.

Olivier ne peut retenir un tutoiement d'exaspération.

– Désolé mon gars, on n'est pas sur... ton feu. On est en surveillance. Il y a un autre incendie plus important dans le nord, et nous on y va, un point, c'est tout.

Cette fois, le gars au sol s'étouffe de rage. Il n'est plus question de modération.

– Non mais... J'ai jamais vu ça, hurle-t-il... Des Canadair qui abandonnent des gens dans la détresse. Donnez-moi encore une minute pour dégager mes hommes et vous pourrez venir larguer.

Finalement, Olivier cède... Le gars a peut-être vraiment des problèmes pour joindre ses pompiers. Il décide de lui accorder un dernier sursis. Mais s'il n'a pas le feu vert dans une minute, il partira sur Aléria.

– D'accord... Une minute... Pas une seconde plus !

Tout en parlant, Olivier enclenche son chronomètre.

– Je suis sûr qu'il se fout de nous, murmure-t-il sans quitter la trotteuse des yeux.

– J'aimerais bien être au sol pour savoir ce qui se passe, grimace Jacques...

Malheureusement l'aiguille fait un tour de cadran et le pompier ne rappelle pas.

– On part pour Aléria, décide alors Olivier...

Le pilote est sur le point de mettre le cap vers le nord lorsqu'il est pris d'un nouveau remord. Le risque zéro n'existe pas. Bien sûr, c'est un petit feu mais si le vent tournait et qu'il devenait incontrôlable ? Et si le pompier avait vraiment des difficultés pour contacter ses hommes ? Peut-être est-il vraiment novice sur le terrain ? Difficile de l'abandonner sans lui donner une dernière chance !

Alors, avant de partir, Olivier décide donc d'aller jeter un dernier coup d'œil sur la lisière pour essayer de comprendre ce qui se passe au sol. Furieux contre lui-même de céder à une conscience professionnelle qu'il voudrait mettre dans sa poche, il se tourne vers son copilote :

– On fait un dernier passage sur la lisière et s'il nous donne pas l'autorisation, on se barre.

Olivier prend donc le cap 300 et quelques secondes plus tard, il survole la lisière sud. Malheureusement, encore une fois, la visibilité n'est pas bonne. Même s'il n'aperçoit aucun véhicule d'incendie dans le secteur, cela ne veut rien dire. Il peut y avoir des pompiers dans les fourrés.

– Vous êtes certain que vous avez des hommes dans ce coin-là, demande-t-il intrigué ?

La réponse du capitaine des pompier est catégorique.

– Affirmatif, j'ai des gens là-bas. Il faut attendre... Je ne veux prendre aucun risque.

Le capitaine Ange C. regarde le gros avion jaune qui vient de le survoler. Celui-ci est passé si bas qu'on a aperçu distinctement toutes les inscriptions sur la dérive. Pendant quelques instants, l'appareil a maintenu son cap vers le nord-ouest. Puis le sifflement des turbopropulseurs a diminué rapidement. Maintenant, il vire de nouveau vers la gauche et reprend la direction de la marine Solaro. Puis il va de nouveau se mettre en attente sur la mer.

Ange C. respire… Le pilote n'a pas encore mis sa menace à exécution. Cela lui donne encore quelques minutes de répit. Le pompier regarde sa montre avec angoisse. Il est presque 15 h 30 et ceux qu'il attend ne sont toujours pas là. Cela fait plus de vingt minutes qu'il les a fait prévenir !

Si seulement, le gars du Canadair se montrait un peu plus coopératif, cela faciliterait les choses. Malheureusement, il semble complètement buté. Encore un de ces idéalistes qui se prennent pour un chevalier blanc volant au secours de la veuve et de l'orphelin !

Ange n'est pas un novice… Dès qu'il est arrivé sur le feu, il a tout de suite compris qu'il n'y avait pas vraiment de gros risques. Il suffisait de regarder le cheminement des flammes dans la végétation pour comprendre qu'il ne brûlerait pas 300 hectares de forêts. Tout juste allait-il faire disparaître quelques broussailles au bord de la plage ! Pas de quoi en faire un drame ! Pourtant Ange a vu là l'occasion de se faire un peu de publicité à bon compte. Car un feu, c'est un événement médiatique. Les journalistes louent généralement le courage des sauveteurs. On vante la ténacité des pompiers qui ont lutté pendant des heures pour sauver des vies. Avec un peu de chance, il y a des interviews et on passe à la télé…

C'est la raison pour laquelle, dès que le CASC a confirmé l'envoi d'un Canadair sur le secteur, Ange a invité quelques personnalités locales à assister au largage. C'était l'occasion de leur montrer comment un capitaine des pompiers dirige une opération aérienne depuis le sol. Et puis, quoi de plus valorisant que de montrer qu'on a suffisamment d'influence pour faire venir les grands moyens lorsqu'un incendie se déclare dans la région.

Ange a donc fait avertir les VIP du coin pour qu'ils assistent au spectacle. Il a d'abord appelé le maire de son village, puis le président du club de foot, ses copains chasseurs, le commandant de la base – qui a poliment décliné l'offre – et quelques notables de la région : « Je suis sur un feu important et je vais faire venir des Canadair ». Une sorte de campagne de publicité personnelle qui pourra toujours servir au moment des promotions ou de l'attribution des médailles locales... Pour couronner le tout, il a également passé un coup de fil au correspondant du journal local.

Après tout, pourquoi pas ? Jusque là, il n'y a rien de bien grave. Les ego des uns enflent souvent grâce au travail des autres. Tout cela n'aurait pu être qu'une récupération un peu grossière de l'image des Canadair.

Le problème, c'est que l'avion est arrivé beaucoup trop rapidement. Un quart d'heure à peine après qu'Ange ait prévenu ses amis, le hurlement des moteurs a retenti dans le ciel. C'était une catastrophe... Aucun des « invités » n'était encore arrivé ! Le pilote allait effectuer un largage sans un seul spectateur au sol. Pire, étant donné la taille modeste du feu, il allait tout éteindre en un seul passage et disparaître. Ange imagina la tête de ses autorités lorsqu'elles découvriraient qu'on les avait fait venir pour examiner un bout de champ noirci. Il fallait donc tout faire pour retarder le largage. Ange n'a pas eu à réfléchir bien longtemps pour trouver une solution. Le plus simple était de prétendre qu'il y avait encore des pompiers au contact du feu !

Cela fait maintenant 12 minutes que le Canadair est en train de consommer inutilement du carburant... Olivier ne comprend pas ce qui se passe. Pourquoi ce type ne lui donne-t-il pas l'autorisation de largage ?

L'avion en est à son troisième 360 lorsque, soudain, Jacques lance un avertissement.

– Bon sang, t'as vu ça là-bas ?

Olivier tourne la tête vers le nord. À une vingtaine de kilomètres dans les terres, une épaisse fumée noire commence à se dégager du relief.

– Merde... C'est le feu d'Aléria.

– Il est en train de prendre de l'extension...

Le Canadair est aussitôt stabilisé, les ailes horizontales.

– Cette fois, il faut qu'on y aille, lance Olivier !

Aussitôt, il appuie sur l'alternat de sa radio.

– Cos Solenzara, vous me recevez ?

– Oui, 5 sur 5... Ça vient ! Ne vous inquiétez pas, plus que quelques minutes et vous pourrez larguer.

– Désolé mon vieux, mais ça ne peut pas continuer comme ça. On a un autre feu vers le nord...

– Et alors ?

– Alors, on s'en va...

– Hein, mais vous êtes complètement fous. Mon feu va s'étendre sur des hectares. Vous n'avez pas le droit de faire ça. J'ai un lotissement juste à côté. Il y a des maisons qui risquent de brûler.

Excédé par tant de mauvaise foi, Olivier bascule son Canadair vers le nord et il met le cap en direction d'Aléria.

– Votre feu ne va s'étendre nulle part, lance-t-il. Il va mourir tout seul. Il n'a même pas besoin de vous.

Cette fois, le pompier explose de rage.

– Non mais ça va pas.... J'ai jamais vu une telle attitude... Vous abandonnez des gens dans la détresse.

Olivier stabilise son Canadair au cap 340. Sans la moindre hésitation, il fonce droit vers l'énorme fumée qui barre l'horizon.

– On n'abandonne personne, rétorque-t-il. Ça fait une éternité qu'on fait les cons sur la mer en attendant vos instructions. Maintenant, c'est trop tard. On s'en va ailleurs.

En désespoir de cause, le capitaine ne trouve rien d'autre que la menace pour convaincre Olivier de rester.

– Je préfère vous avertir... Si jamais vous faites ça, vous allez en entendre parler en haut lieu.

– Faites ce que vous voudrez. En ce qui nous concerne, on ne peut pas faire autrement.

Malgré les protestations et les menaces de sanctions, Olivier n'écoute plus. Les manettes des gaz sont poussées à fond vers l'avant. La vitesse augmente vers 180 nœuds[5]. Il fonce en direction d'Aléria. Il lui faut maintenant se concentrer sur ce feu naissant. C'est la priorité.

À mesure que le Canadair approche du sinistre, l'équipage comprend que c'est grave. Même un observateur non averti remarquerait que le feu d'Aléria est en train de prendre des proportions dramatiques. Il y a beaucoup de vent et les flammes se déplacent à une vitesse folle. Elles ont déjà ravagé trois hectares et les lisières semblent particulièrement actives. Lorsque le Canadair arrive sur place, Jacques ne peut s'empêcher de manifester sa stupéfaction.

– Dis-donc, c'est un costaud, celui-là... Quand je pense qu'on restait à glander en attendant que le mec prenne une décision !

Mais Olivier ne pense déjà plus à Solenzara. À présent, il n'a qu'une idée en tête : empêcher ce feu de devenir incontrôlable.

– On va jamais y arriver tout seul, prédit-il. Contacte les copains et dis-leur de venir nous donner un coup de main.

Jacques appelle donc les deux Canadair qui sont en réserve sur l'aéroport d'Ajaccio. Ils ne sont qu'à 60 kilomètres, ça ne devrait pas prendre trop de temps.

Lorsque c'est fait, Jacques explique.

– Ils seront là dans une petite demi-heure.

– J'espère qu'ils vont faire vite parce que ça va chauffer.

– Check-list largage ?

– C'est parti !

En attendant l'arrivée des renforts, Olivier commence à travailler seul sur le feu. Cette fois, le contact avec le pompier au sol est efficace. L'homme est un vrai professionnel qui donne des ordres précis. Les indications sont très claires sur la position de ses hommes au bord des lisières. Il ordonne un premier largage sur la tête du feu. Le second aura lieu sur la lisère droite. Tout va très vite. Pas de longs discours... Le gars n'est pas là pour faire le

5. *340 km/h.*

malin devant des notables. Malheureusement pour Olivier, le temps perdu à Solenzara a des conséquences graves. Le feu n'a pas été attaqué assez tôt.

Dès le premier largage, l'équipage réalise que les conditions sont encore pires que ce qu'il avait imaginé. D'autant que les flammes ont démarré au fond d'une vallée très étroite. Par une phénomène de venturi[6], le vent s'accélère au niveau du cours d'eau. Il attise le foyer de manière spectaculaire. En outre, le terrain est terriblement favorable au feu. La végétation est dense et extrêmement sèche… Il n'est pas tombé une goutte d'eau depuis trois semaines. À la moindre saute de vent, les broussailles s'embrasent comme de la paille…

– Si seulement, on était arrivé plus tôt, se lamente Jacques…

Comme si tout cela n'était pas suffisant, Olivier a beaucoup de difficultés à descendre dans le fond de la vallée. Les versants sont resserrés et deux pitons rocheux barrent l'axe de largage. Il est très difficile d'aller sur les flammes à basse hauteur.

Le combat est rude… Turbulence, obstacles, vent violent. Rien à voir avec la « campagne de pub » précédente.

Vers 16 heures, les deux autres Canadair arrivent à la rescousse. Mais pour rejoindre Aléria, ils doivent passer à proximité du petit feu de Solenzara. Comme Olivier l'avait prévu, celui-ci est en train de s'éteindre tout seul.

Le problème, c'est que les invités du capitaine C. sont maintenant arrivés. Tout le monde est au rendez-vous. Il y a le maire, quelques notables, le président du club sportif et toutes les sommités du village. Il y a même des amis personnels du pompier et des membres de sa propre famille auxquels il a souhaité en mettre plein la vue. Tous sont venus pour voir Ange en train de « diriger » le Canadair.

Malheureusement, à part, quelques flammèches qui grésillent tristement, il n'y a pas grand chose à voir.

6. L'écoulement d'un fluide accélère lorsque le conduit se rétrécit.

On peut imaginer l'excitation d'Ange lorsqu'il entend le ronflement des avions qui s'approchent. Ce sont des gars de la Sécurité civile ! Ils passent juste au-dessus de sa tête. Et cette fois, il y en a deux !

Bien évidemment, il bondit aussitôt sur sa radio.

– Ici *Cos Solenzara...* J'appelle les Pélicans qui sont en ce moment par le travers de la ville...

Comme les pilotes sont à l'écoute, ils répondent immédiatement :

– On vous reçoit 5 sur 5, Solenzara. Allez-y...

– J'ai besoin d'un largage sur mon feu. Il faut que vous veniez d'urgence.

– Heu... Quelle est votre position ?

– Eh bien, mon feu se trouve à mi-chemin entre la base aérienne et l'agglomération... C'est juste entre la nationale et la plage.

Les nouveaux venus sont plutôt surpris par cette requête inattendue. On les a appelés pour un gros incendie à Aléria et, en chemin, quelqu'un leur demande de l'aide pour un feu minuscule qu'ils parviennent à peine à distinguer.

Après avoir entamé un virage de repérage au-dessus de Solenzara, leur première réaction est donc de contacter Olivier.

– Un pompier vient de nous demander de l'aide. C'est quoi ce plan foireux, demande le leader ?

– C'est le type de Solenzara qui vous a appelés ?

– Affirmatif.

– Faites gaffe les gars, ce mec-là n'est pas clair... Je n'ai rien compris à ce qu'il manigançait mais c'est louche !

En quelques mots, Olivier met ses collègues au courant de ce qui s'est passé. L'attente interminable sur la mer, la modicité du feu et surtout les soupçons que l'opération n'a rien à voir avec la mission d'un Canadair.

Après avoir jeté un rapide coup d'œil sur les lieux, les nouveaux venus prennent la même décision que leur collègue.

Le feu de Solenzara n'a pas besoin de largage. Il faut se concentrer sur des choses sérieuses. Au grand désespoir du capitaine C., les deux Pélicans rejoignent donc Olivier dans le nord.

Les trois avions travaillent toute l'après-midi sur le feu d'Aléria. Largages, écopages se succèdent à un rythme effréné. C'est dur... À chaque passage, les avions larguent six tonnes d'eau et pourtant les flammes semblent renaître immédiatement comme si rien n'avait été fait.

– On aurait dû l'attaquer tout de suite, répète Jacques, chaque fois que l'avion se présente pour un largage.

Ce n'est qu'au moment où le soleil se couche que les flammes commencent enfin à perdre un peu de leur vigueur. Malheureusement, c'est l'heure où les avions doivent rentrer. Avant de mettre le cap vers Ajaccio, Olivier observe la mer qui moutonne de plus en plus fort... De toute évidence, le vent dépasse 40 nœuds et il devrait souffler comme ça toute la nuit. Le feu d'Aléria n'a pas dit son dernier mot. Nul doute qu'il faudra revenir demain pour terminer le travail.

Il fait nuit noire lorsque Olivier coupe ses moteurs. Après des heures de vrombissement épuisant, le silence tombe dans le cockpit comme un coup de tonnerre. Les tympans sont brusquement douloureux. Les hommes rangent lentement leur sacoches de vol... Les visages sont tirés. Ils portent les traces de toutes les tensions du vol.

– Putain d'après-midi, murmure Jacques en déverrouillant la porte de l'avion.

Quelques instants plus tard, les trois équipages se retrouvent sur le parking. La voix cassée, Olivier échange ses impressions sur le combat qu'ils viennent de livrer.

– Il aurait fallu huit avions pour venir à bout d'un feu pareil. À trois, on n'avait aucune chance.

– On recommencera demain dès l'aube.

– Ça n'empêche... on sera toujours que trois avions et il va repartir pendant la nuit.

Alors que les équipages pénètrent dans la salle Ops, un mécanicien fait un signe discret en direction d'Olivier.

– Il y a un type qui te demande au téléphone.

Epuisé par plusieurs heures de combat, Olivier met quelques secondes à réaliser.

– Qui ça ?

– C'est un gars de Solenzara. J'ai pas bien compris ce qu'il veut mais il n'arrête pas de gueuler. Tu veux que je lui dise que t'es pas là ?

Olivier secoue la tête.

– Non, je le prends.

C'est bien évidemment le capitaine C. qui souhaite régler ses comptes ! Le pilote n'a pas le temps de parler. Son interlocuteur est fou de rage. Il s'emporte. « C'est la première fois de sa vie qu'il voit un navigant avoir l'impudence de quitter un feu sans autorisation. C'est un cas très grave d'indiscipline. Il va faire un rapport salé. D'ailleurs, il ne sera pas le seul à dénoncer cette faute grave. Certaines personnalités importantes l'appuieront ».

Dans son empressement à montrer qu'il dispose de solides appuis en haut lieu, le pompier finit même par se trahir. Il révèle qu'il avait demandé à des VIP d'assister aux opérations aériennes. Ces gens ont été très déçus de ne pas avoir vu comment ça se passait.

– Je vais faire un rapport, répète sans cesse le capitaine. Ça va vous coûter très cher !

Olivier écoute d'une oreille distraite. La fatigue est trop forte pour qu'il ait vraiment envie d'argumenter.

– Faites ce qui vous plaira, lance-t-il en raccrochant.

Il n'y aura jamais de rapport… Le capitaine C. a certainement compris qu'il se serait ridicule. Qui aurait pu reprocher à un pilote de Canadair d'avoir donné la priorité à un feu important au lieu de faire du spectacle pour quelques privilégiés ?

Ce jour-là, même le journal local n'a pas parlé du feu de Solenzara !

IL MANQUE UN BOUT D'AILE !

Ce texte est la seconde histoire de cet ouvrage au cours de laquelle un bombardier d'eau accroche un câble. Cette répétition n'est pas fortuite. Elle est l'image d'un type d'accident qui est malheureusement fréquent à la Sécurité civile. Le vol à très basse hauteur est terriblement dangereux et les pilotes des Canadair en sont souvent les victimes !

5 février 1997, 14 heures

Éric Renoult et Yves Batiot ont déjeuné au « Pélican Restauration ». Ils sont ensuite allés tranquillement boire un café au secteur Canadair. Maintenant, ils se préparent à partir en vol. Les deux navigants prennent tout leur temps… Rien à voir avec ce qui se passe en été lorsque la sirène se déclenche. C'est l'hiver. Pas de départ précipité. D'ailleurs, il n'y a eu pas le moindre feu depuis le début de l'année…

Pourtant les pilotes volent malgré tout car il faut s'entraîner régulièrement. Aujourd'hui, le programme est classique. Ils feront des séries de pannes simulées pour réviser les procédures dans différentes configurations stressantes. Ces entraînements ont un autre but : il s'agit de préparer l'examen en vol que les navigants subissent chaque année. Une véritable épreuve pour chacun d'eux ! Au cours de ces tests, on vérifie leurs capacités à réagir en face de tous les types de problèmes. Aucun navigant ne néglige ces examens dont la réussite est obligatoire pour pouvoir continuer à voler.

Le vol d'entraînement d'Éric et d'Yves était prévu ce matin mais il a été annulé faute d'un Canadair disponible. Le décollage a donc été reporté à l'après-midi.

Vers 14 h 10, les deux hommes s'installent dans le Pélican 41 et ils contactent les opérations.

– Redan du Pélican 41, Bonjour.

– Bonjour, je vous reçois 5/5, allez-y 41.

– Equipage Renoult-Batiot. C'est pour un vol d'entraînement dans la zone de la Sainte Victoire.

Dans la salle des opérations, Nicole note les éléments de ce départ puis elle réplique d'une voix claire.

– Bien reçu 41. Bon vol, à tout à l'heure !

À 14 h 30, Yves Batiot appelle la tour de Marignane qui autorise aussitôt le roulage pour la piste 32 droite. La mission commence…

À 14 h 37, le Canadair est au point d'attente au bord de la piste. Une fois la check-list terminée, Éric procède à un briefing rapide à l'attention de son copilote. Il s'agit d'expliquer clairement l'exercice qui va être effectué dès que le Canadair sera en vol.

– On va commencer par une panne sur le moteur droit. Ce sera après V1[1]. Une fois qu'on aura atteint la vitesse de sécurité, on montera à la pente maximum jusqu'à 5 000 pieds. Ensuite, après le décollage, virage à droite et cap sur la Sainte Victoire.

1. *Juste après le décollage.*

Le copilote écoute attentivement. Il connaît parfaitement tous les gestes à exécuter pour réussir la manœuvre. À côté de lui, le commandant poursuit son briefing d'explication :

– Si par hasard, on avait une panne réelle, on partirait immédiatement en tour de piste par la gauche et on ferait un circuit adapté.

Yves lève le pouce.

– C'est OK pour moi, dit-il simplement.

Quelques secondes plus tard, le Canadair décolle.

Les roues ont à peine quitté le sol qu'Éric ramène une des deux manettes de gaz en arrière pour simuler la panne du moteur droit. L'avion fait une légère embardée mais la procédure est appliquée à la lettre et tout se déroule correctement. Quelques instants plus tard, l'équipage revient en configuration normale et il vire à droite pour continuer la montée jusqu'à 5 000 pieds.

L'air est calme. Il n'y a pas la moindre turbulence…

Le Canadair survole d'abord Aix-en-Provence, puis il longe la vallée de la Durance pour rejoindre la montagne de la Sainte Victoire. Au sol, les petits villages se succèdent. L'autoroute A61 étire son long ruban vers le nord-est. Il fait gris et froid mais le plafond est élevé.

Pendant la montée, les deux hommes ne restent pas inactifs. Alors que l'aiguille de l'altimètre tourne lentement, Éric simule toute une série de pannes électriques : surchauffe batteries, défaillance des deux génératrices… Encore une fois, il s'agit de respecter exactement les procédures d'urgence en faisant les bons gestes au bon moment.

Tout se passe bien.

Puis l'avion arrive dans la zone de la Sainte Victoire.

– Quelle tristesse, murmure Yves au moment où l'appareil se trouve sur son axe d'entraînement.

Éric approuve.

– C'est pire que ça !

Les deux hommes ont du mal à regarder vers le sol tant le paysage est marqué... Pendant l'été 1996, un terrible incendie a ravagé les versants de la Sainte Victoire et les cicatrices sont encore visibles un peu partout. Six mois après le drame, c'est un sol lunaire qui défile sous les ailes. Sur des centaines d'hectares, les arbres ne sont que des squelettes calcinés. La terre est à nu. Dépouillée de sa végétation protectrice, elle est à la merci des éléments. Jours après jours, les pluies ont raviné le terrain traçant de longs sillons blanchâtres qui marquent l'accélération de l'érosion.

Mais les deux hommes ne sont pas là pour se lamenter sur les drames écologiques de la région. Si c'était le cas, ils n'auraient plus le temps de rien faire. La priorité, c'est de continuer l'entraînement.

– On va faire une simulation de feu sur le moteur gauche !

Une nouvelle fois, Éric effectue un briefing rapide de ce qui va se passer : réduction des gaz, coupure de l'arrivée du carburant et percussion de l'extincteur si le besoin s'en fait sentir.

L'équipage est sur le point de commencer l'exercice, lorsque la radio grésille dans les casques. C'est le Circosc[2] de Valabre.

– Pélican 41 de Bengale ?

– Oui 41, j'écoute...

– Nous avons un problème.... Est-ce que vous pouvez arrêter votre entraînement et vous diriger tout de suite vers un feu de forêt dans les Alpes Maritimes ?

Machinalement Éric hoche la tête et se tourne vers son copilote. Sans prononcer une parole les deux hommes se comprennent : « Ce sont eux qui vont faire le premier chantier de l'année ».

– D'accord. On y va. Vous avez les éléments ?

– C'est sur la commune de Breil-sur-Roya. Coordonnées : 07 31 Est et 43 56 Nord. Vous contacterez le Codis 06 sur le canal 16.

2. Centre inter-régional de coordination opérationnel de la Sécurité civile.

Éric connaît parfaitement le village de Breil. C'est un joli petit bourg de montagne situé sur la route qui monte au col de Tende. L'Italie est à quelques kilomètres.

– C'est compris, Pélican 41. On met le cap vers l'est. Pour l'écopage, on fera ça sur le lac de Sainte Croix. C'est à mi-chemin.

– Bien reçu 41... On vous demande immédiatement la sécurité pour le plan d'eau. Une fois sur le feu, on vous enverra d'autres Canadair si vous avez besoin d'un coup de main.

Sans perdre un seconde, Éric entame une descente rapide en direction de son point d'écopage... Le lac de Sainte Croix se trouve au sud du village de Moustiers-Sainte-Marie dans les Alpes de Haute-Provence. C'est en pleine montagne, juste à côté des gorges du Verdon. Certainement les canyons les plus extraordinaires de France ! À cette époque de l'année, les eaux du lac sont très froides. Elles prennent une couleur étonnamment verte, presque surnaturelle.

Éric est très vite sur place. Il survole le torrent de Valonge qui déboule au milieu de rochers. On aperçoit des traces de glace un peu partout sur les berges. Juste à côté du torrent, la route départementale 952 brille étrangement. Elle est parsemée de plaques de neige durcie.

– Il doit pas faire chaud en dessous, murmure Éric.

Comme tous les pilotes de Canadair, il a l'habitude de venir écoper à cet endroit. Aujourd'hui, les conditions climatiques changent radicalement l'aspect du paysage. Il faut serrer les crêtes enneigées, se glisser le long des versants avant de se laisser descendre au ras de Notre-Dame de Beauvoir. Pas toujours facile d'arriver dans le coin lorsque la météo est limite mais on finit par s'y faire[3].

Il est 14 h 55...

3. *Il y a pourtant eu un accident mortel à cet endroit. Le 8 mars 2004. Jean Beauvais et Jean-Pierre Laty sont décédés en service aérien à cet endroit. Voir « Hommage » à la fin de cet ouvrage.*

Éric a décidé d'écoper le long de la berge ouest.

Il n'y a aucun plaisancier sur le lac. Pas la moindre planche à voile. L'eau est trop glacée pour tenter les sportifs… Le pilote se laisse descendre jusqu'à la surface cristalline. Tout se présente bien. L'écopage est effectué en quelques dizaines de secondes puis l'avion fonce en direction de Breil-sur-Roya.

Pendant qu'Éric met le cap vers le feu, Yves sort sa carte pour étudier à quel endroit se fera le prochain écopage.

– Qu'est-ce que tu en penses si on prend de l'eau du côté de Menton ?

Éric approuve aussitôt. La Méditerranée est calme aujourd'hui et ça ne devrait pas leur poser de problème. Elle n'est qu'à une vingtaine de kilomètres de Breil, cela prendra une petite vingtaine de minutes entre chaque largage. Avec un tel rythme, il seront efficaces sur le feu.

– C'est le premier de l'année, ça s'arrose, plaisante le copilote !

Éric sourit :

– À mon avis, on ne va pas s'épuiser. À cette époque, c'est sûrement un petit feu de montagne. On n'en causera pas dans les chaumières !

Yves fait la moue.

– Si c'est le cas, c'est pas un peu démesuré d'envoyer un Canadair pour un petit feu isolé au fond du bled ?

– Tu sais pour nous, c'est facile de larguer de la flotte, rétorque Éric. Mais t'imagine un peu ce que ça représente pour les pompiers de monter là-haut… Les gars en bavent pendant des heures quand ils doivent installer des tuyaux dans des endroits inaccessibles.

À 15 h 05, le Canadair arrive sur le lieu de l'incendie. Etrange tache brillante au milieu de la grisaille du relief, le feu a pris en pleine montagne à plus de 1 300 mètres d'altitude. La frontière italienne se trouve à moins de cinq kilomètres juste derrière le col de Tende. Juste à côté, c'est le sommet du Mangiabo. Éric sait déjà qu'il va devoir pénétrer dans l'espace aérien italien lorsqu'il se placera sur son axe de largage. Etant donnée la configuration du terrain, il n'a pas d'autre choix. Il devra se glisser entre la Madone del Poggio et les gorges de Saorge. Qu'importe, les Canadair n'ont pas besoin de passeport lorsqu'ils travaillent dans ces conditions.

Contrairement à ce qu'Éric croyait, ce n'est pas un petit feu d'hiver. Le sinistre a certainement démarré depuis un bon moment car les flammes s'étendent sur plus d'un hectare. Et ça ne va pas s'arrêter tout seul... Le forêt est un fabuleux réservoir de combustible. Il y a suffisamment de bois pour détruire une vingtaine d'hectares. Difficile de comprendre ce qui a pu déclencher un incendie dans un endroit aussi désert. Il n'y a pas la moindre habitation dans les environs. Pas même une bergerie... La seule trace de vie, c'est un chemin forestier qui rejoint la départementale 2204 mais il est à plus de trois kilomètres.

Comme de coutume, Éric effectue une reconnaissance autour du sinistre. Nul besoin de tourner longtemps pour comprendre que le terrain est hostile. Au sud, il y a une paroi rocheuse abrupte qu'il va falloir éviter au moment de la prise d'axe. Tout autour, ce ne sont que des crêtes et des sommets dont certains culminent à plus de 1 800 mètres.

– Pour mon premier feu de l'année, j'aurais préféré quelque chose de plus tranquille, remarque Yves Batiot en levant les yeux vers les reliefs environnants.

– Dis-toi que c'est un entraînement, réplique Éric.

– Entraînement ou pas, on n'a pas intérêt à se louper parce c'est quand même mal pavé.

Yves sourit. C'est vrai que le feu est au milieu d'une sorte de cirque. C'est comme s'il volait dans une cour fermée. L'endroit est superbe[4] mais ce n'est pas le lieu idéal pour aller se promener en avion.

Par mesure de sécurité, Éric scrute le sol pour vérifier qu'il

4. Le sentier de randonnée GR 52 passe à proximité de Breil-sur-Roya.

n'y a personne dans le secteur de largage. Pas la moindre trace de pompiers. De toutes les façons, comment pourraient-ils monter là-haut ? Il faudrait des heures... Seul un bombardier d'eau peut intervenir dans un endroit pareil. D'ailleurs s'il n'était pas là, le feu pourrait détruire plusieurs hectares de forêt. Le genre de catastrophe écologique que personne ne remarque et qui fait pourtant beaucoup de mal à notre environnement.

– C'est vrai que si on ne fait rien, ils auront beaucoup de mal à l'éteindre, remarque Yves.

Une fois la reconnaissance terminée, Éric jette un coup d'œil sur son axe. Etant donné la configuration du relief, il n'a pas vraiment le choix. Il lui faut d'abord survoler la cime du Bosc puis se laisser descendre le long des gorges avant de se raser les flancs de l'Arbouin. C'est une trajectoire un peu sinueuse mais c'est le seul moyen d'atteindre les lisières du feu à basse hauteur. Contrairement à d'habitude, il ne sera pas possible d'attaquer le feu avec le vent de face. Tant pis, l'équipage s'adaptera aux conditions du terrain !

Cela fait maintenant deux minutes que le Canadair est sur les lieux.

En place droite, Yves Batiot vient de terminer la check-list « avant largage ». L'avion est prêt. Les portes sont armées. Sur le tableau de bord, les huit voyants « armed / ready » sont allumés. Les volets sont sortis à 15 degrés. Tout est OK... Il ne reste plus au pilote qu'à descendre sur le feu et d'appuyer sur le bouton rouge. Après avoir soigneusement réfléchi, Éric a décidé qu'il larguera son eau en léger virage à gauche. De cette manière, il lui sera plus facile ensuite de se dégager de la crête qui lui barre la route vers le nord.

La vitesse est réduite à 110 nœuds[5]. La longue ligne claire des flammes approchent. D'après la direction de la fumée, on

5. 185 km/h.

voit bien que le feu est attisé par une brise de vallée soutenue. Rien à voir avec le Mistral habituel mais ça brûle très fort malgré tout.

Cet incendie qui se développe dans un environnement glacé a quelque chose d'étrange !

– Je vais taper sur la lisière nord, annonce Éric en stabilisant le Canadair sur son axe.

Aussitôt, Yves saisit le levier du largage en secours.

- C'est quand tu voudras !

- T'es prêt ?

La main du copilote est posée fermement sur la poignée rouge. Au cas où le système électrique serait défaillant, il est prêt à ouvrir les portes en manuel. Il lui faudrait moins d'une seconde pour cela.

- Prêt !

Le Canadair est maintenant au ras du versant. Les sommets des arbres défilent à quelques mètres sous le ventre de l'avion. Le feu est droit devant. La vitesse est stabilisée à 100 nœuds[6]. Éric se concentre sur son objectif. Dans cinq secondes, il va appuyer sur le bouton de largage. Son regard est braqué vers le sol.

Et puis soudain, le copilote pousse un cri :

- Attention... un câble... droit devant !

Instinctivement, Éric lève les yeux et il l'aperçoit le danger[7]. C'est une longue ligne noire qui raye son pare-brise dans le sens de la diagonale. La menace se trouve à une trentaine de mètres de hauteur au-dessus du versant. Pas le temps de réfléchir, ce sont les réflexes qui jouent ! Le câble est droit devant, juste au niveau des yeux. Il va accrocher le cockpit de plein fouet. Impossible de cabrer l'avion, les 20 tonnes d'inertie ne permettraient pas d'éviter l'obstacle. Il n'y a qu'une solution. Passer

6. 185 km/h.
7. Le câble traversait la vallée d'un versant à l'autre. Il était utilisé pour monter du foin jusqu'aux troupeaux isolés.

dessous. Vite... Alors, Éric pousse sur le manche. Juste ce qu'il faut pour ne pas accrocher les arbres. Le Canadair plonge au ras du versant... Le sol est tout proche... La marge de manœuvre est terriblement étroite. L'équipage aperçoit distinctement les branches qui se précipitent vers le pare-brise.

Le câble disparaît au-dessus de l'avion...

Pendant une fraction de seconde, Éric pense qu'il a réussi son coup. Il est passé en dessous ! Et puis, il y a un choc sourd ! C'est un bruit de corde de piano qui casse. Un claquement dur à travers tout le fuselage. Puis il y en a un second presque immédiatement.

L'avion vient d'accrocher le câble avec le winglet[8]. Le bout de l'aile gauche a été entièrement sectionné. Le câble est venu frapper la queue du Canadair comme un gigantesque fouet de métal. Dans son élan, il s'est enroulé autour de la queue, déchiquetant au passage le compensateur de direction sur la dérive. L'hélice du moteur droit a également été touchée.

Sous la violence de l'impact, le Canadair se met à vibrer légèrement.

– Merde, on vient d'accrocher cette saloperie, lance Éric.

– On l'a pris où ?

– Sûrement dans la queue !

Dans la même seconde, une série de témoins lumineux clignote sur le tableau de panne. L'alarme « Décalage trim direction » s'allume. Instinctivement, Yves Batiot tourne les yeux vers la droite pour examiner l'aile. Tout semble normal. De son côté, Éric le même réflexe à gauche.

Et là, il a un coup au cœur...

– Yves ?

– Oui...

8. Le « panneau » vertical placé en bout d'aile du Canadair 415 n'a pas réellement la fonction d'un « winglet ». Son rôle n'est pas de diminuer la traînée ou d'économiser du carburant. C'est avant tout un dispositif aérodynamique destiné à stabiliser l'avion à basse vitesse.

– Il nous manque un bout d'aile à gauche...

– Merde !

Depuis sa place, le copilote ne peut pas voir les dégâts. Il demande d'une voix blanche :

– Un gros bout ?

– Ben... Oui ! Plutôt...

Avec beaucoup de précautions, Éric remet le Canadair en montée. Avant de faire quoi que ce soit, il faut d'abord sortir du relief mais il faut le faire avec des évolutions très souples. Mieux vaut éviter les manœuvres serrées quand on pilote un appareil qui a perdu des morceaux !

En voyant son commandant bouger l'avion du bout des doigts, Yves s'inquiète :

– Tu sens quelque chose aux commandes ?

Avant de répondre, Éric incline successivement l'avion à droite, puis à gauche. Il a une étrange sensation de lourdeur dans le manche. Les réactions aux gouvernes sont différentes.

– Pour l'instant, j'arrive à le tenir mais j'ai l'impression qu'on a pris un sacré coup à l'arrière. Je vais y aller doucement... Je voudrais pas que ça nous lâche brutalement.

Puis il rajoute comme s'il parlait à un animal blessé.

– Tout doucement...

– On fait quoi, demande Yves ?

Dans le cerveau du commandant, ça tourne à 100 000 tours. L'alarme du compensateur de direction est toujours allumée sur le tableau de panne. Ce n'est pas un simple court-circuit. Les dégâts sur la queue sont importants. Mais jusqu'à quel point ? Il n'y a qu'un moyen de le savoir.

– Vas à l'arrière, ordonne Éric... Tu pourras peut-être voir quelque chose par le hublot.

– J'y vais...

Sans hésiter, le copilote déboucle sa ceinture et quitte le poste de pilotage à la hâte. Une fois à l'arrière de la cabine, il se tord le cou pour tenter d'apercevoir l'empennage à travers le plexiglas. Malheureusement, le plan fixe masque toute la partie supérieure de la gouverne. Impossible de voir les dégâts.

– Qu'est-ce que ça donne, demande aussitôt le commandant lorsqu'il revient s'asseoir ?

– J'en sais rien. Je vois rien du tout !

Cela fait maintenant deux minutes que l'accident est arrivé. Tout en mettant le cap vers le sud-est, Éric tente de faire le point sur la situation. Il ne fait aucun doute que son avion est gravement touché. Il faut atterrir le plus vite possible. Mais aller où ? Tenter un retour à Marseille serait de la folie. C'est trop loin ! Le câble a percuté un élément vital pour le contrôle de l'avion. Pour le moment, la mécanique semble tenir mais elle pourrait lâcher d'un coup et l'aventure se terminerait en vrille avec une jolie boule de flammes.

Pas besoin de réfléchir très longtemps, il n'y a qu'un seul aéroport dans un rayon de 60 kilomètres !

– On va se poser à Nice !

Tout en parlant, Éric vérifie qu'il survole une zone parfaitement déserte. Inutile de conserver six tonnes d'eau dans un appareil auquel il manque un bout d'aile.

– Tu largues la flotte en secours !

– D'accord... Ça part.

Aussitôt, le copilote saisit le grand levier rouge et l'actionne. Le système est d'un maniement assez dur mais il fonctionne du premier coup.

– C'est parti, annonce Yves d'une voix forte.

Au même moment, les portes s'ouvrent sous le ventre du Canadair, libérant l'énorme trombe habituelle. À cet instant, l'avion est à 900 pieds du sol[9]. À cette hauteur, la chute de l'eau ne représente aucun danger. S'il y avait quelqu'un en dessous, il serait tout juste mouillé par une petite averse.

Dans un premier temps, l'eau se transforme en pluie fine.

9. *Environ 300 mètres.*

Puis comme la température extérieure est légèrement négative, ce sont finalement des petits flocons qui descendent doucement sur le versant de l'Arbouin. Spectacle insolite d'un avion de la Sécurité civile qui joue au canon à neige dans une zone où il n'y a jamais le moindre skieur.

Allégé de son fardeau, le Canadair remonte instantanément de quelques centaines de pieds et Éric ordonne :

– Envoie la check-list « après largage ». On va conserver les volets à 15 degrés et on ne change pas la vitesse... J'ai pas envie qu'on touche trop à l'avion. Si quelque chose est cassé, ça peut mal tourner.

Sur ce dernier point, Éric a parfaitement raison. Même si l'avion vole encore normalement, le moindre changement de configuration peut provoquer une rupture grave. Le mieux, c'est donc de ne toucher à rien...

Yves approuve aussitôt :

– Compris... On garde les volets 15.

Pendant que le copilote énumère les items de la procédure, Éric connecte sa VHF sur la fréquence de la tour de contrôle de Nice. Cet aéroport est le mieux adapté pour lui, non seulement parce qu'il est très proche mais également parce qu'il dispose d'une piste suffisamment longue : pratiquement 3 kilomètres. En outre, il est équipé de gros moyens de sécurité anti-incendie. Pour un avion en détresse, ce sont des paramètres non négligeables.

Dans un premier temps, Éric a quelques difficultés à contacter la tour. Il y a du monde sur la fréquence. Les messages se succèdent sans discontinuer. Nice est le second aéroport de France. Il y a tellement d'avions dans la zone que le contrôleur n'arrête pas de parler. Impossible de l'interrompre sous peine de saturer la fréquence.

– C'est la foule des grands jours, proteste Yves, en entendant les différents trafics intervenir.

L'attente se prolonge pendant une quarantaine de secondes

avant qu'il y ait enfin un silence. Le néophyte pensera que 40 secondes, c'est court ? Quand on est en emergency, c'est très long !

Lorsque Éric peut enfin parler, il envoie son message d'une seule traite. Il parle vite mais sa voix est calme.

– Nice, Pélican 41, bonjour messieurs. Je désire un atterrissage en urgence. J'ai heurté un câble... Mon aile gauche est touchée. Je suis à une vingtaine de nautiques dans le nord-est de vos installations.

Les contrôleurs français ont la réputation d'être d'une efficacité parfaite lorsqu'il s'agit de gérer une urgence. L'homme de quart ce jour-là ne faillit pas à la règle. Il réagit en grand professionnel. Pas de long discours pour demander des détails inutiles... Pas d'instructions inapplicables... Nul besoin de faire répéter le pilote... Il fournit immédiatement les informations essentielles.

– Pélican 41, bien reçu. C'est la piste 05 droite. Le vent est du 070 pour 10 nœuds. Vous avez la priorité. Est-ce que vous voulez la sécurité ?

– Affirmatif.

– Reçu 41. On met tous les moyens en place immédiatement.

Tout en parlant, le contrôleur écrase le gros poussoir d'alarme situé sur son pupitre. L'alerte retentit aussitôt dans les différents centres de sécurité. Immédiatement, les pompiers se ruent hors des salles d'alerte. Les moteurs hurlent et les camions foncent vers l'entrée de la piste. Les ambulanciers allument leurs gyrophares pour suivre les hommes du feu. Lorsque le Canadair arrivera en finale, toute la colonne se lancera à sa poursuite pour intervenir à la seconde même où il s'immobilisera.

Au même moment, dans la salle d'approche de Nice, le contrôleur jette un coup d'œil à son écran radar. Grâce à son code transpondeur spécifique, l'avion en détresse est parfaitement repérable. Il se dirige vers Cagnes-sur-Mer. De toute évidence, le pilote fonce tout droit vers l'entrée de l'étape de base pour la piste 05. Il tente de gagner quelques précieuses secondes en anticipant sur sa trajectoire. Le problème, c'est qu'au même instant, un Airbus 320 de la compagnie British Airways s'approche de la balise « November Charlie ». C'est le vol BA 0344 en provenance de Londres-Heathrow. Les deux appareils risquent de se retrouver en même temps en finale pour la 05.

Le contrôleur n'hésite pas. L'avion en détresse ne doit surtout pas être gêné par la présence de l'Airbus anglais. Il n'y a pas d'autre solution que de la retarder. Tant pis pour les passagers. Ils attendront un peu.

– *British Airways 0344, please turn right heading 180. We have got a traffic in emergency. I call you back for further instructions.*

– *Roger 0344... Turning right 180*[10].

Tout en parlant, le contrôleur ne peut s'empêcher d'avoir une pensée pour l'équipage du Canadair. Ces types-là font un boulot exceptionnel.

Ils volent au secours du public dans des conditions incroyablement difficiles sans jamais se mettre en avant. Aujourd'hui, les rôles sont inversés. L'un d'eux a des problèmes, il faut tout faire pour l'assister.

Quelques secondes plus tard, sur l'écran radar, le spot du vol BA 0344 s'éloigne de l'axe de la balise. La voie est libre pour le Canadair.

– Vous avez toujours la priorité Pélican 41. Nous avons un bon contact radar sur vous... Vous êtes déjà autorisé à l'atterrissage piste 05 droite.

Puis, pour faciliter encore la tâche du pilote, il rajoute :

– Si par hasard, vous préférez la 23, il n'y a aucun problème pour nous. C'est à votre convenance !

Dans son cockpit, Éric esquisse un sourire. C'est bon de se

10. – British Airways 0344, s'il vous plaît, virez à droite au cap 180. Nous avons un appareil en situation de détresse. Je vous rappelle pour des instructions.
– Roger 0344, on vire à droite au 180.

sentir assisté de cette manière quand on a des problèmes, certains pilotes n'ont pas toujours eu cette chance[11].

– On va garder la 05, confirme-t-il.

L'équipage se concentre sur son approche. L'avion vient de passer par le travers de Sospel. Par moments, il vibre étrangement. Dans les mains d'Éric, le manche a des secousses inhabituelles. L'avion est un animal blessé qui se plaint doucement. Rien de méchant pour le moment, c'est juste une sourde menace pour rappeler au pilote qu'il doit être vigilant.

Nice est en vue... Sur la gauche de l'appareil, on aperçoit la Méditerranée et la principauté de Monaco qui étire ses immeubles massifs jusqu'au ras du rivage. Le Paillon est juste en dessous[12]. Éric n'a toujours rien changé à ses paramètres d'approche. Sa vitesse est toujours volontairement faible. Elle ne dépasse pas 115 nœuds[13]. Pour rejoindre l'aéroport, il longe la ville par le nord. Il évite le survol des zones habitées, prenant soin de passer largement au nord de Saint-André. Si l'avion le lâchait brutalement, il ne ferait pas de victime.

Lorsqu'il arrive par le travers de Saint-Isidore, Éric effectue un virage à gauche pour passer en étape de base. Bien qu'il prenne garde à ne pas incliner l'avion trop fortement, les vibrations se font plus soudain présentes.

Puis c'est le dernier virage.

– Check-list « atterrissage » terminée, annonce Yves.

Éric hoche la tête.

– On y est presque, murmure-t-il.

Dans le poste de pilotage, les deux hommes se concentrent. Ils sont calmes.

Même si la peur est bien présente au fond de l'estomac,

11. Voir le récit : « Le 747 s'écrase sur la ville » dans « Catastrophes aériennes » (même auteur aux Editions Altipresse). Sur l'aéroport d'Amsterdam, un contrôleur hollandais a harcelé un commandant dont le Jumbo-jet avait perdu deux réacteurs en vol. A force d'exécuter des instructions inutiles, le pilote n'a pas réussi à gérer correctement son appareil en détresse.

12. Petit cours d'eau qui traverse la ville de Nice.

13. 213 km/h.

aucun d'eux ne laisse apparaître le moindre sentiment. Il ne faut surtout pas troubler l'autre.

Dans quelques secondes, ils seront fixés sur leur sort. De temps en temps, Éric jette un coup d'œil sur son aile gauche. Impossible de savoir vraiment ce qui se passe là-bas. Pourtant ça semble tenir...

Du côté des commandes, les sensations sont toujours aussi étranges.

15 h 24

L'avion est maintenant exactement dans l'axe de la piste. Pour palier les modifications aérodynamiques de son aile, Éric a décidé de majorer sa vitesse d'approche d'une dizaine de nœuds. Il faudrait arriver à 90 nœuds. Par sécurité, il va garder 100 nœuds jusqu'au moment de l'arrondi[14].

D'autre part, pour éviter toute mauvaise surprise de dernière minute, il se présente volontairement un peu haut. Si la mécanique le lâchait en courte finale, il pourrait peut-être atteindre la piste malgré tout. Dans le pire des cas, il éviterait Cagnes-sur-Mer et irait se planter dans la Baie des Anges. Ce serait toujours ça de gagné !

– Le vent est du 060 pour 10 nœuds, confirme le contrôleur. Vous êtes autorisé à l'atterrissage Pélican 41. Bonne chance !

Le pilote accuse réception du message puis il amène le Canadair au ras du sol. Les dernières secondes sont particulièrement tendues. Chaque mouvement sur les commandes est effectué avec la plus grande douceur. Pas de mouvement brusque ! Doucement ! Éric fignole l'arrondi jusqu'à la dernière seconde. Ce serait trop bête de se vautrer à quelques mètres de la délivrance.

Le toucher est absolument parfait. Les pneus prennent contact avec le ciment sans la moindre secousse.

14. 185 km/h.

– Eh ben dis donc, siffle Yves admiratif, ça c'est un vrai « kiss »[15] !

Éric sourit… Le plus dur est fait. Il maintient la roulette de nez en l'air très longtemps, histoire de ne pas fatiguer la cellule par des vibrations inutiles. Puis il la laisse redescendre doucement.

Ils sont posés !

Au même moment, la longue colonne de pompiers et d'ambulances se précipite à sa poursuite. Si l'avion prenait feu, il faudrait que la neige carbonique tombe sur les flammes le plus tôt possible.

Mais il ne se passe rien. Le Canadair ralentit et vire à gauche pour s'engager sur le taxiway.

– Pélican 41… Au sol à 15 h 27, annonce le contrôleur. Bienvenue à la maison et… félicitations les gars.

Éric essuie les gouttes de sueur qui perlent sur son front et il soupire.

– Merci.

Puis le ton du contrôleur redevient brusquement professionnel.

– Pélican 41, roulez pour le poste 25 et rappelez pour quitter la fréquence.

Quelques minutes plus tard, Éric et Yves sont au sol. Ils font lentement le tour de leur avion pour examiner les dommages. Pas très brillant ! Du côté droit, c'est exactement ce à quoi ils s'attendaient : le bout de l'aile est sectionné. Il est coupé net sans la moindre bavure comme si on avait utilisé une scie électrique.

– Dis donc, c'est drôlement impressionnant, murmure Yves en se disant qu'ils l'ont échappé belle !

La queue de l'avion est également très abîmée. Le compensateur de direction a été déchiré par le câble. Il est froissé comme

15. Kiss Landing… Expression utilisée par les navigants pour décrire un atterrissage particulièrement réussi (qui a la douceur d'un baiser).

un vulgaire morceau de papier. Mais l'équipage a également une mauvaise surprise au niveau du moteur droit. Une pale d'hélice est gravement endommagée. Elle a été touchée par le câble lorsqu'il a « fouetté ». Là encore, les deux hommes ont eu beaucoup de chance. La pale tordue aurait pu rentrer en vibration et se détacher. C'était la mort assurée... Par chance, rien ne s'est passé !

Quelques jours plus tard, les enquêteurs ont récupéré le morceau de l'aile au beau milieu de la forêt de l'Arbouin. Complètement cabossé par la chute, il est aujourd'hui exposé dans les locaux des Canadair à Marignane. Une sorte de trophée qui rappelle aux visiteurs que le travail des pilotes n'est pas de tout repos. Juste à côté du bout d'aile se trouve un morceau du câble percuté par l'avion : c'est un brin d'acier de 15 millimètres de diamètre. Du « tressé » particulièrement résistant. Le câble traversait la vallée d'un versant à l'autre sans aucun poteau pour le soutenir. Ce sont les plus dangereux pour les pilotes car la seule façon de détecter la présence d'un câble, c'est de repérer les poteaux. Et quand il n'y en a pas...

Cette aventure s'est bien terminée. Il s'en aurait pourtant fallu d'un rien pour qu'elle ne se transforme en catastrophe. Au moment de l'impact, si l'avion était passé légèrement plus haut, le câble serait rentré dans le cockpit et les deux hommes auraient été décapités. Contrairement aux avions agricoles, le Canadair n'est pas équipé d'un dispositif « coupe-câble ». Le système est pourtant d'une simplicité déconcertante : une lame coupante est installée verticalement à l'avant du pare-brise. En cas de problème, le câble est coupé. S'il est trop résistant, il est dévié vers le haut... C'est un dispositif peu onéreux qui a sauvé la vie de très nombreux pilotes. Pour une raison incompréhensible, le constructeur des Canadair n'a pas jugé bon d'en équiper ses avions.

Du coup, si un câble arrive dans le pare-brise, l'équipage n'a aucune chance. On pourrait peut-être y penser ?

LES DEUX MOTEURS TOMBENT EN PANNE

On ne peut terminer un ouvrage sur les bombardiers d'eau sans rendre hommage à ceux qui ont débuté cette grande Aventure. C'était en juin 1963[1]. Il n'y avait que deux avions, des Catalina PBY-5A[2] et seulement trois pilotes : Maurice Bereiziat, Raymond Hamet et Lucien Rambaud[3]. Détachés de la Marine, ces hommes disposaient d'une expérience considérable sur les hydravions. À l'époque, peu de gens croyaient qu'il serait possible d'éteindre un feu en larguant de l'eau en plein vol. Puis, au fil des mois, on s'est

1. *La toute première intervention contre un incendie a été effectuée sur l'ancienne poudrière de Saint Chamas dans les bouches du Rhône.*
2. *Les avions étaient immatriculés F-ZBAQ et F-ZBAR. Ils ont effectué leurs premières missions de bombardiers d'eau à Marignane le 27 juin 1963. Au cours de cette année 1963, 85 heures de vol ont été enregistrées avec 392 écopages et 417 largages.*
3. *La première base des bombardiers d'eau était commandée par le capitaine Désiré J. Gognau (Officier de la brigade des sapeurs pompiers de Paris et pilote d'hélicoptère) et par son adjoint le lieutenant Joël Le Goff (ancien pilote de la Marine). Dès l'année suivante, d'autres pilotes sont venus renforcer les trois pionniers : Henri Bartolomei, Jean Larrozé, Jean-Paul Batillaud. Les mécaniciens sont Claude Lelouarn, Valentin Arribaud, André Docco, Denis Lopez, Antoine Escamilla, Bernard Mellat.*

aperçu que « ça marchait ». Un avion pouvait se révéler d'une efficacité redoutable même si cela présentait parfois quelques risques.

L'aventure racontée ci-dessous s'est déroulée un an après la création de la base des bombardiers d'eau.

4 août 1964

Il est 17 heures... Maurice Bereiziat est aux commandes de son Catalina PBY-6A...[4] C'est un hydravion de patrouille maritime et de bombardement dont le prototype a fait son premier vol en... 1935. Aucun rapport avec le Canadair d'aujourd'hui qui n'est même pas encore sur les tables à dessins des ingénieurs[5]. Pour lutter contre les feux de forêt, on utilise cet étrange appareil peint en gris métal avec des « moustaches » rouges sur le nez. Il largue seulement 4,1 tonnes d'eau sur le feu et manque cruellement de puissance mais c'est tout ce qui existe sur le marché. Dans un premier temps, cet hydravion aux formes inhabituelles est resté totalement inconnu du grand public. Étrangement, ce n'est pas la Protection civile qui l'a rendu célèbre par la suite mais... le commandant Cousteau qui l'a adopté pour accompagner la « Calypso » sur toutes les mer du monde.

Le Catalina de Maurice Bereiziat a été acheté récemment par la Protection civile mais il est loin d'être neuf[6]. C'est même une très vieille machine qui a déjà accumulé plusieurs dizaines de milliers d'heures de vol. L'appareil a baroudé sous tous les cieux du monde. Jusqu'ici, les missions qu'il a remplies n'avaient aucun rapport avec la lutte contre les incendies : sauvetages en mer, bombardements, reconnaissances maritimes, transports de matériel. Il est allé aux États-Unis, au Canada, en Indochine et il a même atteint le pôle Nord pour ravitailler des explorateurs en gas-oil.

4. Dès 1964, la Protection civile a acheté deux autres Catalina, des PBY-6A, légèrement plus performants que les PBY-5A.
5. Le programme de construction des Canadair a été lancé en 1966.
6. Il est immatriculé F-ZBAV.

Bien que ce soit un appareil solide, il a terriblement souffert au fil des années. Pour le maintenir en vol, on l'a bricolé de multiples manières. Maintenant qu'il est à Marignane, les mécaniciens la Protection civile vont de surprises en surprises. À chaque fois qu'ils entament une révision, ils réalisent à quel point l'avion a été mal entretenu. Les utilisateurs précédents n'ont pas hésité à se servir de matériaux aussi inattendus que le chatterton, le fil de fer ou même la ficelle. Bref ce Catalina est une bonne occasion... un peu trafiquée !

17 h 15

La fatigue commence à se faire sentir. Cela fait plus de trois heures que Maurice Bereiziat travaille sur la commune de Rognes. Le feu a démarré sur la chaîne de la Trévaresse et il progresse rapidement vers le sud. En ce mois d'août, la végétation est particulièrement sèche et la moindre saute de vent se transforme immédiatement en un nouveau brasier. Au fil des heures, la tension monte. Avec le Mistral qui souffle aujourd'hui, les flammes risquent d'atteindre le village de Saint-Cannat. Si ça se produit, il faudra évacuer les habitants et peut-être même interrompre la circulation sur la Nationale 7 qui passe juste à coté.

Depuis 13 heures, Maurice se bat. C'est dur. Il est le seul Catalina présent sur ce chantier. Les trois autres avions de la base sont engagés sur des feux de forêts dans les Bouches-du-Rhône.

Au sol, les pompiers luttent mètre par mètre. Par chance, ils ne sont pas seuls. Le sous-préfet Francis Arrighi est sur place. Cet homme n'est pas un fonctionnaire ordinaire. Il est à l'origine de la création de la base de Marignane. Depuis deux ans, il œuvre pour que la France dispose d'une flotte bombardiers d'eau performants. Ce n'est pas simple. L'administration rechigne à financer les avions. Beaucoup n'y croient pas. Le sous-préfet doit passer des heures au téléphone pour convaincre les plus réticents.

Mais il ne se bat pas seulement dans son bureau, il va également sur le terrain au milieu des pompiers. À cette époque, le centre de Valabre n'existe pas encore. Pour guider les avions et repérer les incendies, c'est le sous-préfet en personne qui sillonne la campagne avec son camping-car équipé d'une radio. L'homme est un idéaliste qui croit profondément à l'importance de sa mission. Il ne supporte plus de voir des centaines d'hectares partir en fumée chaque été. Alors, non seulement il obtient des crédits pour faire tourner la base mais il n'hésite pas à passer des journées entières dans son PC mobile. Dès que les conditions météo présentent des risques, il patrouille dans le département afin de repérer la moindre fumée. Pendant ses jours de congés, il dort et mange dans son véhicule pour être à la pointe du combat. De l'avis de tous, l'homme a accompli un travail formidable pour développer la lutte contre les feux dans le sud de la France. Si la Sécurité civile a acquis une telle efficacité aujourd'hui, c'est avant tout à Francis Arrighi qu'elle le doit.

Maurice Bereiziat vient de terminer son dixième largage sur le feu de Rognes. Il met maintenant le cap en direction de Vaine. L'avion n'est pas très rapide. En croisière, il vole tout juste à 240 kilomètres à l'heure. Par chance, l'incendie se trouve à une vingtaine de kilomètres de l'étang, ce qui permet d'effectuer des rotations de moins d'un quart d'heure entre chaque largage.

– Depuis un moment, j'ai l'impression que la lisière droite est moins active, explique Maurice alors qu'il est en train de s'éloigner du chantier.

En place droite, Jean Larrozé hoche la tête.

– Tu vas peut-être en venir à bout, approuve-t-il.

Jean est un copilote qui vient d'être recruté à la Protection civile. Il est là pour apprendre le métier. À cette époque, il n'y a pas encore de procédures de travail bien définies. Pas de checklist comme aujourd'hui. L'enseignement de la technique de pilotage est encore très instinctive : on engage un nouveau venu comme copilote. Il regarde comment fait le commandant de bord. De temps en temps, il donne un coup de main quand le chef lui demande. Et il apprend le métier sur le tas[7].

Ils sont quatre aujourd'hui dans l'avion :

– Maurice Bereiziat est le commandant de bord,

– Jean Larrozé, le copilote,

– Poupard fait office de mécanicien et de radio,

– Alain Février est le second mécanicien chargé de surveiller le remplissage des soutes.

Alors que le Catalina passe par le travers d'Aix-en-Provence, une voix résonne dans les écouteurs de Maurice.

– Pélican vert, quelle est ta position ?[8]

C'est Raymond Hamet qui vient d'appeler. Il pilote un autre Catalina : le Pélican blanc[9]. Il est en train de repartir sur un autre feu du côté de Manosque après avoir effectué lui aussi un écopage sur l'étang de Vaine. Les deux avions sont en rapprochement en face à face. Comme il n'y a pas de radar et encore moins de transpondeur à bord, ce sont les pilotes qui doivent assurer mutuellement leur sécurité en se repérant à vue.

– Je passe par le travers ouest d'Aix, réplique aussitôt Maurice. Je suis à 4 minutes de Vaine.

– Je te cherche !

Il y a quelques secondes de silence sur la fréquence, pendant lesquels les deux commandants tentent de s'apercevoir.

Puis soudain, Raymond Hamet annonce :

– OK, pas de problèmes, Pélican vert, je t'ai en visuel. Tu es à mes 11 heures juste en bas...[10]

Maurice a aperçu son collègue pratiquement au même instant :

– Visuel également, je passe par la droite.

7. *Jean Larrozé a terminé sa carrière comme commandant de bord instructeur sur Canadair.*
8. *À cette époque, les Pélicans étaient désignés par des couleurs. Au fil des années, lorsque le nombre d'avions a augmenté de manière significative, il a fallu remplacer les couleurs par des numéros.*
9. *Cet avion est immatriculé F-ZBAQ.*
10. *Devant, légèrement à gauche.*

Les deux appareils se croisent avec un petit battement d'aile et trois minutes plus tard, Maurice entame son approche sur l'étang. Assis à l'arrière, Poupard règle les fréquences de la VHF pour contacter la tour. Le message est bref :

– Marignane de Pélican vert… On arrive sur Vaine.

– Allez-y, on n'a pas de trafic…

Au même moment, un troisième Catalina se présente également à l'écopage. C'est Lucien Rambaud qui travaille sur un autre chantier au nord de La Ciotat.

– Pélican rouge, je suis à une minute derrière toi[11]. Vas-y en premier et je passerai ensuite.

– Bien reçu, je passe devant, confirme Maurice.

Tout en parlant, ce dernier se place parallèlement au nord de la piste 32 puis il se laisse descendre doucement vers l'eau.

Sur le Catalina, l'écopage n'a rien d'une formalité. Il faut beaucoup de finesse et savoir-faire pour prendre de l'eau car l'appareil comporte deux réservoirs bien séparés. L'un est à l'avant et l'autre à l'arrière. Le premier contient 2 700 litres et le second 1 400 litres. Or selon le cabrage de l'hydravion pendant l'écopage, la soute arrière se remplit plus ou moins bien. Pour résoudre ce problème, un mécanicien reste en permanence à côté. Aujourd'hui, c'est Alain Février qui est chargé de surveiller le remplissage[12]. La technique est pour le moins rudimentaire : dès que l'hydravion est sur l'eau, l'homme dévisse le bouchon supérieur du réservoir et il trempe un bâton dans la cuve. À intervalles réguliers, il examine sa jauge improvisée pour savoir où il en est. Exactement comme un automobiliste qui rajoute de l'huile dans sa voiture. Pas vraiment aéronautique mais c'est la seule méthode qui fonctionne !

Lorsque l'avion approche de la surface de l'étang, le pilote appelle son mécanicien par l'interphone de bord.

11. L'immatriculation du Pélican rouge était F-ZBAR.

12. La jauge est un système rustique installé qui fonctionne sur le principe des vases communicants.

– On est à 30 secondes de l'écopage... T'es prêt, demande-t-il ?

Alain a terminé de dévisser le bouchon. Il tient sa baguette de bois à la main.

– Tu peux y aller, réplique-t-il aussitôt.

Maurice laisse alors descendre son Catalina. Sous la coque, les deux écopes sont sorties[13]. Il touche la surface. Aussitôt, l'eau s'engouffre en force dans les canalisations. À l'arrière, Alain Février contrôle le résultat de l'opération. Un violent bouillonnement se fait entendre. Dans un premier temps, tout se passe bien... le niveau de l'eau monte rapidement. Alain est aux aguets.

Régulièrement, il appelle le commandant par l'interphone :

– Encore... Encore...

L'avion s'alourdit.

– D'accord, je continue, réplique aussitôt Maurice en poussant doucement ses moteurs pour conserver sa vitesse.

– Encore... vas-y !

Alain ressort son bâton... Il est mouillé jusqu'à la moitié. Un coup de chiffon rapide puis il le replonge dans l'orifice.

– Encore !

Soudain alors que le réservoir n'est qu'à moitié plein, la montée de l'eau se ralentit. Puis tout s'arrête. Un coup d'œil à la jauge... Alain connaît bien la capacité de la soute. À vue de nez, il n'y a que 800 litres là-dedans. Il en manque près de 600. Il appelle donc aussitôt le cockpit :

– C'est arrêté !

Aussitôt, Maurice réduit la puissance des moteurs à 30 pouces... La vitesse diminue. Elle descend à 50 nœuds. Le pilote tire légèrement sur le manche pour relever le nez au-dessus de l'étang. L'hydravion se cabre... C'est le meilleur moyen de faire descendre l'eau jusqu'au réservoir arrière. À l'arrière, le bouillonnement reprend.

13. Le Catalina PBY-6A était équipé de deux écopes. La Protection civile possédait également deux Catalina PBY-5A. Ces derniers n'étaient équipés que d'une seule écope et d'un seul réservoir d'eau d'une capacité de seulement 3 700 litres.

La réaction d'Alain Février est immédiate.

– C'est reparti...

– Encore... Encore...

Tout en modifiant subtilement le cabrage de son avion, Maurice ne peut s'empêcher de sourire. C'est comme si le mécanicien était en train de guider un conducteur dans une ruelle étroite.

– Vas-y... Vas-y... Encore...

On l'aura compris, la technique d'écopage d'un Catalina n'a rien à voir avec la précision et la rapidité dont font preuve les avions d'aujourd'hui. On est loin des 12 petites secondes indispensables pour embarquer les 6 tonnes d'eau d'un Canadair !

Au bout d'une cinquantaine de secondes, Alain Février lance un avertissement dans l'interphone :

– Attention.... C'est bon... On est plein à ras bord.

Puis, d'un mouvement précis, il revisse le bouchon pour éviter que l'eau ne déborde dans la cabine. Il faut faire vite car il n'y a pas de serpillière à bord !

Sans attendre, Maurice repousse alors les manettes de gaz vers l'avant. La pression d'admission remonte à 50 pouces.

Sur le vieux tableau de bord, les compte-tours reprennent de la vigueur. Les 2 400 chevaux des Pratt & Whitney hurlent. L'hydravion accélère... Quelques secondes plus tard, il quitte la surface de l'étang avec 4 100 litres d'eau dans le ventre. C'est peu mais, pour l'époque, chacun s'émerveille de pouvoir larguer une telle charge sur un feu.

– Allez, on retourne au charbon, annonce Maurice en virant franchement à droite vers Aix-en-Provence.

Maintenant que les soutes sont pleines, la reprise d'altitude est pénible. L'aiguille du variomètre indique tout juste 600 pieds par minute. Un banal Cessna 150 d'école grimperait plus vite !

Maurice sourit en voyant son avion monter aussi lentement. À 32 ans, il a déjà piloté toutes sortes de machines volantes étonnantes : un hydravion quadrimoteur Sunderland au Sénégal, un

Grumman Goose en Indochine et même plusieurs types d'hélicoptères : Sikorsky S-55 et S-58[14] en Algérie[15]. Parmi toutes ces machines mythiques, il a pourtant un faible pour le Catalina. Alors qu'il est en train de prendre son cap vers le feu, il jette un coup d'œil sur ses instruments. Le moins que l'on puisse dire, c'est que ce n'est pas très moderne… Toutes les aiguilles sont montées sur des cadrans noirs. Elles sont minuscules et difficilement lisibles. L'horizon artificiel est préhistorique. Les manettes sont complètement démodées et leur ergonomie est inadaptée, elles tiennent mal dans la main. Tout cela reflète une technologie qui date de la Seconde Guerre mondiale. C'est solide mais pas vraiment simple à utiliser…

En fait, un Catalina se pilote plus au feeling qu'à l'aide des instruments de bord. Avant même de regarder la pression d'huile, le pilote écoute le ronflement des moteurs. Lorsque le régime des hélices est trop fort, c'est l'oreille qu'il le remarque. Aucun ordinateur ne vient assister le commandant qui pilote en permanence « aux fesses ». Avant toute chose, il faut sentir cet avion qui vibre et réagit comme un être vivant.

Car un Catalina, c'est plein de ressource. Ça peut s'adapter à toutes les situations, même les plus folles. Une nuit, Maurice est tombé en panne de démarreur dans le centre de la France. Impossible de remettre en route. Qu'importe, Alain Février a enroulé un câble autour du moyeu de l'hélice et on l'a attaché à l'arrière d'un camion. Il a suffi de faire rouler le véhicule pour lancer le moteur à la manière d'une très grosse tondeuse à gazon.

Avec un Catalina, il faut savoir s'adapter !

D'ailleurs, comment ne pas faire autrement puisque certains

14. Pendant la guerre d'Algérie, Maurice a piloté des Sikorsky S-55 et S-58. Il a également fait de la « banane » H-21, de l'alouette II, du Bell 47 et du HUP-2.

15. Au cours de sa carrière aéronautique, Maurice Bereiziat a volé sur Hercules C-130, Fokker 27, McDonnell Douglas DC-6, Tracker et enfin sur Canadair sur lequel il a effectué plus de 4 000 heures. Auparavant, dans la Marine, il a volé sur, Stampe, Nord 140, Morane 474, Goéland, Dornier 24, Scan 20, Sunderland et Grumman Goose.

instruments vitaux ne sont même pas sur le tableau de bord. Ainsi, c'est à peine croyable mais il n'y a pas la moindre jauge d'essence dans l'avion. Pour savoir ce qui reste dans les réservoirs, le pilote doit faire des calculs. Il doit noter combien de temps il est resté plein gaz, puis combien de temps en croisière ou avec les gaz réduits, et transformer ensuite ces informations en nombre de litres consommés...

Inimaginable aujourd'hui !

Heureusement, le Catalina possède une autonomie considérable. Dans la meilleure configuration, il peut rester en vol pendant plus de 22 heures. En fait, cet avion est conçu pour effectuer des vols interminables au-dessus de l'océan. C'est sûrement la raison pour laquelle, le constructeur[16] n'a pas jugé bon d'installer des jauges dans l'avion. Malheureusement pour Maurice aujourd'hui, cette lacune instrumentale va être à l'origine d'une très mauvaise surprise.

Il est maintenant 17 h 25. Alors que le commandant est en train de revenir pour la dixième fois sur le chantier de Rognes, il est loin de se douter que, dans une dizaine de minutes, ses deux moteurs vont s'arrêter brutalement.

Pour comprendre le drame qui se prépare, il faut préciser que le Catalina possède une aile haute située très au-dessus du fuselage. Elle est reliée à l'avion par une sorte de pylône caréné à l'intérieur duquel se trouvent les liaisons vitales pour le contrôle de l'avion. C'est là que passent les canalisations qui alimentent les deux moteurs en essence.

Or la veille, pendant la nuit, les mécaniciens ont travaillé sur les moteurs. Pour éviter toute perte de carburant, ils ont fermé deux grosses vannes qui permettent d'isoler les circuits des ailes droite et gauche.

Au petit matin, ils ont rouvert ces robinets. Malheureusement, celui de l'aile gauche n'a pas été calé en bonne posi-

16. Le constructeur du Catalina est Consolidated Aircraft Corporation.

tion[17]. Il n'est pas exactement sur le cran. De ce fait, le débit de carburant en provenance de l'aile gauche est réduit de 75 %. C'est un filet d'essence qui coule dans cette canalisation.

Malheureusement, Maurice ne se rend compte de rien car la procédure veut qu'il vole en « intercommunication ». C'est-à-dire qu'il consomme du carburant dans les deux réservoirs simultanément. Il ne se doute pas que depuis le début de la mission, il consomme uniquement le carburant de son aile droite. La gauche coule à peine. Et comme il n'y a pas de jauges, il a l'impression que tout est normal.

En réalité, un terrible compte à rebours est enclenché : lorsque le réservoir droit sera vide, le gauche ne débitera pas assez pour alimenter les deux moteurs et ceux-ci s'arrêteront...

Une dizaine de minutes après avoir pris de l'eau, Maurice Bereiziat est de retour sur le feu de Rognes. Au sol, le sous-préfet Francis Arrighi est toujours fidèle au poste. Il a stationné son camping-car à côté du commandant des pompiers et il coordonne lui-même les largages à la radio. C'est un véritable professionnel qui guide les avions. Son indicatif radio est Ariel 13[18].

– Pélican Vert, on vient d'avoir une grosse saute de vent à partir de la lisière gauche. Vous l'avez en vue ?

– Affirmatif Ariel 13. Je vois les flammes qui sont en train d'avancer vers la route nationale !

– Est-ce que vous pouvez faire un largage sur ce départ de feu, interroge Francis Arrighi ? Mais ne mettez pas toute votre flotte là-dessus, envoyez seulement la moitié de vos réservoirs. Vous gardez le reste pour la lisière gauche.

Maurice approuve aussitôt cette initiative. Le sous-préfet a parfaitement compris où se trouvait la priorité. Il est capital de stopper ce feu naissant avant qu'il ne devienne incontrôlable mais il faut aussi taper sur la lisière la plus active.

17. Lors d'une révision précédente, les inscriptions à la peinture qui marquent les positions de fonctionnement ont été effectuées de manière erronée.
18. Ariel = Arrighi et 13 parce que l'incendie se trouve dans les bouches du Rhône.

– Bien vu, murmure le pilote pour lui-même !

C'est toujours comme ça... Chaque fois que Francis Arrighi est présent sur le terrain, la lutte est plus efficace. L'homme anticipe l'évolution du feu avec autant de clairvoyance que les pompiers eux-mêmes. Toutes ses instructions sont parfaitement adaptées aux circonstances.

– Bien reçu Ariel 13. On va larguer la soute arrière sur le feu naissant.

– Ensuite, ne traînez pas. Vous taperez rapidement la gauche. Tout près de la tête, précise le sous-préfet. C'est là que ça brûle le plus fort.

Alors que Maurice vient se placer dans l'axe du largage, Jean Larrozé ne peut s'empêcher de faire un commentaire :

– Ce type a l'air de connaître sacrément le boulot, lance-t-il.

Maurice hoche la tête avec enthousiasme. Chez les bombardiers d'eau, tout le monde voue un immense respect à « Francis ».

– Aujourd'hui, il a quand même la voix fatigué, remarque Larrozé.

– Tu sais, il est sur place depuis le début de l'après-midi. Avec toute cette fumée, les gars doivent avoir les poumons à vif.

Quelques minutes plus tard, le Catalina largue 2 700 litres d'eau sur le feu naissant, puis comme Francis Arrighi l'a demandé, il enchaîne aussitôt sur un virage serré et vient déverser le reste à l'endroit désigné.

Au sol, le sous-préfet applaudit aussitôt.

– Bravo les gars. Vous avez mis dans le mille...

– Heureux que ça vous convienne, réplique Maurice.

17 h 30

Maurice a mis le cap vers Vaine pour la onzième fois de la journée. L'altimètre indique 800 pieds[19]. Ce n'est pas très haut

19. Environ 250 m.

mais pourquoi prendre de l'altitude, alors qu'il n'y a que 25 kilomètres entre le feu et l'étang. Ce serait une perte de temps et une consommation inutile de pétrole.

L'avion est au cap 195. La vitesse est toujours de 240 kilomètres à l'heure. Devant le pare-brise, l'équipage peut apercevoir l'étang de Berre juste devant avec sa raffinerie près du rivage. Les énormes réservoirs cylindriques sont reconnaissables de loin. Avec le Mistral, les torchères sont carrément couchées vers le sud. Un peu plus loin, la Méditerranée scintille sous le soleil.

Maurice vient de passer une nouvelle fois le travers ouest d'Aix-en-Provence. Il survole maintenant le petit bourg de Ventabren. L'étang de Vaine est à 10 kilomètres juste devant.

Un coup d'œil de contrôle à son tableau de bord. La pression d'admission est descendue à 30 pouces... Une petite pression vers l'avant sur les manettes des gaz pour remonter à 32 pouces. Les moteurs réagissent bien. Tout est normal !

Une minute passe...

Maurice ne se fait pas de souci pour son carburant. Même sans jauge, il sait parfaitement ce qui reste dans ses réservoirs. Cela fait 4 heures et 10 minutes qu'il est en vol. Compte tenu, des différentes évolutions, il sait qu'il a encore au moins 220 gallons d'essence dans les réservoirs[20]. C'est environ 800 litres. Avec une consommation horaire de 200 litres à l'heure par moteur, cela lui laisse encore un minimum de deux heures de vol.

Le pilote est évidemment loin de se douter que cette essence se trouve uniquement dans son aile gauche et que la canalisation qui alimente les moteurs est pratiquement bouchée.

C'est vers 17 h 35 que le problème survient...

Maurice vient de survoler la commune de Velaux. Il est en

20. *Ce sont des US Gallons (3,785 litres) à ne pas confondre avec l'impérial Gallon (4,546 litres).*

train d'essuyer quelques gouttes de sueur qui perlent de son front lorsque les aiguilles des indicateurs de pression d'admission commencent à battre. Instinctivement, il pose un doigt sur l'instrument.

– Qu'est-ce qui…

Il n'a pas le temps d'en dire plus... Avec un bel ensemble, les deux moteurs se mettent à hoqueter et s'arrêtent. C'est fini ! Plus la moindre trace de puissance. Un silence angoissant tombe d'un coup dans le cockpit.

À cet instant, Maurice a une sorte de flash : « Commence par rendre la main et après tu verras ». Sans même réfléchir, il repousse le manche sur l'avant pour conserver sa vitesse.

À côté de lui, Jean Larrozé ouvre des yeux étonnés. Le cœur bat soudain un peu plus vite.

– C'est quoi ce bordel ?

Maurice ne répond pas… En une fraction de seconde, il a compris qu'ils ont un problème de carburant. Une panne électrique n'aurait jamais provoqué l'arrêt simultané des deux moteurs. Les réflexes du pilote jouent à toute vitesse. La main part vers les robinets d'essence. Ils sont bien ouverts. Puis il repousse les deux manettes de mélange à fond vers l'avant.

– Plein riche, annonce-t-il.

Mais rien ne se passe ! Pendant ce temps-là, les interphones crépitent dans les casques : depuis l'arrière, les mécaniciens veulent savoir.

– Eh… qu'est-ce qui se passe ?

Puis n'obtenant pas de réponse, les deux hommes se précipitent vers le poste de pilotage.

– C'est toi qui a réduit les gaz, interroge Poupard ?

Maurice secoue la tête d'un air incrédule.

– Négatif, les gars, on est en panne.

– Ça vient d'où ?

– Aucune idée… De toutes les façons, on n'a pas le temps de chercher. On va se crasher.

– Merde !

Avec un même ensemble, les deux mécaniciens retournent alors vers l'arrière. En quelques secondes, ils s'allongent chacun sur une couchette et se sanglent de toutes leurs forces. L'avion va se planter et dans ce cas, la meilleure position, c'est d'être couchés.

Maurice a immédiatement compris qu'il ne pourrait pas découvrir la cause de la panne. Il est trop bas. Tout va trop vite... L'heure n'est plus à la mécanique. Pas le temps de réfléchir ni de faire des grands raisonnements. Avant toute chose, il s'agit de ne pas perdre le contrôle de l'avion et de trouver un endroit où atterrir en catastrophe. Il faut quand même avertir Marignane de ce qui se passe.

– Jean, tu appelles la tour, ordonne Maurice. Et tu leur dis qu'on va se crasher. Donne notre position. On est à la verticale de Velaux...

– Je m'en occupe, réplique aussitôt l'intéressé en saisissant son micro.

Et puis les événements se précipitent. L'altimètre indique déjà 600 pieds[21]. Le sol se rapproche. Dans la tête de Maurice, des images anciennes reviennent brusquement. Il est jeune élève-pilote dans la Marine. C'est au Maroc. Il vole sur Stampe...[22] Les paroles de son instructeur résonnent comme s'il était encore à côté de lui : « En cas de panne, tu soignes ta trajectoire et tu gardes ta vitesse, autrement tu vas décrocher ».

Le problème, c'est qu'aujourd'hui, l'appareil qu'il pilote n'a rien à voir avec le petit biplan de ses débuts... C'est un avion de près de 20 tonnes. Dans quelques secondes, cette masse de ferraille arrivera au sol. Il faut trouver un champ suffisamment dégagé et il n'y en a pas beaucoup sous les ailes. Actuellement,

21. *Environ 200 mètres.*
22. *L'école de pilotage de la Marine était sur l'aérodrome de Khouribga au nord de Marrakech et les avions utilisés pour la formation de début étaient les Stampe, Nord 1000 et Morane-Saulnier 474.*

le Catalina est au-dessus de la commune de Velaux. Aux alentours, c'est un écheveau de routes et de voies ferrées qui s'entremêlent tout autour du plateau du Grand Arbois... Où trouver un espace plat pour ne pas finir dans une boule de flammes ?

L'aiguille de l'altimètre indique 500 pieds.

– Tu pourrais peut-être tenter le terrain sur la droite, suggère timidement Jean Larrozé.

Maurice jette un rapide coup d'œil dans la direction indiquée. Mais la zone ne lui plaît pas. Il y a des rochers un peu partout. En outre, plusieurs fossés barrent l'entrée de la zone. L'hydravion va se désintégrer en franchissant ces obstacles.

400 pieds.

Dans le cerveau, ça tourne à toute vitesse. Il faut trouver un endroit et s'y tenir quoi qu'il arrive. Et il faut faire très vite.

– On va prendre celui-là, indique finalement Maurice.

Tout en parlant, il vire franchement à gauche pour se placer directement en étape de base vers la zone choisie. Ce n'est pas gagné. Le champ se trouve en bordure d'une petite route. Il est cerné de toutes parts par des vignes et doit faire 400 mètres de longueur au maximum.

On est loin de la distance idéale pour poser un avion de cette catégorie.

– Fais gaffe... Il y a une ligne haute tension juste au bout de ton terrain, prévient Larrozé d'une voix légèrement altérée...

Maurice secoue la tête pour montrer qu'il a parfaitement identifié l'obstacle, malheureusement il ne peut aller nulle part ailleurs. Ce bout de terrain ridiculement court représente leur seule chance de rester en vie.

– On n'a pas le choix, explique-t-il. Si ça merde, je me glisserai en dessous la ligne...

Le copilote ne dit plus rien. Il se contente d'observer son commandant en train de négocier la trajectoire de son énorme planeur.

– Tu fermes l'essence et tu coupes les contacts magnétos,

ordonne Maurice. Il nous reste encore pas mal de pétrole dans les réservoirs. On va essayer de ne pas finir carbonisés...

Larrozé ne se le fait pas dire deux fois. En quelques secondes, l'avion est prêt... Il n'y a rien d'autre à faire pour préparer le crash. Pas de volets[23]. Et pas davantage de train d'atterrissage. Tenter de sortir les roues serait une erreur... D'une part parce que les deux moteurs étant en panne, il n'y a plus de pression hydraulique. La seule possibilité serait de le sortir « à la main »[24] mais il faudrait du temps pour cela. Et c'est justement ce qui manque le plus en ce moment.

Par ailleurs, même si Maurice avait le temps, le train d'atterrissage risqueraient d'aggraver les choses au moment de l'impact. Mieux vaut amener l'avion sur le ventre. La coque du Catalina est solide et elle devrait se comporter comme une énorme luge.

300 pieds.

Maurice négocie son dernier virage comme s'il pilotait encore le Stampe de ses débuts. Comparé au petit biplan, le Catalina est énorme mais la technique de pilotage reste la même pour gérer la trajectoire vers le sol. En ouvrant ou en fermant son dernier virage, le pilote doit réussir à contrôler parfaitement son approche et sa perte d'altitude.

La vitesse se maintient à 85 nœuds. C'est un bon compromis pour avoir la finesse maximum[25]. Le pilote se concentre : toucher exactement sur le point choisi est une opération particulièrement difficile lorsque les moteurs ne sont plus là pour ajuster le plan de descente. Il faut être bon !

200 pieds.

23. Le Catalina n'est pas équipé de volets hypersustentateurs.

24. Il existe une possibilité de sortir les roues en utilisant une pompe manuelle mais cette procédure est longue et demande certains efforts physiques.

25. Tous les avions planent (même les plus gros) lorsque leurs moteurs sont arrêtés. La finesse est le rapport entre la distance parcourue et l'altitude perdue lorsque les moteurs sont arrêtés. Un avion de finesse 15 pourra parcourir 15 kilomètres s'il est à une hauteur de 1 000 mètres. Le poids de l'avion n'intervient jamais dans la finesse.

– Je crois que je vais l'avoir, murmure Maurice alors qu'il se place en courte finale.

À côté de lui, Jean Larrozé resserre une dernière fois sa ceinture.

– Dis donc, il est vachement court ce terrain…

– Ça va aller… Ça va aller, répète Maurice, les yeux fixés sur le point qu'il cherche à atteindre.

Le sol est maintenant tout proche. Les derniers mètres défilent très vite. Le pilote fignole sa trajectoire du bout des doigts. S'il est trop court, il va se retrouver sur la route avec ses fossés dévastateurs. Les dégâts seront méchants… S'il est trop long, ce sera la ligne haute tension qui passe à l'extrémité du champ. Ce sera encore pire… Maurice sait qu'à cet instant, sa vie et celle de son équipage sont entre ses mains. La plus infime erreur sur le manche peut se transformer en condamnation à mort.

Alors que le Catalina n'est plus qu'à 100 pieds, Maurice remarque que le terrain est beaucoup plus étroit qu'il ne l'avait imaginé. En outre, il est légèrement incliné sur la droite. Dès que l'hydravion touchera, il aura tendance à glisser de ce côté-là. Ce n'est pas bon car il y a des vignes de part et d'autres de la bande. Rien n'est pire pour détruire un appareil que des milliers de piquets plantés très serrés. Tans pis, de toutes les façons, il est trop tard pour choisir un autre lieu de crash.

Le terrain grossit dans le pare-brise.

– Coupe le « Master », ordonne Maurice alors que l'hydravion n'est plus qu'à quelques mètres du sol.

– Je coupe tout, réplique Larrozé.

Cette dernière procédure a pour but de limiter les risques d'incendies au moment de l'impact, mais elle plonge brusquement l'équipage dans le silence. À l'instant où le copilote bascule le switch du « Master », tous les systèmes électriques s'arrêtent de fonctionner et l'interphone de bord est coupé. Un étrange sentiment de solitude envahit chacun. L'heure de vérité est arrivée.

Maurice a bien géré son plan d'approche. Il franchit la route de justesse et se retrouve à l'entrée du champ. Une légère traction sur le manche pour arrondir comme s'il était sur une piste normale mais il n'a pas le temps de fignoler son atterrissage. Il lui faut poser l'hydravion rapidement. Car juste devant, il y a toujours cette ligne haute tension qui lui barre le chemin. Et elle s'approche incroyablement vite.

Et puis soudain, il y a un choc dur. La coque vient de prendre contact avec le sol. C'est alors un bruit d'enfer qui résonne dans la cabine. Réflexe instinctif, Maurice tente d'appuyer sur les freins pour ralentir sa course. Evidemment, avec le train rentré, ça ne sert à rien. Sous le plancher, ça cogne de partout. L'avion bondit comme une cheval fou. Avec la déclivité, l'avion commence à partir légèrement à droite. Maurice met du pied contraire pour tenter de le maintenir sur l'axe mais ça ne sert à rien.

La cavalcade infernale semble durer une éternité. Secoués sur leur siège, les hommes ont l'impression qu'elle ne finira jamais. Puis le vacarme diminue... L'aile gauche descend doucement vers le sol...

C'est fini !

– On évacue, ordonne Maurice en débouclant son harnais.

Sans panique, les quatre hommes déverrouillent les issue de secours. Puis ils quittent calmement le Catalina. L'air de la Provence les frappe au visage. Il est tiède. Les cigales chantent. À quelques mètres, la vigne bruisse sous l'effet du vent.

– On est vivant, s'exclame Jean Larrozé !

Alain Février sort par l'arrière. Poupard le suit et il éclate de rire à l'instant même où il pose le pied sur le sol.

– Putain, c'est beau la vie !

Les quatre hommes se serrent la main. Une claque dans le dos de Maurice. Ce dernier ne dit rien mais il est incroyablement heureux d'avoir ramené tout le monde sain et sauf. Il se retourne pour examiner son appareil. Celui-ci est incliné à gauche comme un planeur au repos. La coque et le redan sont légèrement abîmés. Il y a quelques bosses un peu partout mais il ne semble pas y avoir de trous. Un Catalina, c'est solide !

Puis Maurice examine le champ sur lequel il s'est posé. Il est situé sur le flanc de la colline de Velaux. Comme il l'avait remarqué avant l'atterrissage, le sol est légèrement incliné sur la droite. C'est la raison pour laquelle l'avion a glissé doucement pendant le crash. Coup de chance, il s'est rapproché des piquets de vigne mais il ne les a pas accrochés.

Deux cents mètres plus loin vers le nord, il y a cette ligne haute tension que Maurice a parfaitement évité.

– C'est drôlement bien joué, t'es un champion, confirme Larrozé en suivant le regard de son commandant.

Maurice soupire :

– Je ne referais pas un truc comme ça tous les jours.

Quelques instants plus tard, les mécaniciens décident de vérifier ce qui reste de carburant dans les réservoirs. Alain Février monte sur l'aile et ouvre les bouchons. Il ne lui faut pas longtemps pour savoir à quoi s'en tenir.

– À vue de nez, on a encore plus de 250 gallons, explique-t-il du haut de son perchoir…

Maurice respire. Il ne se serait jamais pardonné d'être tombé en panne sèche à cause d'une erreur de calcul.

– Il doit y avoir un problème dans le circuit carburant, poursuit Alain Février. C'est sûrement bouché quelque part…

– Ne touche à rien, ordonne alors Maurice, il faut laisser les gars de la commission d'enquête faire leur boulot.

Les secours arrivent rapidement. Ce sont d'abord deux agriculteurs qui débarquent sur leur tracteur. Ils ont du mal à dissimuler leur surprise…

Que fait cet énorme avion dans leur champ ? Puis les pompiers arrivent toutes sirènes hurlantes. Juste derrière, il y a plusieurs ambulances. Là encore, les sauveteurs ne cachent pas leur étonnement. Ils s'attendaient à découvrir des cadavres dans une carcasse fumante et ils sont accueillis par quatre navigants en pleine forme.

– C'est la première fois que je vois un truc pareil, confie le commandant des pompiers à Maurice. Comment avez-vous pu atterrir avec un avion de cette taille dans un champ aussi court ?

Finalement, tout le personnel de la base de Marignane se rend sur les lieux. Ce n'est pas très difficile car l'aéroport n'est qu'à dix kilomètres à vol d'oiseau. On apporte des outils, du matériel, toutes sortes de véhicules de dépannage y compris un camion grue.

Chacun constate qu'il reste de l'essence dans le réservoir gauche puis les mécaniciens examinent les dégâts sur l'hydravion. Comme Maurice l'avait constaté, ils sont minimes. Le Catalina F-ZBAR a parfaitement résisté. Il y a bien quelques bosses sur la tôle mais rien qui pourrait l'empêcher de repartir rapidement en vol. À condition bien évidemment qu'on découvre l'origine de la panne.

Pour cela, les techniciens démontent le carénage du pylône central et ils examinent le circuit de carburant. Il ne leur faut pas longtemps pour comprendre ce qui s'est passé.

En quelques secondes, le robinet est replacé en position correcte. Le carburant s'écoule à nouveau normalement. Il suffirait d'appuyer sur les démarreurs pour que les moteurs repartent. Du coup, les experts tombent rapidement d'accord : la solution la plus évidente pour dépanner l'hydravion est de le faire redécoller à partir du champ. Ce sera beaucoup plus simple que de le démonter pour le ramener par morceaux sur des camions.

Il va falloir un peu plus de trois semaines pour résoudre tous les problèmes inhérents à un décollage sur place... Dans un premier temps, il faut remettre l'hydravion sur ses roues. On fait donc appel à la grue et à d'énormes vérins pour le soulever et permettre de sortir le train d'atterrissage.

Puis il faut aplanir cette piste improvisée pour faire disparaître toutes les aspérités. On utilise un bulldozer qui prépare un terrain praticable sur une distance de plus de 420 mètres. On enlève les pierres, on aplanit les bosses.

Enfin, le Catalina est allégé au maximum... Pour gagner du poids, on enlève tout ce qui n'est pas indispensable au vol du retour : les couchettes, tous les équipements de survie, le matériel de secours, les extincteurs. Même le groupe de démarrage situé à l'arrière est démonté.

On mesure avec précision la quantité d'essence restante. Comme Maurice l'avait calculée, il reste exactement 228 gallons dans l'avion, uniquement dans le réservoir gauche. Les mécaniciens ne rajoutent pas de carburant. Ils se contentent de le répartir équitablement dans les deux ailes pour fignoler l'équilibrage la machine.

Puis, on fait des essais avec un autre Catalina que l'on place sur la piste en herbe de Marignane. Il faut savoir comment réagit l'avion sur une surface non cimentée. On prépare l'appareil dans les mêmes conditions de poids que l'avion accidenté. C'est la seule manière de connaître avec précision la distance dont il a besoin pour décoller. Les tests sur cette piste de fortune sont concluants. Avec un minimum d'essence et en allégeant l'avion au maximum, le second Catalina est en l'air en 220 mètres. Tout le monde à la Protection civile commence à respirer. Les choses devraient bien se passer...

Mais il reste un obstacle de taille pour le décollage de l'hydravion : la ligne haute tension qui se trouve dans l'axe de départ ! Celle-là même que Maurice voulait éviter en passant en dessous. Impossible de l'ignorer pour repartir ! Sur ce point, on ne fait pas dans la demi-mesure... EDF est contacté et la ligne est tout simplement descendue temporairement.

Le 25 août 1964, soit trois semaines après le crash, Maurice Bereiziat remet en route les moteurs du Pélican Vert. À sa demande, il est accompagné de son ami Lucien Rambaud... Après avoir laissé chauffer la mécanique pendant de longues minutes, l'hydravion est placé exactement au milieu de cette nouvelle piste. Toutes les vérifications sont faites. Les deux Pratt & Whitney tournent comme des horloges.

Maurice met pleins gaz. Le vent est fort. Il souffle exactement dans l'axe de la piste improvisée.

Le Catalina est très léger. Contrairement à toutes les inquiétudes, il décolle en... 217 mètres, un record absolu pour ce genre de machines. Trois minutes plus tard, il atterrit sur la piste 32 de Marignane.

Au fil des années, la grande Aventure des bombardiers d'eau a continué avec les résultats brillants que l'on connaît aujourd'hui.

Après avoir effectué plus de 1 000 heures de vol sur Catalina, Maurice Bereiziat est devenu commandant de bord puis instructeur sur Canadair. Il a effectué plus de 4 000 heures sur cette machine et il est devenu l'un des pilotes les plus expérimentés dans la lutte contre les feux de forêts... À ce titre, il a formé et entraîné de très nombreux pilotes de la Sécurité civile. L'homme est aujourd'hui à la retraite mais il jouit toujours de l'estime et de l'admiration de tous.

LES COMMANDANTS DE LA BASE D'AVIONS DE LA SÉCURITE CIVILE

Les hommes qui ont commandé les bombardiers d'eau :

1963 -1965 : Capitaine des Pompiers de Paris Gognau

1965 -1971 : Capitaine de Corvette Lang

1971-1974 : Capitaine de Frégate Brun

1974-1977 : Capitaine de Frégate Pottier

1977-1979 : Capitaine de Corvette Poujade

1979-1987 : Officier des Equipages en Chef Lorho

1987-1989 : Capitaine de Vaisseau Lavaine

1989-1991 : Capitaine de Vaisseau Sabas

1991-1994 : Capitaine de Vaisseau Le Boulluec

1994-1997 : Capitaine de Vaisseau Pidello

Depuis 1997 : Monsieur Razaire

LE PERSONNEL DE LA SÉCURITE CIVILE

Personnel de commandement
Razaire Michel (CDB et commandant de la base)
Bonneval Jacques (CDB)
Damann André (CDB)
Lemarchand Yvon (CDB)
Poulain Didier (CDB)

Pilotes Canadair
Batiot Yves
Béret Jean-Louis / commandant de bord
Billot André / commandant de bord (chef de secteur)
Bobis Gérard
Caianis Stephano
Cathou Roger
Cesbron Roland / Commandant de bord
Colin Bernard / Commandant de bord
De Bénédict Jean-Louis
Derieux Jean-Yves / Commandant de bord
Durand Jean-Luc / Commandant de bord
Fave François / Commandant de bord
Foyer Marc / Commandant de bord
Gaffiot Phippe (dit Gaston)
Gagnol Jean
Geslin Jean-Luc
Girardet Jean-Louis / Commandant de bord
Griset James
Huet Alain / Commandant de bord
Jurys Ivan
Lallement François / Commandant de bord.
Lang Thierry
Laur Michel
Lechevalier Olivier / Commandant de bord
Lemarchand Bertrand
Lemius Jean-François

Le Touzé Pierre
Manzo Daniel / Commandant de bord
Maratuech / Commandant de bord
Marchioni Charles / Commandant de bord
Martin André
Mercier Robert
Morvan Michel / Commandant de bord
Panattoni Michel / Commandant de bord
Peter François / Commandant de bord
Piasentin Ludovic / Commandant de bord
Pouzoulet Albert
Renoux Éric / Commandant de bord
Roux Philippe
Tarditi David
Tauveron François
Thévenin Patrice
Thooris Christian / Commandant de bord (chef de secteur)
Végas Darcy / Commandant de bord

Pilotes de Tracker
Tous les pilotes de Tracker sont commandants de bord puisqu'ils sont seuls à bord de leur appareil.
Barde Jean-Paul
Calamia Patrick
Chantereau Dominique
Chicha Pierre
Dauber Nicolas
Guérin Eric
Guillot Bruno
Hessmoehl Marc
Huilier Régis
Lavie Claude
Mafré Christian
Meyer Jean-Louis
Michelet Laurent
Piot Francis
Prioult Philippe

Quintaine Fabrice
Reboul Olivier
Sergeant Jean-Claude
Valliamee Claude
Velten Philippe
Voutes Pierre Laurent
Servières Bernard (mécanicien navigant)

Fokker 27
Dubois Hubert (CDB)
Laruelle Christian (CDB)
Roit Charles (CDB)
Arrieu-Albertini Jean-Baptiste (CDB)
Maridat Bernard (CDB)
Renaud Jean-François (pilote)
Tarditi David (Pilote)

Beechcraft
Arnoult (CDB)
Arrieu Albertini CDB)
Barbagli (CDB)
Bourne (CDB)
Chenet (CDB)
De Gombert (CDB)
Gouin (CDB)
Maridat (CDB)
Rousseau (CDB)

PERSONNEL NAVIGANT AYANT APPARTENU À LA SÉCURITE CIVILE

Allard (OMN)
Aubouy (pilote)
Badiller (pilote)
Bailly (OMN)
Bartolomei (pilote)
Beauvais (pilote)
Belleudy (pilote)
Belot (pilote)
Bereiziat (pilote /chef pn)
Berthelin (OMN)
Bertrand (pilote)
Blanchard (OMN)
Bodin (OMN)
Bolzinger (pilote)
Bonelli (OMN)
Bordas (pilote)
Bosco (pilote)
Brandon (pilote)
Brousse (pilote)
Buisson (pilote)
Cambot (pilote)
Cantebelle (OMN)
Chouzenoux (OMN)
Colin (pilote)
Conry (pilote)
Couinet (OMN)
Courty (OMN)
Cuillere (pilote)
Daic (pilote)
Davanet (pilote)
Debono (pilote)
Dedebant (pilote)
Delaunay (pilote)
Domingo (pilote)

Duchene (pilote)
Duboue (OMN, chef sea)
Dubrule (pilote)
Duchemin (pilote)
Dupuy (OMN)
Durhone (OMN)
Duriez (pilote)
Escamilla (OMN)
Faidy (pilote)
Favalelli (pilote)
Fevrier (OMN)
Gaby (pilote)
Gallet (pilote)
Gainard (pilote)
Gay (pilote)
Génin (pilote)
Genton (OMN)
Géraud (pilote)
Gilbin (OMN)
Giral (pilote)
Grelot (pilote)
Griset (pilote)
Hamet (pilote)
Hermant (pilote)
Ibarcq (pilote)
Kergoat (pilote)
Kerneis (pilote)
Lagacy (OMN)
Lallement (pilote)
Lambert (OMN)
Lanoidelee (pilote)
Larroze (pilote)
Laty (pilote)
Lebel (OMN)
Le Flanchec (OMN)
Lechevillier (OMN)
Leccia (pilote)

Le Roy (OMN)
Le Vaillant (pilote)
Lelouarn claude (OMN)
Liegeois (pilote)
Lion (pilote)
Maillot denys (pilote)
Malicorne (OMN)
Maroileau (OMN)
Metairie (pilote)
Metenier (pilote)
Moalic marcel (pilote)
Patillaud (pilote)
Plouchard (pilote)
Pia (pilote)
Poupard (OMN)
Rabouille (pilote)
Ragus (OMN / officier de marque)
Reder (pilote)
Rollet (pilote)
Rosec (pilote)
Simonot (pilote)
Souchon (OMN)
Tarre (pilote)
Thoinet (OMN)
Rambaud (pilote)

LES MEMBRES FONDATEURS DE LA BASE EN JUIN 1963

Francis Arrghi :	sous-préfet / directeur départemental de la Protection civile.
Désiré-Jacques Gognau :	commandant de la base / capitaine / pilote
Joël Le Goff :	commandant en second (ancien pilote de l'Aéronavale).

Pilotes canadiens

Greenfield	chef-pilote
Reed Jo	pilote
Petus C.	Pilote

Pilotes français

Hamet Raymond	OE3
Bereiziat Maurice	premier maitre.
Rambaud Lucien	premier maitre.

Mécaniciens français

Aribaud Valentin	GMS ancien de l'armée de l'Air.
Docco André	GMS ancien de l'Aéronavale.
Le Mouarn Claude	GMS ancien de l'Aéronavale.
Mellat Bernard	police parisienne.
Escamilla Antoine	GMS ancien de l'armée de l'Air.

Pilote hélicoptère

Frebaud Alain

Mécaniciens hélicoptère

Daussin Charles	GMS ancien de l'Aéronavale.
Lamotte	GMS ancien de l'armée de l'Air.
Demaneuf Maurice	
Lopez Denis	

HOMMAGE

Liste des navigants disparus en service aérien

Jean Sandoz (Pilote)
décédé le 6 juin 1967 aux commandes de son hélicoptère Mil MI-6 à Châteauneuf-les-Martigues.

Bernard Humbert (Pilote),
décédé le 8 novembre 1967 aux commande du Catalina F-ZBAQ sur l'étang de Berre.

Roger Carcasses (Pilote) et Roger Faugeron (OMN)
décédés le 4 juillet 1970 aux commandes du Canadair CL-215 F-ZBAX (n°22) à Calasima.

Daniel Mougin (Pilote) et Jacques Fossier (OMN)
décédés le 25 juillet 1973 aux commandes du Canadair CL-215 F-ZBBM (n°19) à Vignale.

Yves Kolher (Pilote) et Georges Bérujeau (OMN)
décédés le 4 out 1983 aux commandes du Canadair CL-215 F-ZBBR (n°01) à Marseilleveyre.

Lucien Rambaud (Pilote), Claude Dédébant (Pilote) et Jean-Loup Blanchard (OMN)
décédés le 22 avril 1985 aux commandes du DC-6 F-ZBAE (n°63) à Fitou.

Michel Brousse (Pilote) et Charles Daussin (OMN)
décédés aux commandes du Tracker F-ZBEI (n°6) à Gignac.

Jean-Pierre DAVENET (Pilote), Jacques OGIER (Pilote), Roland DENARD (OMN), Jack LE BEL (OMN),
décédés le 19 juillet 1986 aux commandes du DC-6 F-ZBBU (n°64) après avoir percuté le relief au col du Perthus.

Marc Favalelli (Pilote)
décédé le 23 juin 1987 aux commandes du Tracker F-ZBEZ (n°8) à La Roque d'Anthéron.

Christian Lallement (Pilote)
décédé le 18 juin 1989 aux commandes du Tracker F-ZBEG (n°4) à La Vésubie.

Maurice Nogier (Pilote) et Ralph Boulton (Pilote)
décédés le 4 septembre 1989 aux commandes du Fokker F-CGFC (n°27) à la Grande Combe.

Philippe Gallet (Pilote)
décédé le 24 septembre 1990 aux commandes du Tracker F-ZBAT (n°3) à Galéria.

Igor Daïc (Pilote)
décédé le 17 juillet 1994 aux commandes du BE-90 F-ZBBF à Ajaccio.

Jean-Marc Aubouy (Pilote)
décédé le 25 août 1996 aux commandes du Tracker F-ZBFO (n°16) à Corsica.

Frank Duchemin (Pilote)
décédé le 17 novembre 1997 aux commandes du Canadair CL-415 F-ZBEQ à la Ciotat (n°43).

Jean Beauvais (Pilote) et Jean-Pierre Laty (Pilote)
décédés le 8 mars 2004 aux commandes du Canadair CL-415 F-ZBEZ (n°41) sur le lac de Sainte-Croix.

SOMMAIRE

Dans la collection
HISTOIRES AUTHENTIQUES
aux éditions Altipresse

Jean-Pierre OTELLI
FRISSONS DANS LE CIEL *Histoires d'aviation*
CATASTROPHES AÉRIENNES *Les passagers ont le droit de savoir...*
LES MIRACULÉS DU CIEL *Histoires de survies extraordinaires...*
LE SECRET DES BOÎTES NOIRES *Enregistrements avant le crash...*
GANGSTERS DU CIEL *Histoires authentiques de pirateries*
POURQUOI ILS SONT TOMBÉS *Les faits... la vérité*
LES FOUS DU CIEL *Ce qui s'est vraiment passé dans les avions*
ERREURS DE PILOTAGE *Ces accidents qu'on aurait pu éviter*
CARNETS DE VOLS *Album avec dessins de* **François BOUSSEAU**
PILOTES DANS LA TOURMENTE

Germain CHAMBOST et Jean-Pierre MITHOIS
PILOTES *Histoires d'aviation*

Germain CHAMBOST
MISSIONS DE GUERRE
PILOTES D'ESSAIS

Bernard THOUANEL
AVENTURES DANS LE CIEL

Jean-Claude DEMORY
POMPIERS

Fred BONAMY
CHERCHEURS DE TRÉSORS

Gérard PACELLA
CHASSE

Christophe AGNUS et Pierre-Yves LAUTROU
SKIPPERS DE L'IMPOSSIBLE

François BERTIN
GENDARMES EN OPÉRATIONS

Frédéric ZUMBIEHL
PILOTES DE L'AÉRONAVAL
PILOTES DE CHASSE

Yvon LE GOFF
SKIPPERS DE L'AVENTURE

★ ★ ★

Dans la collection
ALTIPOLAR
aux éditions Altipresse

Jean-Pierre OTELLI
OMEGA POINT

Achevé d'imprimer sur les presses de

BUSSIÈRE
GROUPE CPI

à Saint-Amand-Montrond (Cher)
en juin 2005

N° d'impression : 052418/4.
Dépôt légal : juin 2005.

Imprimé en France